영정필 1인칭

영어가 정말로 필요한 사람들

기초영어회화
'나'에 관한 대화하기

www.pmenglish.com
동영상 강의

송진일, 백승준 공저

알파벳밖에 모르던 왕초보!

하루 20분 투자로 '나(I)'가 원하는 말을 영어로 바로 말할 수 있다!

한 달만에 외국인과 프리토킹이 가능한 인칭별 학습법

(주)에코앤컴퍼니

영정필 기초영어회화 1인칭

초판 1쇄: 2014년 11월 25일
초판 2쇄: 2015년 06월 25일

지은이: 송진일, 백승준 공저

발행처: (주)에코앤컴퍼니

총괄편집: 정재석
기획: 유지성
디자인총괄: 정찬희

내용문의 02-6385-0051 팩스: 02-558-0153
홈페이지: http://www.pmenglish.com/

ISBN: 979-11-953557-0-9

출판권ⓒ 에코앤컴퍼니 2014
이 책은 저작권법에 따라 보호받는 저작물입니다.
에코앤컴퍼니의 동의 없이 복사, 복제, 제본 2차적 저작물 작성 등을 금합니다.

* 잘못 만들어진 책은 본사나 구입하신 서점에서 교환하여 드립니다.

머릿말

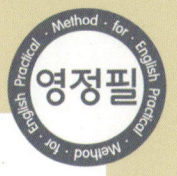

[인칭별 학습법]은 영어의 사용 시 분명하게 나뉘는 주어의 구분(1, 2, 3인칭 주어)에 따라 영어회화를 우선순위별로 배우고자 하는데 그 목적이 있습니다. 우리가 생활하면서 자주 사용하는 대화 주제(자기소개, 일과소개, 계획과 설명, 의견말하기 등)에 관하여 듣고, 말하여 대화할 수 있도록 개발되었답니다. 그래서 영어를 즉시 현실세계에서 활용할 수 있도록 하기 위함인데요, 약 15년 전 본 인칭별 학습법의 원리에 따라 처음 외국에서 영어회화를 익혔던 개인의 경험이 발전하여 지금의 [인칭별 프리토킹 완성프로그램]으로 완성이 됐답니다.

영어를 잘하지 못하는 학습자가 영어를 사용한 말하기와 듣기, 즉 영어회화를 하고자 하는 이유는 상대방과의 의사소통을 하기 위함입니다. 다시 말해, 영어를 사용하여 '나(1인칭 주어)'와 '나의 생각'에 대해서 '너(2인칭 주어)'에게 말하고, 역으로 상대방(너)의 그러한 말을 듣고 대화를 하고자 함입니다. 이러한 기초 의사소통의 단계를 지나 점차 사회의 여러 가지 물건, 현상, 이야기에 대한 의사소통을 하게 되며 이러한 것은 영어에서 '그것, 그녀, 그, 무엇(3인칭 주어)'등의 것에 대한 말하기가 됩니다. 이는 영어로 내 생각 말하기(1인칭), 친구 생각 묻기(2인칭), 어제 본 영화에 대해 이야기하기(3인칭)의 예로서 대략적인 설명이 가능합니다. 곰곰이 생각해 보십시오. 무엇을 가장 먼저 말하고자 영어가 필요하신지요? 이 글을 보시는 당신도 위와 같은 단계적인 필요성에 의하여 영어회화를 익히고자 하시는 것인가요? 그렇다면 영어회화가 우리에게 필요한 이유는 1인칭 말하기 > 2인칭 말하기 > 3인칭 말하기의 단계로 그 필요성과 사용목적(빈도수)이 정해집니다.

사람은 대개 '그것'에 대한 말하기보다 '너'에 관한 말하기와 대화를 쉽게 할 수 있으며, '너'에 관한 것 보다 '나'에 관한 것을 더욱 편하고 쉽게 할 수 있습니다. 이는 자신의 느낌과 생각, 모습, 의견, 말해보았던 경험 등에 대한 사전정보가 풍부하며 그 말하기가 이미 익숙하기 때문입니다. 영어에서 이러한 1인칭 말하기는 10가지 이상의 복잡한 시제를 사용한 말하기가 아닌 대개 3가지의 기본 시제(현재, 과거, 미래)를 사용한 말하기가 되기에 기본시제만을 배우면 됩니다. 그리고 3인칭 주어를 사용할 때 알아야 하는 서술어(3인칭 동사, 수, 수동태)에 관한 지식이 없어도 됩니다. 다시 말해, 1, 2인칭의 영어회화를 하기 위해 필요한 문법과 어휘의 내용이 그리 많지 않다는 점에서, 말하는 내용에 대한 사전정보의 습득과 경험이 이미 풍부하다는 점에서 1, 2인칭 주어의 말하기가 비교적 더 쉬울 수밖에 없습니다. 이를 간략히 하면, 영어초보자가 익히는 영어회화에서 익히기 쉬운 영어 말하기 순위는 1인칭 주어 > 2인칭 주어 > 3인칭 주어가 될 수 있음을 알 수 있습니다.

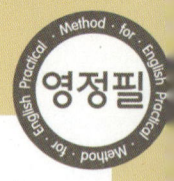

머릿말

위에서 보신 바와 같이 영어회화를 익힘에 있어서 사용목적(빈도)과 필요성, 문법과 어휘, 그리고 말하는 대상에 대한 사전정보와 지식을 따져 가장 말하기 쉬운 주어는 '나(1인칭 주어)'가 됨을 알 수 있습니다. 이러한 주어의 우선, 필요순위에 따라 영어회화를 1인칭 - 2인칭 - 3인칭 주어 순서로 익히게 되는 것입니다. 그래서 [인칭별 학습법]은 영어초보자가 가장 실용적이고 합리적으로 영어회화를 익힐 수 있는 길 중 하나입니다. 누군가와 대화하는데 가장 먼저 하게 되는 말, 가장 자주 하게 되는 말, 가장 배우기 쉬운 말의 순서대로 영어회화를 익히기 때문입니다.

옛말에 '구슬이 서 말이라도 꿰어야 보배'라고 했습니다. 인칭별 학습법으로 공부를 시작한다고 해서 바로 영어회화가 되는 것은 아닙니다. 본인의 것으로 만들기 위해서 부단한 노력이 필요하다는 말입니다. 하지만 노력할 준비가 된 분들에게 인칭별 학습법은 분명 빠른 성취를 가져다 줄 수 있는 프로그램입니다. 인칭별 학습법의 창작자로서 부디 많은 분들이 원하는 영어회화를 이루시길 바랍니다.

창작자 : 송진일 올림

레벨 테스트

1인칭 레벨 테스트
(질문에 대답할 수 있는지 테스트 해보세요)

- What is your name?
- Where do you live?
- How old are you?
- What do you do?
- Who do you work for?
- Where do you work?

> 영어로 자기소개는 고사하고 영어로 말하는 것이 너무 긴장되고 어색하며 자신감이 없는 상태로 가장 기초적인 문법, 단어, 숙어, 말하기와 듣기 연습이 필요한 상황이신 분!
> 영어를 사용하여 당장 하나라도 말로 할 수 있는 쉬운 표현의 학습과 연습을 위주로 하는 수업을 통해 자신감과 실력을 쌓아야 하는 상황입니다.
> 영정필 1인칭과 함께 시작해 보세요!

프로그램 구성

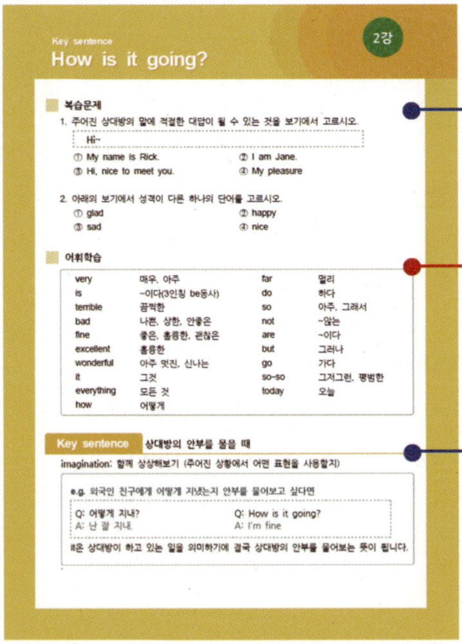

1인칭 입문

복습문제
저번 강의에 배웠던 내용을 다시 한 번 복습해 봅시다.

어휘학습
이번 강의에서 배울 단어들을 미리 학습해 봅시다.

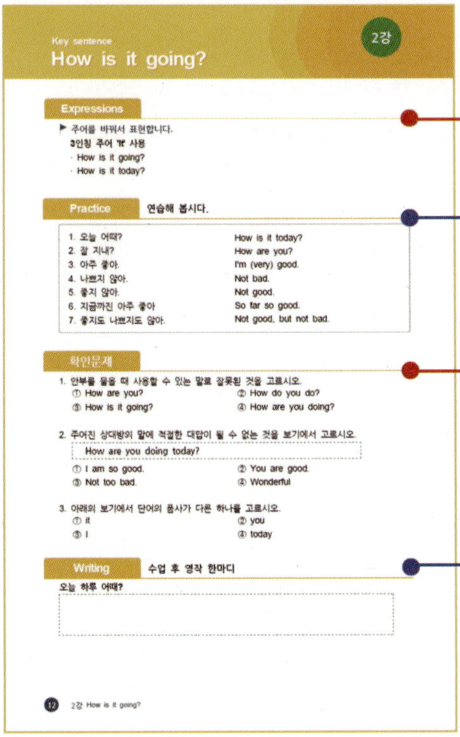

Key sentence
이 강의의 핵심문장입니다. 꼭 기억하도록 노력합시다.

Expressions
핵심문장 패턴을 응용하여 다양한 표현을 배워봅시다.

Practice
입에서 문장이 자연스레 나올 때까지 연습해 봅시다.

확인문제
이번 강의에서 배웠던 내용을 점검해 봅시다.

수업 후 영작
이번 강의의 핵심 문장을 기억하고 있는지 점검해 봅시다.

프로그램 구성

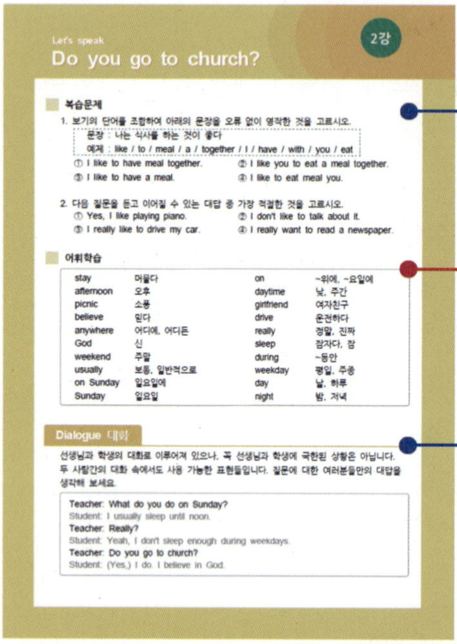

1인칭 실전

복습문제
저번 강의에 배웠던 내용을 다시 한 번 복습해 봅시다.

어휘학습
이번 강의에서 배울 단어들을 미리 학습해 봅시다.

Dialogue
두 사람이 대화하고 있다고 생각해 봅시다. 대화 속 질문에 대한 여러분들만의 대답을 생각해보세요.

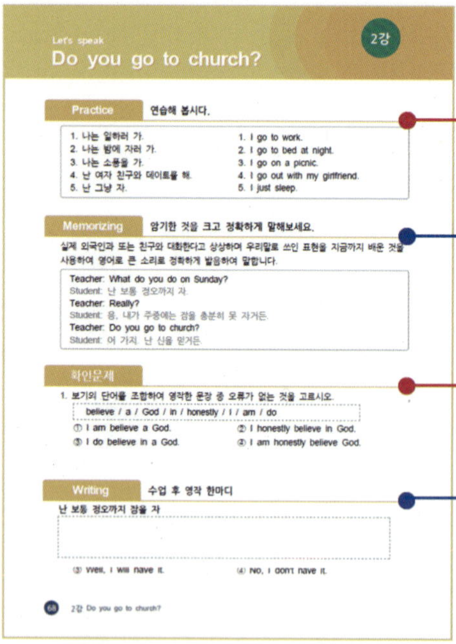

Practice
입에서 문장이 자연스레 나올 때까지 연습해 봅시다.

Memorizing
암기한 것을 크고 정확하게 말해봅시다.

확인문제
이번 강의에서 배웠던 내용을 점검해 봅시다.

수업 후 영작
이번 강의의 핵심 문장을 기억하고 있는지 점검해 봅시다.

 영정필 교재의 모든 내용은 영정필 사이트의 **동영상 강의**와 함께 학습하면 **학습효과가 배가 됩니다!**

목 차

1인칭 입문 (Key sentences)

1강 Nice to meet you! ·· 6
　　만나서 반가워

2강 How is it going? ·· 10
　　어떻게 지내?

3강 What is your name? ·· 13
　　당신의 이름은 뭐에요?

4강 What do you do? ·· 16
　　무슨 일을 하세요?

5강 How old are you? ··· 19
　　몇 살이에요?

6강 Where do you live? ·· 21
　　어디 살아요?

7강 What do you like? ·· 25
　　무엇을 좋아하세요?

8강 Are you...? ·· 28

9강 Do you..? ·· 33

10강 Can (can't) you (I)? ··· 38

11강 Will (won't) you (I)...? ··· 43

12강 조동사 + you (I)...? ·· 48

13강 의문사 + do (can, will, are) you (I)...? ······························· 53

14강 1인칭 입문 학습 총 복습 ··· 58

1인칭 실전 (Let's speak)

1강 Do you like to watch TV? ··· 62
　　TV 보는 것을 좋아하세요?

2강 Do you go to church? ··· 66
　　당신은 교회에 가나요?

3강 Do you work there? ·· 70
　　너 거기에서 일하니?

4강 Do you have a girlfriend? ·· 74
　　너 여자친구 있어?

5강 Do you dance well? ·· 78
　　너 춤 잘 추니?

목 차

6강 Do you take a bus often? ·········· 82
너는 버스를 얼마나 자주 타니?

7강 Do you live with your family? ·········· 86
너는 너의 가족과 함께 사니?

8강 Do you want to be famous? ·········· 89
너는 유명해지길 원하니?

9강 Do you have some money? ·········· 93
너 돈 좀 있니?

10강 Do you have time? ·········· 97
너 시간 있니?

11강 1인칭 실전 복습 ·········· 101

12강 Can you help me? ·········· 102
당신은 절 도와줄 수 있나요?

13강 Can you walk with me? ·········· 106
저와 함께 산책 하실래요?

14강 Can you fix a computer? ·········· 110
컴퓨터 고칠 수 있어?

15강 Can you keep a promise? ·········· 114
약속 지킬 수 있어?

16강 Can you do it for me? ·········· 118
날 위해 그것을 할 수 있나요?

17강 Can you get some milk? ·········· 122
우유 좀 갖다 줄래?

18강 Can you change the picture? ·········· 125
그 그림을 바꿀 수 있나요?

19강 Can you give me clothes? ·········· 129
옷 좀 줄래?

20강 Can you lend me a car? ·········· 133
내게 차를 빌려줄 수 있나요?

21강 Can you see it? ·········· 137
너 그거 봤어?

22강 Can I meet you at 5? ·········· 141
당신을 5시에 만날 수 있을까요?

23강 1인칭 실전 복습 ·········· 145

24강 What do you do for a living? ·········· 147
생계수단을 위해서 무슨 일을 하시나요?

25강 What time do you get up? ·········· 151
당신은 몇 시에 일어납니까?

목 차

26강 How do you know that? ·· 156
　　당신은 그것을 어떻게 아나요?
27강 What type of person are you? ······························ 160
　　당신은 어떤 유형의 사람이세요?
28강 What food can you cook? ····································· 164
　　당신은 어떤 음식을 요리하세요?
29강 What kind of films do you like? ··························· 168
　　어떤 종류의 영화를 좋아하세요?
30강 When do you meet a friend? ································ 172
　　당신은 언제 친구를 만나세요?
31강 When do you get angry? ······································· 176
　　당신은 언제 화가 나세요?
32강 Why do you feel happy? ······································· 180
　　당신은 왜 행복하십니까?
33강 Who (whom) do you live with? ····························· 185
　　당신은 누구와 함께 사나요?
34강 How much do you earn? ······································· 189
　　당신은 얼마만큼 버나요?
35강 How many days do you go shopping? ·················· 193
　　당신은 몇 일이나 쇼핑을 가나요?
36강 Why don't you move out? ····································· 197
　　당신은 이사 가는 것이 어떻습니까?
37강 Why do you want to learn English? ······················ 201
　　당신은 왜 영어를 배우길 원합니까?
38강 Why are you late? ··· 205
　　당신은 왜 늦나요?
39강 Where do you go? ·· 209
　　당신은 어디에 가십니까?
40강 How long do you sleep? ······································· 213
　　당신은 얼마나 오래 잠을 잡니까?
41강 1인칭 실전 복습 ·· 217

1인칭 기초 발음 강의

발음 1강 발음 학습 개요 ··· 220
발음 2강 모음기호와 읽기 ··· 222
발음 3강 자음기호와 읽기 ··· 223
발음 4강 주의해야 할 발음(1) ·· 224
발음 5강 주의해야 할 발음(2) ·· 225

목 차

1인칭 기초 문법 강의

문법 1강 8품사 - 명사 ·· 228
문법 2강 8품사 - 대명사 ·· 231
문법 3강 8품사 - 동사 ·· 235
문법 4강 8품사 - 전치사 ·· 239
문법 5강 8품사 - 접속사 ·· 241
문법 6강 8품사 - 부사 ·· 243
문법 7강 8품사 - 형용사 ·· 245
문법 8강 8품사 - 감탄사 및 문장의 4요소 ················ 248
문법 9강 문장의 종류 ·· 250
문법 10강 구와 절, 의문사 ·· 252
문법 11강 부정사, 분사, 동명사 ·································· 254
문법 12강 동사의 시제와 변화 ···································· 256
문법 13강 3인칭 주어와 수동태 ·································· 260
문법 14강 완료와 진행시제 ·· 262
문법 15강 감탄사 및 문장의 4요소 ···························· 264

1인칭 해설집

1인칭 해설집 ·· 267

1인칭
입문학습

영어가
정말
필요한 사람들

Key sentence
Nice to meet you!

1강

■ 1인칭, 2인칭, 3인칭을 통해서 영어회화를 정복합시다.

	단수			복수		
	주격	목적격	소유격	주격	목적격	소유격
1인칭	I (나)	me	my	We (우리)	us	our
2인칭	You (너)	you	your	You (너희들)	you	your
3인칭	He (그) She (그녀) It (그것)	him her it	his her its	They (그들, 그것들)	them	their
주요 의미	~은/는/이/가	~을/를 ~에게	~의	~은/는/이/가	~을/를 ~에게	~의

* 오늘 공부 후에 다시 강의를 들어보세요.

Q. 왜 1인칭부터 배워야 하나요?
가족이나 친구들과 함께 있을 때 누구에 대해서 이야기를 가장 많이 할까요?
바로 나 자신입니다. 그래서 1인칭인 '나'를 통해서 먼저 대화하는 법을 배워보겠습니다.

1인칭 입문과정은 다음과 같이 구성되어 있습니다.
- Key sentences (총7강)
- Question & Answer Patterns (총6강)
- 입문과정 복습 (총 1강) - 핵심문장과 질의응답패턴 복습

■ 어휘학습

have	가지다	meet	만나다
you	당신, 너	to	~로, ~하기 위해
glad	즐거운	pleasure	기쁨
honor	명예, 영광	here	여기에
happy	행복한	see	보다
good	좋은	hi	안녕
hello	여보세요, 안녕	be glad to	~해서 좋다
nice	기쁜, 좋은	too	너무, 역시
there	거기		

Key sentence
Nice to meet you!

1강

Key sentence — 가장 처음 만났을 때

imagination: 함께 상상해보기 (주어진 상황에서 어떤 표현을 사용할지)

e.g. 외국에 출장 또는 여행을 나갔을 때
무슨 말을 먼저 해야 할까요? '처음 뵙겠습니다.' '만나서 반갑습니다.' 등 인사를 합니다.

> Q: 만나서 반가워.
> A: 저도 만나서 반갑습니다.
>
> Q: Nice to meet you!
> A: Nice to meet you too!

* too 역시 (동감을 나타낼 때 사용합니다.)

Expressions

형용사: 행복해, 즐거워, 좋아	happy, glad, good(nice)
명사: 기쁨, 영광	pleasure, honor
동사: 만나다, 보다, 모시다	meet, see, have

▶ **형용사를 바꿔서 표현해 봅시다.**
- **Happy to meet you!** – 만나서 행복해!
- **Glad to meet you!** – 만나서 즐거워!
- **Good to meet you!** – 만나서 좋아!

▶ **명사를 사용한 표현**
상황1. 미국 오바마 대통령이 우리 학교에 와서 연설을 한다면 영광이겠지요.
- **Pleasure to meet you!** – 만나서 기뻐요!
- **Honor to meet you!** – 만나서 영광입니다!

▶ **동사를 바꿔서 표현해 봅시다.**
- **Happy to <u>see</u> you!** – <u>뵙게 되어</u> 행복합니다!
- **Glad to see you!** – 뵙게 되어 기쁩니다!
- **Good to see you!** – 뵙게 되어 좋습니다!
- **Pleasure to see you!** – 뵙게 되어 기쁩니다!
- **Honor to see you!** – 뵙게 되어 영광입니다!

Key sentence
Nice to meet you!

1강

상황2. 오바마 대통령을 <u>모시게</u> 되어서 영광이라고 말하고 싶을 때.
- Honor to <u>have</u> you!
  * 우리말에서 한 단어가 여러 가지 의미로 사용되듯이 영어에도 그런 단어들이 있는데, 그 중 have가 그렇습니다.

Practice 연습해 봅시다.

1. 만나서 좋아	Good to meet you. 또는 Nice to meet you.
2. 만나서 행복해	Happy to meet you.
3. 만나서 즐거워	Glad to meet you
4. 봐서 기뻐.	Pleasure to see you.
5. 봐서 행복해.	Happy to see you.
6. 봐서 반가워.	Glad to see you.
7. 모시게 되어 영광입니다.	Honor to have you.

응용해 봅시다.
- 다시 뵙게 되어 반갑습니다.
  Glad to see you again.
- 저는 오늘 여러분들을 만나게 돼서 매우 기쁩니다.
  Pleasure to meet you everyone today.

확인문제

1. 처음 만나서 인사할 때 사용할 수 있는 말로 잘못된 것을 고르시오.
   ① Hi~ Nice to meet you.　　② Nice to see you here.
   ③ I am glad to meet you here.　　④ Sorry to see you.

2. 주어진 상대방의 말에 적절한 대답이 될 수 있는 것을 보기에서 고르시오.

   > I am so glad to meet you today.

   ① It's my pleasure to see you again.　　② You are nice to meet me.
   ③ It's sad to meet you.　　④ I am unhappy to see you today.

Key sentence
Nice to meet you!

3. 아래의 보기에서 단어의 품사가 다른 하나를 고르시오.
   ① glad   ② pleasure
   ③ nice   ④ happy

Writing 수업 후 영작 한마디

너를 만나서 정말 기쁘다

Key sentence
How is it going?

2강

복습문제

1. 주어진 상대방의 말에 적절한 대답이 될 수 있는 것을 보기에서 고르시오.

   > Hi~

   ① My name is Rick.   ② I am Jane.
   ③ Hi, nice to meet you.   ④ My pleasure

2. 아래의 보기에서 성격이 다른 하나의 단어를 고르시오.
   ① glad   ② happy
   ③ sad   ④ nice

어휘학습

very	매우, 아주	far	멀리
is	~이다(3인칭 be동사)	do	하다
terrible	끔찍한	so	아주, 그래서
bad	나쁜, 상한, 안 좋은	not	~않는
fine	좋은, 훌륭한, 괜찮은	are	~이다
excellent	훌륭한	but	그러나
wonderful	아주 멋진, 신나는	go	가다
it	그것	so-so	그저 그런, 평범한
everything	모든 것	today	오늘
how	어떻게		

Key sentence 상대방의 안부를 물을 때

imagination: 함께 상상해보기 (주어진 상황에서 어떤 표현을 사용할지)

> **e.g.** 외국인 친구에게 어떻게 지냈는지 안부를 물어보고 싶다면
>
> Q: 어떻게 지내?   Q: How is it going?
> A: 난 잘 지내.   A: I'm fine

it은 상대방이 하고 있는 일을 의미하기에 결국 상대방의 안부를 물어보는 뜻이 됩니다.

Key sentence
How is it going?

Expressions

▶ 주어를 바꿔서 표현합니다.

3인칭 주어 'It' 사용
- How is it going?
- How is it today?

2인칭 주어 'You' 사용
- How are you?
- How are you doing?
  * '하다' Do를 써서 "너 어떻게 하고 있니?"라고 안부를 묻습니다.

▶ 기분이 좋을 때
- I am good.
- I am very good.
- I am so good.
- I am fine.
- I am excellent.

▶ 기분이 좋지 않을 때
- I'm bad.
- I'm terrible.
- I'm so far so bad.
  * so far는 지금까지는 이라는 뜻

▶ 기분이 그냥 그럴 때
- I'm not bad.
- I'm not good.
- (Just) So so.

Key sentence
How is it going?

2강

Practice 연습해 봅시다.

1. 오늘 어때?	How is it today?
2. 잘 지내?	How are you?
3. 아주 좋아.	I'm (very) good.
4. 나쁘지 않아.	Not bad.
5. 좋지 않아.	Not good.
6. 지금까진 아주 좋아	So far so good.
7. 좋지도 나쁘지도 않아.	Not good, but not bad.

확인문제

1. 안부를 물을 때 사용할 수 있는 말로 잘못된 것을 고르시오.
   ① How are you? ② How do you do?
   ③ How is it going? ④ How are you doing?

2. 주어진 상대방의 말에 적절한 대답이 될 수 없는 것을 보기에서 고르시오.

   > How are you doing today?

   ① I am so good. ② You are good.
   ③ Not too bad. ④ Wonderful

3. 아래의 보기에서 단어의 품사가 다른 하나를 고르시오.
   ① it ② you
   ③ I ④ today

Writing 수업 후 영작 한마디

오늘 하루 어때?

Key sentence
What is your name?

3강

복습문제

1. 주어진 상대방의 말에 적절한 대답이 될 수 있는 것을 보기에서 고르시오.

   > How is it going?

   ① My name is Rick.
   ② So far so good.
   ③ I'm good to see you.
   ④ Thank you so much.

2. 아래의 보기에서 성격이 다른 하나의 단어를 고르시오.
   ① today
   ② tomorrow
   ③ yesterday
   ④ time

어휘학습

call	부르다, 전화하다
am	~이다(1인칭 be동사)
yes	응, 그래
me	나를, 나에게
what	무엇
may	~해도 된다
name	이름
can	~할 수 있다
I	나는, 내가
your	너의, 당신의

Key sentence 상대방의 이름을 물을 때

imagination: 함께 상상해보기 (주어진 상황에서 어떤 표현을 사용할지)

> **e.g.** 처음 만나 인사한 후 상대방에 대해 여러 가지가 궁금하겠지요?
> 그 중 이름부터 먼저 물어볼까요?
>
> Q: 당신의 이름은 뭐에요?   Q: What is your name?
> A: 제 이름은 영정필입니다.   A: My name is 영정필.

Key sentence
What is your name?

3강

Expressions

▶ 편하게 물어 볼 때
- **What is your name?** - 이름이 뭐에요?
  외국인들은 우리와 달리 이름이 길기도 하고 복잡하기도 합니다. 그래서 특정 이름으로 불러도 될지 물어보는 경우가 있습니다.
- **May I call you 영정필?** - 당신을 영정필이라 불러도 되겠습니까?

▶ 초면 또는 공손하게 이름을 물을 때.
- **Can(May) I have your name?** - 당신의 이름을 알 수 있을까요?
  * 여기서도 have가 '가지다','모시다' 외에 다른 뜻으로 사용되었습니다.
- **How may I call you?** - 어떻게 제가 당신을 부르면 될까요?

▶ 이름을 알려 줄 때
- **I am 영정필** - 나는 영정필입니다.
- **I am called 영정필** - 나는 영정필이라 불립니다.
  * call 부르다
  * be called 불립니다. -> 부가학습방 기초문법 수동태 강의를 참고해 주세요.
- **You can call me 영정필** - 당신은 나를 영정필이라고 불러도 됩니다.

▶ 이렇게 발음해 주세요
우리말 'ㄹ'소리는 한 소리이지만 영어에서는 L과 R sound로 구별해 줘야 합니다.
- **L**은 혀고 윗니에 닿으면서 소리가 나야합니다.
- **R**은 혀를 뒤로 말면서 소리가 나야 합니다.

Practice   연습해 봅시다.

1. 당신의 이름은 무엇이에요?	What is your name?
2. 이름을 알 수 있을까요?	Can I have your name?
3. 제가 (당신을) 어떻게 불러야 할까요?	How may I call you?
4. 당신을 영정필로 불러도 될까요?	Can(May) I call you 영정필?
5. 저는 영정필 이에요.	I'm 영정필.
6. 저는 영정필로 불려요.	I'm called 영정필.
7. 저를 영정필로 부르세요.	You can call me 영정필.

▶ 8대 학습원칙을 기억하면서 크게 말해봅시다.

Key sentence
What is your name?

확인문제

1. 상대의 이름을 물을 때 사용할 수 있는 말로 잘못된 것을 고르시오.
   ① What is your name?   ② What do you do?
   ③ How may I call you?   ④ Can I have your name?

2. 주어진 상대방의 말에 적절한 대답이 될 수 없는 것을 보기에서 고르시오.

   | I am James, What's yours?

   ① Jane.   ② You can call me Daniel.
   ③ I am Rick.   ④ I am calling Park.

3. 아래의 보기에서 단어의 품사가 다른 하나를 고르시오.
   ① have   ② call
   ③ sir   ④ may

Writing 수업 후 영작 한마디

당신의 이름을 알 수 있을까요?

Key sentence
What do you do?

4강

■ 복습문제

1. 주어진 상대방의 말에 적절한 대답이 될 수 있는 것을 보기에서 고르시오.

   > Can I have your name?

   ① My name is Rick.　　　② So far so good.
   ③ I'm good to see you.　　④ Thank you so much.

2. 아래의 보기에서 성격이 다른 하나의 단어를 고르시오.
   ① have　　　　　　　　② Jane
   ③ call　　　　　　　　 ④ do

■ 어휘학습

teacher	선생님
a	하나의
job	직업, 일
living	살아있는
government	정부
for	~위해, ~향해
work	일하다, 일
student	학생

Key sentence　　상대방의 직업을 물을 때

imagination: 함께 상상해보기 (주어진 상황에서 어떤 표현을 사용할지)

> 누군가를 만나 이름을 묻고 난 후에는 그 사람의 직업이 궁금할 때 어떻게 말하는지를 배워보겠습니다.
>
> Q: 무슨 일을 하세요?　　　Q: What do you do?
> A: 저는 선생님입니다.　　　A: I am a teacher.
>
> 'do'가 2번 쓰입니다. 뒤에 나오는 'do'는 '하다'의 의미이며, 앞에 사용된 do는 의문문에 사용되는 조동사의 역할을 합니다.

Key sentence
What do you do?

4강

이번에는 여러분이 대답해 보겠습니다.

Q: 어떻게 지내?
A: 난 잘 지내.

Q: How is it going?
A: I'm fine

Expressions

▶ 상대방의 직업을 직접적으로 물어볼 때
- **What is your job?** 당신의 직업은 무엇입니까?
- **Do you work?** 당신은 일을 하시나요?
- **Are you a teacher?** 당신은 선생님이신가요?

▶ 예의를 갖춰서 물어볼 때
- **What do you do?** 당신은 무엇을 하시나요?
- **What do you do for a living?** 생계를 위해서 당신은 무엇을 하시나요?
  외국인이 말할 때는 발음연음현상이 나타납니다. 즉 'for a 포 어'가 아닌 'fora 포러'로 발음합니다.

▶ 대답의 유형
- I am a student. 나는 학생입니다.
- I am a teacher. 나는 선생님입니다.
- I work for the government. 나는 정부를 위해서 일합니다. (나는 공무원입니다.)
- work for ~을 위해서 일합니다.
- I work at a hospital. 나는 병원에서 일합니다.

Key sentence
What do you do?

4강

Practice 연습해 봅시다.

1.	당신의 직업은 무엇이에요?	What is your job?
2.	무슨 일을 하세요?	What do you do?
3.	생계를 위해서 무엇을 하시나요?	What do you do for a living?
4.	당신은 일을 하시나요?	Do you work?
5.	저는 학생입니다.	I'm a student.
6.	학생들을 가르쳐요.	I teach the student. 또는 I am a teacher.
7.	정부를 위해서 일해요.	I work for the government.

확인문제

1. 상대의 직업을 물을 때 사용할 수 있는 말로 잘못된 것을 고르시오.
   ① Are you a student? ② What do you do?
   ③ What do you do for a living? ④ What is your job?

2. 주어진 상대방의 말에 적절한 대답이 될 수 없는 것을 보기에서 고르시오.
   What do you do?
   ① I am a university student. ② I work for marketing company.
   ③ I am doing great. ④ I run my own business.

3. 아래의 보기에서 단어의 품사가 다른 하나를 고르시오.
   ① work ② job
   ③ student ④ live

Writing 수업 후 영작 한마디

당신의 직업은 무엇인가요?

Key sentence
How old are you?

5강

📙 복습문제

1. 주어진 상대방의 말에 적절한 대답이 될 수 있는 것을 보기에서 고르시오.
   ① I do my job.   ② I live here.
   ③ I'm a doctor.   ④ I'm a his father.

2. 아래의 보기에서 성격이 다른 하나를 고르시오
   ① I   ② you
   ③ he   ④ her

📙 어휘학습

thirty	30, 서른
five	5, 다섯
soon	곧
ask	물어보다
twenty	20
age	나이, 시대
year	년, ~해
old	오래된, 나이 많은, 예전의
how old	얼마나 늙은(오래된)
turn	바뀌다, 돌다, 뒤집다

Key sentence   상대방의 나이를 물을 때

imagination: 함께 상상해보기 (주어진 상황에서 어떤 표현을 사용할지)

이름도 알고, 직업도 알고 또 무엇이 궁금할까요? 나이가 궁금할 때 어떻게 말하나요? 함께 배워보겠습니다.

Q: 몇 살이에요? 나이가 어떻게 되나요?   Q: How old are you?
A: 저는   입니다.   A: I am 22 years old. 또는 I am 22.

  * old 오래된, 늙은

Key sentence
How old are you?

5강

Expressions

▶ 직접적인 질문
- **What is your age?** 당신의 나이는 무엇입니까? 즉 당신의 나이가 몇 살입니까?
- **How old are you?** 당신은 얼마나 늙었나요? 즉 당신은 몇 살 인가요?

▶ 간접적인 질문
- **Can I ask your age?** 당신의 나이를 물어봐도 될까요?
- **May I ask your age?** 제가 당신의 나이를 물어봐도 될까요?
  이 문장들은 이름을 물을 때와 동일한 유형입니다.
- **I am thirty five. You are...?** 저는 35살입니다. 당신은요?

▶ 대답의 유형
- **I am twenty.** 나는 20살입니다.
- **Twenty years old.** 20살입니다.
- **I turn twenty soon.** 나는 곧 20살이 됩니다.
  * turn 돌다. 이때는 곧 내 나이가 특정 나이로 가고 있음을 표현합니다.

Practice 연습해 봅시다.

1. 당신은 몇 살인가요?	How old are you?
2. 당신의 나이는 무엇인가요?	What is your age?
3. 나이를 물어봐도 될까요?	Can(May) I ask your age?
4. 전 20살이에요. 당신은요?	I am twenty years old. You are?
5. 저는 35살이에요.	I'm thirty five years old. 또는 I am 35.
6. 20살이요.	Twenty.
7. 곧 20살이 되요.	I turn twenty soon.

확인문제

1. 상대의 나이를 물을 때 사용할 수 있는 말로 잘못된 것을 고르시오.
   ① How old are you? ② How old is it?
   ③ What is your age? ④ Can I ask your age?

Key sentence
How old are you?

2. 주어진 상대방의 말에 적절한 대답이 될 수 없는 것을 보기에서 고르시오

   > Can I ask your age?

   ① Yes, you can.　　　　　　② I am thirty years old.
   ③ My age is twenty.　　　　 ④ I don't have any age.

3. 아래의 보기에서 단어의 품사가 다른 하나를 고르시오.
   ① old　　　　　　　　　　　② age
   ③ twenty　　　　　　　　　 ④ year

Writing　수업 후 영작 한마디

당신의 나이는 몇 살입니까?

Key sentence
Where do you live?

6강

복습문제

1. 주어진 상대방의 말에 적절한 대답이 될 수 있는 것을 보기에서 고르시오.

   > How old are you?

   ① I am fine.   ② I have two.
   ③ I'm a father.   ④ I'm twenty

2. 아래의 보기에서 성격이 다른 하나의 단어를 고르시오.
   ① any   ② some
   ③ old   ④ age

어휘학습

near	가까이, 근처의	live	살다
home	집, 고향	in	~안에
from	~로 부터, ~출신의	next	다음의
Where	어디에	place	장소, 곳
my	나의		

Key sentence — 상대방의 거주지를 물을 때

imagination: 함께 상상해보기 (주어진 상황에서 어떤 표현을 사용할지)

지난 강의를 통해서 우리는 상대방의 이름, 직업, 나이를 물어보는 표현들을 배웠습니다. 이번 시간에는 상대방이 어디에 사는지, 거주지를 물어보는 표현들을 배워보겠습니다.

Q: 어디 살아요?/집이 어디에요?   Q: Where do you live?
A: 저는 ~ 삽니다.   A: I live in Seoul.

* 위에 'do'는 4강 직업을 물을 때처럼, 의문문에 사용되는 조동사의 역할을 합니다.

왜 'I live Seoul.'이라 하지 않고 'live in Seoul.'라고 하나요?
우리말로 얘기 할때도 '서울을 산다'고 말하지 않고 '서울(안)에 산다'고 말하기 때문입니다.

I live in Busan.
I live in _____

6강

Key sentence
Where do you live?

Expressions

▶ 직접적인 질문
- **Do you live in Seoul?** 당신은 서울에 사나요?
- **Do you live in Busan?** 당신은 부산에 사나요?

▶ 직접적인 질문
- **Where is your place?** 당신의 거주지는 어디인가요?
  * place는 장소를 의미하는 단어로 '너'가 머무는 곳을 의미합니다.
- **Where are you from?** 당신은 어디 출신인가요?

▶ 대답의 유형
- **I live in Seoul.** 나는 서울에 삽니다.
- **I live near Seoul.** 나는 서울 근처에 삽니다.
- **My place is next to your home**. 내가 사는 곳은 당신 옆집입니다.
  * Where is your place?라고 물을 때 'My place'를 사용해서 대답할 수도 있습니다.

Practice 연습해 봅시다.

1. 어디에 살아요?	Where do you live?
2. 당신의 장소는 어디에요?	What is your place?
3. 당신의 집은 어디에요?	Where is your home?
4. 당신은 서울에 사나요?	Do you live in Seoul?
5. 당신은 어디 출신인가요?	Where are you from?
6. 저는 서울에 살아요.	I live in Seoul.
7. 저는 서울 근처에 살아요.	I live near Seoul.

확인문제

1. 사는 곳을 물을 때 사용할 수 있는 말로 잘못된 것을 고르시오.
   ① Where do you live?   ② Where is your place?
   ③ Where do you go?   ④ Where is your home?

Key sentence
Where do you live?

6강

2. 주어진 상대방의 말에 적절한 대답이 될 수 없는 것을 보기에서 고르시오.

   Where do you live?

   ① I live in Seoul.   ② My home is near your home.
   ③ In Busan.   ④ I live alone.

3. 아래의 보기에서 단어의 품사가 다른 하나를 고르시오.
   ① place   ② live
   ③ home   ④ Seoul

Writing 수업 후 영작 한마디

당신은 어디에 삽니까?

Key sentence
What do you like?

7강

복습문제

1. 주어진 상대방의 말에 적절한 대답이 될 수 있는 것을 보기에서 고르시오.

   > Where is your home?

   ① It is beside the road.　　② It is in home.
   ③ It is not mine.　　　　　④ It is for you.

2. 아래의 보기에서 성격이 다른 하나의 단어를 고르시오.
   ① for　　　　　　　　　　② home
   ③ in　　　　　　　　　　 ④ to

어휘학습

watch	손목시계, 관찰하다
travel	여행, 여행하다
like	좋아하다
time	시간
spare	여분의
hobby	취미
movie	영화, 영화관
book	책, 예약하다
read	읽다

Key sentence 상대방의 취미를 물을 때

imagination: 함께 상상해보기 (주어진 상황에서 어떤 표현을 사용할지)

지난 강의를 통해서 우리는 상대방의 이름, 직업, 나이, 사는 곳까지 물어보는 표현들을 배웠습니다. 대화를 계속 하고 싶을 때 물어볼 수 있는 게 어떤 것이 있을까요? 취미를 물어볼 수 있겠습니다.

한국말로 취미를 물어볼 때 어떤 표현을 쓰나요?

Q: 무엇을 좋아하세요?
A: 영화 보는 것을 좋아해요.

Key sentence
What do you like?

7강

> 여러분이 좋아하는 것을 내 입장인 1인칭 표현 'I'를 사용해서 무엇을 좋아하는지 표현해주면 됩니다.
> Q: What do you like?
> A: I like swimming.
>   I like movies.
>
> I like 다음에 좋아하는 것을 넣어 주시면 됩니다.

Expressions

▶ **직접적인 질문**
- **What is your hobby?** 당신의 취미는 무엇인가요?
- **What's your hobby?**

▶ **간접적인 질문**
- **What do you like?** 당신은 무엇을 좋아하나요?
- **What do you like to do?** 당신은 무엇 하는 것을 좋아하나요?
- **What do you do in your spare time?**
  What do you do? 는 직업을 물을 때 사용한 표현입니다. 여기서는 '여가시간 spare time'즉 남는 시간에 무엇을 하는지 물어보는 표현이 됩니다.

▶ **대답의 유형**
- **I like to read books.** 나는 책 읽는 것을 좋아합니다.
- **like to** ~하고 싶다. 하는 것을 좋아하다
- **My hobby is watching movies.** 제 취미는 영화 보는 것입니다.
  * watching처럼 동사 watch에 ~ing를 붙인 것을 동명사라 부르며 '~하는 것'으로 해석합니다. 더 자세한 사항은 부가학습방 문법 강의에서 다룹니다.
- **My hobby is playing the piano.** 제 취미는 피아노 연주하는 것입니다.

Key sentence
What do you like?

7강

Practice — 연습해 봅시다.

1. 무엇을 좋아하세요?   What do you like?
2. 무엇하는 것을 좋아하세요?   What do you like to do?
3. 취미가 무엇인가요?   What is your hobby? What's your hobby?
4. 여가시간에 무엇을 하세요?   What do you do in your spare time?
5. 여행을 좋아해요.   I like travel.
6. 영화 보는 것을 좋아해요.   I like to watch movies.
7. 제 취미는 영화 보는 것입니다.   My hobby is watching movies.

확인문제

1. 취미, 취향을 물을 때 사용할 수 있는 말로 잘못된 것을 고르시오.
   ① What do you want to do?
   ② What do you like?
   ③ What is your hobby?
   ④ What do you do in your spare time?

2. 주어진 상대방의 말에 적절한 대답이 될 수 없는 것을 보기에서 고르시오.

   > What do you do in your spare time?

   ① I play tennis.
   ② I read books.
   ③ I will see a movie.
   ④ I listen to music.

3. 아래의 보기에서 단어의 품사가 다른 하나를 고르시오.
   ① hobby
   ② spare
   ③ time
   ④ movie

Writing — 수업 후 영작 한마디

당신은 무엇을 하기를 좋아하나요?

Q&A Patterns
Are you...?

8강

복습문제

1. 주어진 상대방의 말에 적절한 대답이 될 수 있는 것을 보기에서 고르시오.

> What do you want?

① I listen to music. ② It is for you.
③ I want this. ④ I go home.

2. 아래의 보기에서 성격이 다른 하나의 단어를 고르시오.
① this ② that
③ its ④ it

어휘학습

Korean	한국의, 한국어, 한국인	know	알다, 알고 있다
attend	참석하다	need	필요하다
no	아니	class	수업, 반
Korea	한국	woman	성인 여자, 여성
ok	좋아, 그래, 알았다		
help	돕다		
with	~함께		

Q는 Questions의 앞글자이며, A는 Answers의 앞글자입니다. 즉 질문하고 답하는 여섯 개의 패턴을 배워보도록 하겠습니다.

가장 첫 번째로 배워볼 내용은 Are you...? Are you going to...?입니다.

Q&A Patterns

Are you...?

Q&A Pattern

imagination: 함께 상상해보기 (주어진 상황에서 어떤 표현을 사용할지)

해외에서 옷을 살 때 옷이 맞는지 확인하기 위해 Fitting room을 찾고자 할 때 제가 어려워하고 힘들어 하니까 점원이 다가와서 다음과 같이 말을 건넵니다.

> Q: 괜찮으세요? / 도와드릴까요?

제게 '괜찮은지를 또는 도움이 필요한지를' 물어봤기 때문에 대답은 '괜찮은지 아닌지' 또는 '도움이 필요한지 아님 필요하지 않은지'로 먼저 대답을 합니다.

> Q: Are you OK?
> A: (괜찮다고 답할 때) Yes, I am ok.
>   (도움이 필요할 때) No, I am not ok. I need help.

또 일행이 함께 어디로 갈 것인지 아닌지를 물어볼 때, 어떻게 대답하면 좋을까요? 우선 우리말 표현 '나와 함께 갈 거예요?'를 영어로 어떻게 표현할지 생각해 봅시다.

> Q: 나랑 같이 갈 거예요?
> Q: Are you going to go with me?

   * 여기에 사용된 going은 가고 있다는 의미가 아니라 '미래성' 또는 '예정'을 나타내는 표현이 되며, 이때 전치사 'to' 뒤에는 동사가 옵니다.

자 그럼 대답은 어떻게 하면 될까요? 이때도 대답은 두 가지 유형으로 나뉩니다. 같이 가겠다고 답하거나 그렇지 않다고 대답하면 되겠습니다.

> A: (같이 가고자 할 때) Yes, I am going to go with you.
>   (같이 가지 않을 때) No, I am not going to go with you.

Q&A 패턴을 통해서 우리는 질문을 물어보고 질문에 대답하는 표현들을 배울 것입니다. 이때 질문과 대답을 하는 문법 형식을 알아야 합니다. 그래야 상대방의 질문을 알아들을 수 있고, 그에 알맞게 대답을 할 수 있습니다.

Q&A Patterns
Are you...?

8강

Grammar Rules

1. 문장 구조

> Be 동사 + 주어 + 보어
> * 보어란 보충해 주는 말입니다. 이 보어는 상황에 따라 주어 또는 목적어에 대한 보충을 해 줍니다.

▶ 품사
- 동사+대명사+명사, 형용사, 전치사
  * be 동사는 '동사'에 포함됩니다.
  * 주어로 쓰일 수 있는 품사로 명사, 대명사가 있습니다. (이 외에 주어가 될 수 있는 것들은 부가학습방 기초문법강의를 참고해 주세요)
  * 보어로 쓰일 수 있는 품사는 명사, 대명사, 형용사 및 전치사+명사 형태입니다.
- **You are beautiful.** (대명사 + Be 동사 + 형용사)
- **Are you at school?** (Be 동사 + 대명사 + 전치사 + 명사)

▶ 긍정/부정 질문
- Are you OK? / Aren't you OK?

▶ 긍정/부정 대답
- Yes, I am OK. / No, I am not OK.

2. 문장 구조

> Be동사 + 주어 + going to + 동사

▶ 품사
- 동사 + 대명사 + going to + 동사

▶ 긍정/부정 질문
- Are you going to go with me? / Aren't you going to go with me?

▶ 긍정/부정 대답
- Yes, I am going. / No, I am not going.

Q&A Patterns
Are you...?

8강

Practice — 연습해 봅시다.

1. 당신은 한국 출신인가요?
2. 당신은 한국 출신이 아닌가요?
3. 네, 저는 한국 출신입니다.
4. 아니오, 저는 한국 출신이 아닙니다.
5. 넌 수업에 참석할 거니?
6. 넌 수업에 참석하지 않을 거니?
7. 응, 수업에 참석할 거야.
8. 아니, 수업 안 갈려고.

1. Are you from Korea?
2. Aren't you from Korea?
3. Yes, I am from Korea.
4. No, I am not from Korea.
5. Are you going to attend the class?
6. Aren't you going to attend the class?
7. Yes, I am going to attend the class.
8. No, I am not going to attend the class.

확인문제

1. 주어진 문장의 대답으로 적절하지 않거나 또는 문법적인 오류가 있는 것을 고르시오.

    > Are you ok?

    ① Yes, I am fine.
    ② No, I am not ok.
    ③ I am good.
    ④ I don't good.

2. 주어진 문장의 대답으로 적절하지 않거나 또는 문법적인 오류가 있는 것을 고르시오.

    > Are you going to attend the class?

    ① I am attend the class.
    ② I will not attend.
    ③ I am going to attend.
    ④ I will be attending.

Q&A Patterns
Are you...?

3. 주어진 문장의 대답으로 적절하지 않거나 또는 문법적인 오류가 있는 것을 고르시오.

   Are you from Korea?

   ① No, I am not.
   ② Yes, I will.
   ③ I am from another country.
   ④ I am from the country.

Writing   수업 후 영작 한마디

괜찮으세요? / 도와드릴까요?

Q&A Patterns
Do you..?

9강

■ 복습문제

1. 주어진 문장의 대답으로 적절하지 않거나 또는 문법적인 오류가 있는 것을 고르시오.

   Are you ok?

   ① I am fine.   ② I am not ok.
   ③ I am excellent.   ④ I don't good.

2. 주어진 문장의 대답으로 적절하지 않거나 또는 문법적인 오류가 있는 것을 고르시오.

   Are you from Korea?

   ① No, I am not.   ② Yes, I will.
   ③ I am from another country. ④ I am from the country.

3. 주어진 문장의 대답으로 적절하지 않거나 또는 문법적인 오류가 있는 것을 고르시오.

   Are you going to start it again?

   ① I will certainly don't.   ② I don't know yet.
   ③ I'd love to.   ④ I hope so.

■ 어휘학습

take	가져가다, 사다, 타다	subway	지하철
apple	사과	this	이것, 이것의
understand	이해하다	take the subway	지하철을 타다
alone	혼자, 혼자의		
want	원하다		
the	그		
him	그를		

Q&A Patterns
Do you..?

9강

Q&A Pattern

imagination: 함께 상상해보기 (주어진 상황에서 어떤 표현을 사용할지)

학교에 책을 안 가져갔습니다. 그래서 옆 친구가 책을 가져 왔는지를 물어보려 합니다.

Q: 책 있어요?

영어로 물어볼 때 어떻게 말하면 좋을까요? 우선 '나는 책을 가지고 있다'는 표현을 영어로 말해 봅시다.

I have a book.

이제 이 문장을 의문문으로 만들면 되겠습니다. 어떻게 만들 수 있을까요? 주어와 동사의 위치를 바꾸어서 말합니다.

Have you a book?

그런데 이는 맞는 문장이 아닙니다. 왜 그런가 하니, 'be동사'를 제외한 나머지 동작이나 상태들을 의미하는 동사들을 '일반동사'라고 부르는데, 이 '일반동사'가 있는 문장을 의문문으로 만들 때는 일반동사 대신에 'Do'가 앞으로 나가게 됩니다.

Do you have the book?

지난 강의에서 배웠듯이 이때도 대답하는 유형은 '책이 있다 와 없다' 두 가지가 됩니다.

(책이 있을 때) Yes, I do. 또는 Yes, I have a book.
(책이 없을 때) No, I don't. 또는 No, I do not have a book.

imagination: 함께 상상해보기 (주어진 상황에서 어떤 표현을 사용할지)

친구와 이런 저런 대화를 나누었는데 친구의 표정이 좀 이상합니다. 아마 이해를 못한 거 같네요. 그래서 '그걸 이해 못하겠어요?'라고 물어보려 합니다.
우선 '나는 이해한다'라는 문장으로부터 시작해 보겠습니다.

I understand it.
You understand it.

이제 의문문으로 바꾸면 되겠습니다. 어떻게? Do를 이용해서 해봅시다.

Do you understand it?　　　너는 이해하니?
Don't you understand it?　　너는 이해 못하니?

Q&A Patterns
Do you..?

9강

Grammar Rules

1. 문장구조

> 긍정대동사 (do) + 주어 + 일반동사
> * 대동사란 일반동사를 대신해서 의문문 또는 부정문을 만들어주는 역할을 합니다.

▶ 품사
- 대동사 (do, does, did) + 명사 + 일반동사
- I do I did
- You do You did
- He/She/It does He/She/It did
  * 자세한 사항은 부가학습방 기초문법에서 다룹니다.

▶ 긍정질문
- Do you have a book?

▶ 긍정/부정 대답
- Yes, I have a book. / No, I don't have a book.

2. 문장 구조

> 부정 대동사 (don't) + 주어 + 일반동사

▶ 품사
- 대동사 (do, does, did) + not + 명사 + 일반동사
- I do not I did not
- You do not You did not
- He/She/It does not He/She/It did not
  * 자세한 사항은 부가학습방 기초문법에서 다룹니다.

▶ 부정질문
- Don't you understand it?

▶ 긍정/부정 대답
- Yes, I understand it. / No, I don't understand it.

Q&A Patterns
Do you..?

9강

Practice 연습해 봅시다.

1. 당신은 도움이 필요한가요?
2. 당신은 도움이 필요하지 않은가요?
3. 네, 저는 도움이 필요합니다.
4. 아니요, 저는 도움이 필요하지 않습니다.
5. 나 혼자 지하철 타는 거야?
6. 나 혼자 지하철 타지 않는거야?
7. 응, 너 혼자 지하철 타는 거야.
8. 아니, 너 혼자 지하철 타는 거 아냐.

1. Do you need help?
2. Don't you need help?
3. Yes, I do 또는 Yes, I need help.
4. No, I don't. 또는 No, I don't need help.
5. Do I take the subway alone?
6. Don't I take the subway alone?
7. Yes, You take the subway alone.
8. No, You don't take the subway alone.

확인문제

1. 주어진 문장의 대답으로 적절하지 않거나 또는 문법적인 오류가 있는 것을 고르시오.

   > Do I know you?

   ① Yes, do you know me.
   ② No, I do not know you.
   ③ I met you in school.
   ④ I have no idea.

2. 주어진 문장의 대답으로 적절하지 않거나 또는 문법적인 오류가 있는 것을 고르시오.

   > Do I look like my father?

   ① Yes, So much.
   ② Not at all.
   ③ I look at your father.
   ④ I think so.

Q&A Patterns
Do you..?

9강

3. 주어진 문장의 대답으로 적절하지 않거나 또는 문법적인 오류가 있는 것을 고르시오.

   Do I take the subway alone?

   ① Yes, you should did it.　　② No, you don't.
   ③ I will go with you.　　　　④ I take it too.

4. 주어진 문장의 대답으로 적절하지 않거나 또는 문법적인 오류가 있는 것을 고르시오.

   Do you have a book?

   ① Yes, I have one.　　　　　② No, I don't have a book,.
   ③ I want to have the book.　④ Sure.

5. 주어진 문장의 대답으로 적절하지 않거나 또는 문법적인 오류가 있는 것을 고르시오.

   Don't you understand it?

   ① Yes, I understand it.　　　② No, I understand it.
   ③ I try to understand it.　　④ I do it.

6. 주어진 문장의 대답으로 적절하지 않거나 또는 문법적인 오류가 있는 것을 고르시오.

   Do you want to use it?

   ① Yes, I want to use it now.　② No, I want not to use it.
   ③ I am O.K.　　　　　　　　④ Of course.

Writing　수업 후 영작 한마디

저는 당신과 함께 저녁을 먹지 않나요?

Q&A Patterns
Can (can't) you (I)?

10강

복습문제

1. 주어진 문장의 대답으로 적절하지 않거나 또는 문법적인 오류가 있는 것을 고르시오.

   > Do I look like my father?

   ① Pretty much. ② I don't think so.
   ③ I do. ④ I don't know about it.

2. 주어진 문장의 대답으로 적절하지 않거나 또는 문법적인 오류가 있는 것을 고르시오.

   > Do you want to talk to me?

   ① Yes. ② No, I want to talk to you.
   ③ Sure. I want to talk. ④ I am sorry that I don't want it.

3. 주어진 문장의 대답으로 적절하지 않거나 또는 문법적인 오류가 있는 것을 고르시오.

   > Do you think of me?

   ① Yes, I always think of you. ② No, I never think about you.
   ③ Sometimes, I think of me. ④ I am even thinking of you now.

어휘학습

hear	듣다	look at	~을 보다
leave	남다, 떠나다	get	얻다, 가다
study	연구, 공부하다	send	보내다
sure	확실한	leave the office	퇴근하다, 사무실을 떠나다
office	사무실		
story	이야기	tell	말하다
memo	메모		

Q&A Patterns
Can (can't) you (I)?

10강

Q&A Pattern

imagination: 함께 상상해보기 (주어진 상황에서 어떤 표현을 사용할지)

친구들과 보고 싶은 영화가 있었는데 일이 있어서 나만 혼자 영화 보러 가지 못했습니다. 그래서 친구들에게 영화 내용이 어땠는지 물어보려 합니다. 먼저 우리 말 표현부터 알아볼까요?

Q: 그 이야기를 말 해줄 수 있어요?
Q: Can you tell me the story?
* can 할 수 있다.

지난 시간을 생각해보면, 일반동사가 있는 문장을 의문문으로 만들 때 do라는 동사가 필요했습니다. 이번 시간에는 '해줄 수 있는지'를 물어보기 때문에 do동사가 아닌 can을 사용합니다.

대답의 유형은 '할 수 있다' 또는 '할 수 없다'로 표현할 수 있습니다.

A: (할 수 있을 때) Yes, I can.
   (할 수 없을 때) No, I cannot / No, I can't.

imagination: 함께 상상해보기 (주어진 상황에서 어떤 표현을 사용할지)

비가 오는 날 외출하려는 데 우산이 없습니다. 그래서 친구에게 전화해서 우산 좀 가져다 달라고 부탁할 때, 즉 필요한 물건을 대신 누군가가 나에게 가져다 줄 수 있는지를 물어보는 표현을 배워봅시다.

Q: 메모를 (제게) 가져다 줄 수 없나요?
Q: Can't you get (me) the memo?

A: (가져다 줄 수 있다면) Yes, I can.
   (가져다 줄 수 없다면) No, I can't.

Q&A Patterns
Can (can't) you (I)?

10강

Grammar Rules

1. 문장구조

> 조동사 (can) + 주어 + 일반동사
> * 조동사도 일반동사를 대신해서 의문문 또는 부정문을 만들어주는 역할을 하며 조동사마다 그 의미가 다릅니다. 우리가 이번 시간에 배우는 조동사 can은 '~할 수 있다'는 뜻이 있습니다.

▶ 품사
- 조동사 (can, could) + 명사 등 + 일반동사
  * '할 수 있다'는 표현은 can을 사용해서, '할 수 있었다'는 표현은 can의 과거형인 could를 사용합니다. 또는 정중한 권유, 제안을 하고 싶을 때도 could를 사용합니다.
  * 부가학습에서 더 자세한 내용을 배울 수 있습니다.

▶ 긍정질문
- Can you tell me the story?

▶ 긍정/부정 대답
- Yes, I can tell you. / No, I can't tell you.

2. 문장 구조

> 부정 조동사 (can't) + 주어 + 일반동사

▶ 품사
- 조동사 (can, could) + not + 명사 등 + 일반동사

▶ 부정질문
- Can't you get the memo?

▶ 긍정/부정 대답
- Yes, I can get the memo. 또는 Sure, I can. / No, I can't get the memo.
  * Yes, I can't 또는 No, I can이라고 말하지 않습니다.
  * sure는 '물론이야'라는 뜻으로 종종 Yes 대신 쓰이기도 합니다.

Q&A Patterns
Can (can't) you (I)?

10강

Practice 연습해 봅시다.

1. 내 말 들려요
2. 내 말 들리지 않아요?
3. 네, 들을 수 있어요 (들려요.)
4. 아니요, 들을 수 없어요. (안 들려요.)
5. 퇴근해도 될까요?
6. 퇴근할 수 없나요?
7. 네, 퇴근하세요.
8. 아니요, 퇴근하지 마세요.

1. Can you hear me?
2. Can't you hear me?
3. Yes, I can hear you 또는 Yes, I can.
4. No, I can't hear you. 또는 No, I can't
5. Can I leave the office? 또는 Can I go home?
6. Can't I leave the office? 또는 Can't I go home?
7. Yes, you can leave the office. 또는 Yes, you can go home.
8. No, you can't leave the office. 또는 No, you can't go home.

확인문제

1. 주어진 문장의 대답으로 적절하지 않거나 또는 문법적인 오류가 있는 것을 고르시오.

   Can you tell me the story?

   ① Yes, I can.
   ② No, I cannot.
   ③ Why not? I will tell you.
   ④ Sure, I can't.

2. 주어진 문장의 대답으로 적절하지 않거나 또는 문법적인 오류가 있는 것을 고르시오.

   Can you hear me?

   ① Yes, I can hear you well.
   ② No, I cannot hear to you at all.
   ③ Sometimes I cannot hear.
   ④ Perfectly I do.

Q&A Patterns
Can (can't) you (I)?

3. 주어진 문장의 대답으로 적절하지 않거나 또는 문법적인 오류가 있는 것을 고르시오.

   Can't you look at that?

   ① Yes, I am looking.
   ② No, I can't looking that.
   ③ Sorry, I don't wear glasses.
   ④ I can see it now.

4. 주어진 문장의 대답으로 적절하지 않거나 또는 문법적인 오류가 있는 것을 고르시오.

   Can I see that?

   ① Yes, of course.
   ② No, you doesn't want to see that.
   ③ I will let you see it.
   ④ Here you are.

5. 주어진 문장의 대답으로 적절하지 않거나 또는 문법적인 오류가 있는 것을 고르시오.

   Can I go home?

   ① Yes, as you like.
   ② No, you don't.
   ③ I cannot tell you now.
   ④ I guess so.

6. 주어진 문장의 대답으로 적절하지 않거나 또는 문법적인 오류가 있는 것을 고르시오.

   Can I leave the office?

   ① Yes, I will leave too.
   ② No. Stay here.
   ③ If you don't want.
   ④ As you like.

Writing 수업 후 영작 한마디

내가 그것을 봐도 되니?

Q&A Patterns
Will (won't) you (I)...?

11강

복습문제

1. 주어진 문장의 대답으로 적절하지 않거나 또는 문법적인 오류가 있는 것을 고르시오.

   > Can you tell me the truth?

   ① I cannot say the truth to you. ② I can't speak it out.
   ③ I will able to talk about it tomorrow. ④ I won't mention it to you.

2. 주어진 문장의 대답으로 적절하지 않거나 또는 문법적인 오류가 있는 것을 고르시오.

   > Can you look after the family?

   ① Yes, I am looking forward to it. ② No, I can't.
   ③ No problem. I will look for it. ④ Sorry, I cannot do it.

3. 주어진 문장의 대답으로 적절하지 않거나 또는 문법적인 오류가 있는 것을 고르시오.

   > Can I see that?

   ① Why not? ② Go ahead.
   ③ Here you are. ④ You don't.

어휘학습

work	일, 일하다
taxi	택시
have	먹다, 가지다
will	~일 것이다, 예정이다
homework	숙제
do homework	숙제하다
wait	기다리다
breakfast	아침

Q&A Patterns
Will (won't) you (I)...?

Q&A Pattern

imagination: 함께 상상해보기 (주어진 상황에서 어떤 표현을 사용할지)

> Will you로 시작하는 표현은 언제 사용할 수 있을까요? 친구들과 밤새 놀고 나니 아침이 되었습니다. 배가 고파 식사를 하려는데 친구에게 물어 봅니다. "너 아침 먹을래?"
>
> Q: Will you have breakfast?
>
> * 동사 'have'는 '~을 가지다'는 뜻이 있습니다. 여기서는 아침을 가지다. 즉 아침을 먹는다는 뜻이 됩니다.
>
> A: (식사를 할 생각이라면) Yes, I will. 또는 Yes I will have breakfast.
>   (식사를 하지 않을 거라면) No, I will not. 또는 No I won't have breakfast.
> * won't는 will not 의 줄임말 입니다.

imagination: 함께 상상해보기 (주어진 상황에서 어떤 표현을 사용할지)

> 아침 출근길에 택시를 타고 가려는데 저만치에서 직장동료가 보이네요. 택시를 같이 탈 것인지 물어보겠습니다.
>
> Q: 택시 타지 않을래요?
> Q: Won't you take a taxi?
> * take a taxi 택시를 타다
> * take a bus 버스를 타다
> * take a subway 전철을 타다
>
> 이번에는 같은 질문을 받았을 때 어떻게 대답하면 좋을까요?
>
> 우선은 택시를 탈 것인지, 타지 않을 것인지 알려주세요.
>
> A: (택시를 탈 것이면) Yes, I will take a taxi.
>   (택시를 타지 않을 것이면) No, I will not take a taxi.

Q&A Patterns
Will (won't) you (I)...?

11강

Grammar Rules

1. 문장구조

> 조동사 (will) + 주어 + 일반동사
> * 조동사도 일반동사를 대신해서 의문문 또는 부정문을 만들어주는 역할을 하며 조동사마다 그 의미가 다릅니다. 우리가 이번 시간에 배우는 조동사 will은 '~할 것이다'는 뜻이 있습니다.

▶ 품사
- 조동사 (will, would) + 명사 등 + 일반동사
  * '할 것이다'는 표현은 will을 사용해서, '했을 것이다.'는 표현은 will의 과거형인 would를 사용합니다. 또는 정중한 권유, 제안을 하고 싶을 때도 would를 사용합니다.
  * 부가학습에서 더 자세한 내용을 배울 수 있습니다.

▶ 긍정질문
- Will you have breakfast?

▶ 긍정/부정 대답
- Yes, I will. / No, I won't.

2. 문장구조

> 부정 조동사 (won't) + 주어 + 일반동사

▶ 품사
- 조동사 (will, would) + not + 명사 등 + 일반동사

▶ 부정질문
- Won't you take a taxi?

▶ 긍정/부정 대답
- Yes, I will have breakfast. 또는 Yes, I will / No, I won't have breakfast. 혹은 No, I won't.
  * Yes, I won't 또는 No, I will이라고 말하지 않습니다.

Q&A Patterns
Will (won't) you (I)...?

11강

Practice 연습해 봅시다.

1. 숙제 할거니?
2. 숙제 하지 않을 거니?
3. 네, 숙제 할거에요.
4. 아니요, 숙제 하지 않을 거에요.
5. 날 기다릴 거야?
6. 날 기다리지 않을 거야?
7. 응, 난 너를 기다릴 거야.
8. 아니, 난 너를 기다리지 않을 거야.

1. Will you do your homework?
2. Won't you do your homework?
3. Yes, I will do my homework.
4. No, I will not do my homework.
5. Will you wait for me?
6. Won't you wait for me?
7. Yes, I will wait for you.
8. No, I won't wait for you.

확인문제

1. 주어진 문장의 대답으로 적절하지 않거나 또는 문법적인 오류가 있는 것을 고르시오.

   Will you have breakfast?

   ① Yeah, I will have.
   ② I am not hungry.
   ③ I don't have it.
   ④ I have to go out now.

2. 주어진 문장의 대답으로 적절하지 않거나 또는 문법적인 오류가 있는 것을 고르시오.

   Won't you take a taxi?

   ① I won't.
   ② I can't take it.
   ③ I will use my bicycle.
   ④ I am not going.

3. 주어진 문장의 대답으로 적절하지 않거나 또는 문법적인 오류가 있는 것을 고르시오.

   Won't you talk to me?

   ① I never will talk to you.
   ② I am not in a mood to talk to you.
   ③ I don't want you to know about it.
   ④ I don't need your help anymore.

4. 주어진 문장의 대답으로 적절하지 않거나 또는 문법적인 오류가 있는 것을 고르시오.

   Will you do your homework?

   ① I don't need to.
   ② I don't want to.
   ③ I don't have to.
   ④ I don't talk to.

Q&A Patterns
Will (won't) you (I)...?

5. 주어진 문장의 대답으로 적절하지 않거나 또는 문법적인 오류가 있는 것을 고르시오.

   Won't you wait for me?

   ① Sorry, I am so busy.
   ② I am not able to do it.
   ③ I will be waiting for you.
   ④ I must waiting for you.

Writing 수업 후 영작 한마디

아침 먹을래?

Q&A Patterns
조동사 + you (I)...?

12강

■ 복습문제

1. 주어진 문장의 대답으로 적절하지 않거나 또는 문법적인 오류가 있는 것을 고르시오.

   > Will you do me a favor?

   ① I don't have time for it.　　② I don't want to.
   ③ I don't have to.　　　　　　④ I don't do such a thing.

2. 주어진 문장의 대답으로 적절하지 않거나 또는 문법적인 오류가 있는 것을 고르시오.

   > Won't you take the clothes?

   ① I don't have enough money.　② I won't buy it.
   ③ I am just trying it on.　　　　④ I will take you there.

3. 주어진 문장의 대답으로 적절하지 않거나 또는 문법적인 오류가 있는 것을 고르시오.

   > Will you talk to me like that?

   ① I will never do it again.　　　② I will tell you about that.
   ③ I am always talking like that.　④ I will try not to do like that.

■ 어휘학습

something	무엇, 어떤 것	favor	호의, 선의
may	~일지도 모른다, ~해도 된다	drink	마실 것, 마시다
sorry	안된, 미안한, 안쓰러운	some	몇몇의, 약간의
should	~하는 게 좋다, ~해야 한다	advice	충고, 조언
listen	듣다	must	~해야 한다, ~임에 틀림없다
please	제발, 부디, 기쁘게 하다	give	주다
listen to	~을 듣다	chance	기회, 가능성
could	can의 과거, ~했을 수도 있다	water	물
would	will의 과거, ~일 것이다, ~했을 것이다		
thank	감사, 감사하다, 고마워하다		

Q&A Patterns
조동사 + you (I)...?

12강

Q&A Pattern

imagination: 함께 상상해보기 (주어진 상황에서 어떤 표현을 사용할지)

> 조동사로 시작하는 표현은 언제 사용할 수 있을까요? 친구 집에 놀러 갔거나 친구가 집에 놀러 왔을 때 이렇게 질문을 합니다. "뭐 좀 마실래요?"
>
> Q: Would you like something to drink?
> * would는 정중한 제안이나 권유를 할 때도 사용됩니다.
> * something to drink 마실 것
> * Would you like라는 패턴은 아주 다양한 상황에서 쓰입니다.
> A: (물을 달라고 할 때) Yes, I would like a glass of water.
>   (마실 것이 필요하지 않을 때) No, thank you!

imagination: 함께 상상해보기 (주어진 상황에서 어떤 표현을 사용할지)

> 일하거나 숙제를 할 때, 도움이 필요한 경우가 있습니다. 그래서 도움을 요청할 때 "저 좀 도와주시겠어요?"라고 물어봅니다.
>
> Q: Could you do me a favor?
> * could는 정중한 제안 또는 권유할 때도 사용됩니다.
> * favor 호의
> * Do me a favor. 내 부탁을 들어주세요.
> A: Yes 또는 Sure
>   No, I am busy.

Grammar Rules

▶ **조동사: Be 동사, 일반동사를 도와주는 동사**

- will (would) = be going to '~할 것이다.'
  * be going to는 계획 또는 예정된 사항을 말할 때 사용합니다.
- can (could) = be able to '~할 수 있다.'
- may (might) – 허락을 구하는 상황에서 물어볼 때, 추측할 때 사용합니다.
  * I go to the bathroom. 나는 화장실에 간다.
  * May I go to the bathroom? 화장실에 가도 될까요?
  * It might rain. 비가 올지 몰라.

Q&A Patterns
조동사 + you (I)...?

12강

- **shall (should)** – 제안, 권유, 부탁을 할 때 사용합니다. 과거형 should는 의무, 도리, 조언를 나타낼 때 사용됩니다.
- **must** = have to – 의무와 강요를 강하게 나타낼 때 사용합니다.

문장구조

조동사 + 주어 + 일반동사

▶ **품사**
- 조동사 (not) + 명사 등 + 일반동사

▶ **긍정질문**
- Would you like something to drink?

▶ **긍정/부정 대답**
- Yes, water please. / No, thank you!

Practice 연습해 봅시다.

1. 사과를 좀 드시겠어요?
2. 네, 부탁해요.
3. 제 말 좀 들어주시겠어요?
4. (긍정) 물론이죠, / (거절) 죄송합니다.
5. 나에게 기회를 주실 수 있어요?
6. 아니요, 당신에게 기회를 주지 않을 거에요.
7. 조언을 좀 구할 수 있을까요?
8. 아니요, 당신은 구할 수 없어요.

1. Would you like some apples?
2. Yes, please.
3. Could you listen to me?
4. Sure. / I am sorry.
5. Would you give me a chance? / Could you give me a chance?
6. No, I would not give you a chance. / No, I could not give you a chance.
7. Should I get some advice?
8. No, you should not get some advice.

Q&A Patterns
조동사 + you (I)...?

12강

확인문제

1. 주어진 문장의 대답으로 적절하지 않거나 또는 문법적인 오류가 있는 것을 고르시오.

   > Would you like something to drink?

   ① Yes, I would like a cup of coffee.　② I will have some water, please.
   ③ I would like to drink something.　④ No, thank you so much.

2. 주어진 문장의 대답으로 적절하지 않거나 또는 문법적인 오류가 있는 것을 고르시오.

   > Could you do me a favor?

   ① Of course. I have lots of time.　② I am willing to do it.
   ③ Sorry. I don't have enough time for that.　④ Bye bye. I am going.

3. 주어진 문장의 대답으로 적절하지 않거나 또는 문법적인 오류가 있는 것을 고르시오.

   > Would you give me a chance?

   ① Alright. I will.　② I can't give it to you.
   ③ I don't have a chance.　④ I already did twice.

4. 주어진 문장의 대답으로 적절하지 않거나 또는 문법적인 오류가 있는 것을 고르시오.

   > Could you give me a ride?

   ① I cannot ride a horse.　② I cannot drive at all.
   ③ OK. I will take you home.　④ I would love to, but I can't.

5. 주어진 문장의 대답으로 적절하지 않거나 또는 문법적인 오류가 있는 것을 고르시오.

   > May I help you?

   ① Yes, please.　② No, I am fine.
   ③ Oh, you are very kind.　④ I will help you.

6. 주어진 문장의 대답으로 적절하지 않거나 또는 문법적인 오류가 있는 것을 고르시오.

   > Should I go this way?

   ① No, you shouldn't.　② You had better go that way.
   ③ I hope so.　④ You would rather go that way than the other.

Q&A Patterns
조동사 + you (I)...?

12강

7. 주어진 문장의 대답으로 적절하지 않거나 또는 문법적인 오류가 있는 것을 고르시오.

   Should I get some advice?

   ① If you would like to do so.   ② I have no advice for you.
   ③ I can't tell you anything about it.   ④ I can tell you nothing.

8. 주어진 문장의 대답으로 적절하지 않거나 또는 문법적인 오류가 있는 것을 고르시오.

   May I introduce myself?

   ① Go back.   ② Go on.
   ③ Go ahead.   ④ O.K.

Writing 수업 후 영작 한마디

내 부탁 좀 들어줄 수 있니?

Q&A Patterns
의문사 + do (can, will, are) you (I)...?

13강

복습문제

1. 주어진 문장의 대답으로 적절하지 않거나 또는 문법적인 오류가 있는 것을 고르시오.

   > Would you like something to drink?

   ① Yes, I would like a cup of coffee.   ② I will have some water, please.
   ③ I would like to drink something.   ④ No, thank you so much.

2. 주어진 문장의 대답으로 적절하지 않거나 또는 문법적인 오류가 있는 것을 고르시오.

   > Could you give me a ride?

   ① I cannot ride a horse.   ② I cannot drive at all.
   ③ OK. I will take you home.   ④ I would love to, but I can't.

3. 주어진 문장의 대답으로 적절하지 않거나 또는 문법적인 오류가 있는 것을 고르시오.

   > Could you get something for me to put on?

   ① I will get you a fan.   ② I will send you some clothes.
   ③ I will make someone else do it.   ④ I will take off my coat and give it to you.

어휘학습

why	왜	car	자동차
nothing	아무것도, 아무것도 아닌 것	think	생각하다
of	~의	which	어느, 어느 것
love	사랑, 사랑하다	use	사용하다, 이용하다
about	약, ~에 대해, ~에 관해	late	늦은
that	저것, 저것의	when	언제
who	누가		
money	돈		
because	~ 때문에		

Q&A Patterns
의문사 + do (can, will, are) you (I)...?

13강

Q&A Pattern

imagination: 함께 상상해보기 (주어진 상황에서 어떤 표현을 사용할지)

> 의문사를 사용하여 질문하는 표현들을 함께 배워보겠습니다. 미국에 처음 가서 마트나 백화점에 갔습니다. 두리번거리는 당신을 보고 점원이 이야기 합니다.
> Q: 당신은 무엇을 원하세요?
> Q: What do you want?
> 점원이 내가 필요한 것이 무엇인지를 물었기 때문에 대답할 때도 Yes나 No로 대답하지 않고 내가 필요한 것이 무엇인지를 알려주면 됩니다.
> A: I want new shoes. 나는 새 신발을 원합니다.
> * I want 다음에 여러분이 원하는 것을 말하세요.

imagination: 함께 상상해보기 (주어진 상황에서 어떤 표현을 사용할지)

> 수업에 늦게 들어온 당신을 보고 교수님이 왜 늦게 왔는지를 묻습니다.
> Q: 너는 왜 늦었니?
> Q: Why are you late?
> 늦게 온 이유를 묻는 질문에 대답할 때도 Yes나 No로 대답하지 않고 이유를 알려줘야 합니다.
> A: I am late because of my car. 또는 Because of my car.
> *'~때문에'라고 말하고 싶을 때 'because of'를 사용하시면 됩니다.

Grammar Rules

▶ **의문사:** 의문문을 만들 때 사용되며, 품사는 부사입니다.
- what - 무엇
- why - 왜
- when - 언제
- which - 어느
- where - 어디에
- who - 누구
- how - 어떻게

Q&A Patterns

의문사 + do (can, will, are) you (I)...?

13강

문장구조

의문사 + 조동사/be동사/일반동사 + 주어

▶ 품사
· 부사 + 조동사/be동사/일반동사 + (not) + 명사 등

▶ 긍정질문
· What do you want?

▶ 긍정/부정 대답
· I want money. / I want nothing.

Practice 연습해 봅시다.

1. 당신은 나를 어떻게 도와줄 건가요?
2. 당신에게 충고를 해줄 거에요.
3. 당신은 누군가요?
4. 난 너의 선생님이야.
5. 당신은 저것에 대해 어떻게 생각하나요?
6. 나도 모르겠어요.
7. 당신은 어느 것을 사용하길 원하나요?
8. 난 이것을 사용하기 원해요.

1. How will you help me?
2. I will give you some advice.
3. Who are you?
4. I am your teacher.
5. What do you think about that?
   * 상대방의 생각이나 의견을 물을 때는 what do you think?라는 표현을 사용하며, 상대방이 어떻게 생각하는지 그 방식을 물을 때는 how do you think?라고 말합니다.
6. I do not know.
7. Which do you want to use?
8. I want to use this.

Q&A Patterns
의문사 + do (can, will, are) you (I)...?

13강

확인문제

1. 주어진 문장의 대답으로 적절하지 않거나 또는 문법적인 오류가 있는 것을 고르시오.

   What do you want?

   ① I want your tree.　　　　　　② Yes, I want a pencil.
   ③ I want to go abroad.　　　　 ④ I want you to follow me.

2. 주어진 문장의 대답으로 적절하지 않거나 또는 문법적인 오류가 있는 것을 고르시오.

   Why are you late?

   ① I do not take a bus in time.　② Because I lost my way to school.
   ③ Because of the heavy traffic.　④ I don't get up yesterday.

3. 주어진 문장의 대답으로 적절하지 않거나 또는 문법적인 오류가 있는 것을 고르시오.

   How will you help me?

   ① I will carry your baggage for you.　② I will give you a ride to the destination.
   ③ I will wait for your call.　　　　　 ④ I will handle your work by tonight.

4. 주어진 문장의 대답으로 적절하지 않거나 또는 문법적인 오류가 있는 것을 고르시오.

   Who do you want to talk to?

   ① I have to talk to Mr. Kim.　② I need to talk with you.
   ③ I don't talk to somebody.　 ④ I will talk with your boss.

5. 주어진 문장의 대답으로 적절하지 않거나 또는 문법적인 오류가 있는 것을 고르시오.

   What do you think about that?

   ① I think about you.　　　　　　　② I can say nothing about it.
   ③ I don't know anything about it.　④ I have no idea about it.

6. 주어진 문장의 대답으로 적절하지 않거나 또는 문법적인 오류가 있는 것을 고르시오.

   Which do you want to use?

   ① I will use this.　　　　　② I will use that.
   ③ I will use everything.　 ④ I will use something.

Q&A Patterns
의문사 + do (can, will, are) you (I)...?

7. 주어진 문장의 대답으로 적절하지 않거나 또는 문법적인 오류가 있는 것을 고르시오.

   > When can you finish the class?

   ① I will be able to find it out soon.
   ② I will tell you a few minutes later.
   ③ I cannot say to it again.
   ④ I cannot say to you right now.

8. 주어진 문장의 대답으로 적절하지 않거나 또는 문법적인 오류가 있는 것을 고르시오.

   > Where will you meet me?

   ① I met you in your house.
   ② I am going to meet you in front of the main door.
   ③ I will inform you about it soon.
   ④ I did not make a choice yet.

| Writing | 수업 후 영작 한마디 |

넌 누구니?

1인칭 입문 학습 총 복습

14강

복습문제

1. 주어진 문장의 대답으로 적절하지 않거나 또는 문법적인 오류가 있는 것을 고르시오.

   > What do you want for me?

   ① I want your tree.
   ② No, I don't want anything.
   ③ I want to go abroad.
   ④ I want you to follow me.

2. 주어진 문장의 대답으로 적절하지 않거나 또는 문법적인 오류가 있는 것을 고르시오.

   > When can you finish the class?

   ① I will be able to find it out soon.
   ② I will tell you a few minutes later.
   ③ I cannot say to it again.
   ④ I cannot say to you right now.

3. 주어진 문장의 대답으로 적절하지 않거나 또는 문법적인 오류가 있는 것을 고르시오.

   > Where will you meet me?

   ① I met you in your house.
   ② I am going to meet you in front of the main door.
   ③ I will inform you about it soon.
   ④ I did not make a choice yet.

1인칭 입문 학습 총 복습

14강

1인칭 입문 강의에서 우리는 핵심 문장 7개와 6가지 유형의 질문과 대답을 배웠습니다.
이번 강의를 통해서 다시 한 번 배운 것을 확인해보겠습니다.

Practice 연습해 봅시다.

1. 만나서 반가워.
2. 오늘 어때?
3. 이름이 뭐에요?
4. 무슨 일을 하세요?
5. 정부를 위해 일해요.
6. 당신은 몇 살 인가요?
7. 어디에 살아요?
8. 서울 근처에 살아요.
9. 여가시간에 무엇을 하세요?
10. 영화 보는 것을 좋아해요.
11. 당신은 도움이 필요한가요?
12. 내 말 들려요?
13. 퇴근해도 될까요?
14. 네, 난 당신을 기다릴 거에요.
15. 제 소개를 해도 될까요?
16. 당신은 저것에 대해 어떻게 생각하나요?

1인칭 입문 학습 총 복습

14강

1. Nice to meet you!
2. How is it going today? / How is it today?
3. What is your name?
4. What do you do?
5. I work for the government.
6. How old are you?
7. Where do you live?
8. I live near Seoul.
9. What do you do in your spare time?
10. I like to watch movies. / I like watching movies.
11. Do you need help?
12. Do you hear me? / Can you hear me?
13. Can I leave the office?
14. Yes, I will wait for you.
15. May I introduce myself? / Can I introduce myself?
16. What do you think about that?

1인칭
실전학습

영어가
정말로
필요한 사람들

Let's speak
Do you like to watch TV?

1강

1인칭 입문학습에서 배운 표현들을 실전 학습을 통해 어떻게 사용되고 표현 되는지를 배워 보겠습니다.

어휘학습

picture	사진, 그림	else	그 밖에
play	운동(연주)하다, 놀다	and	그리고
cook	요리사, 요리하다	piano	피아노
what else	그 밖에 무엇	music	음악
watch	보다, 관찰하다	read	읽다
walk	걷다, 산책하다	like to	~하는걸 좋아하다
soccer	축구	make	만들다
jogging	조깅		
baseball	야구		

Dialogue 대화

선생님과 학생의 대화로 이루어져 있으나, 꼭 선생님과 학생에 국한된 상황은 아닙니다. 두 사람간의 대화 속에서도 사용 가능한 표현들입니다. 질문에 대한 여러분들만의 대답을 생각해 보세요.

Teacher: Do you like to watch TV?
Student: Yes, I like to watch TV.
Teacher: What else do you like to do?
Student: I like to play soccer.
Teacher: And?
Student: Um... I read a book.

대화에 사용되는 표현들을 좀 더 자세히 살펴봅시다.

▶ 취미를 알 수 있는 표현

- **Do you like (love) + to (또는 ~ing)**
  * Do you like (love) to read a book? 책 읽는 것을 좋아하세요?
- **I like (love) + to (또는 ~ing)**
  * I like (love) to read a book. 저는 책 읽는 것을 좋아합니다.

Let's speak
Do you like to watch TV?

- **Do you like (love) + 명사 등**
  * Do you like a book? 책을 좋아하세요?
- **Would like to + 동사원형 -> ~을 하고 싶다.**
  * I would like to watch TV. 나는 TV를 보고 싶습니다.
  * ~ing는 '동명사'라고 하며, to+동사원형은 to부정사라고 합니다. 자세한 내용은 부가학습방 기초문법 강의를 참고해 주세요.
- **My hobby is...**
  * My hobby is to watch TV. 또는 My hobby is watching TV. 제 취미는 TV보기입니다.

imagination: 주어진 질문에 대한 대답을 상상해 보세요.

> Q: What do you like (love) to do? 당신은 무엇이 하고 싶으세요?

대답에 사용되는 다양한 표현들을 살펴볼까요?

- **I like (love) to + 운동**
  play baseball 야구하다/ go jogging 조깅하다
- **I like (love) to + 악기, 음악**
  play the piano 피아노 연주하다 / listen to music 음악을 듣다
  * 악기를 연주한다고 말할 때는 악기 앞에 the를 붙여서 말합니다.
  * play the violin / play the guitar
- **I like (love) to + 영화, 사진**
  watch (see) movies 영화를 보다 / take a picture 사진을 찍다
- **I like (love) to + 요리**
  cook 요리하다 / make 만들다
- **I like (love) to make pasta.** 나는 파스타 만드는 것을 좋아합니다.
- **I like (love) to + 기타**
  read a book 책을 읽다 / take a walk 산책을 하다

Let's speak
Do you like to watch TV?

1강

Practice 연습해 봅시다.

1. 난 야구하는 것을 좋아해.	1. I like (love) to play baseball.
2. 난 음악 듣는 것을 좋아해.	2. I like (love) to listen to music.
3. 난 영화 보는 것을 좋아해.	3. I like (love) to watch movies.
4. 난 요리하는 것을 좋아해.	4. I like (love) to cook.
5. 난 산책하는 것을 좋아해.	5. I like (love) to take a walk.

Memorizing 암기한 것을 크고 정확하게 말해보세요.

실제 외국인과 또는 친구와 대화한다고 상상하며 우리말로 쓰인 표현을 지금까지 배운 것을 사용하여 영어로 큰 소리로 정확하게 발음하여 말합니다.

Teacher: Do you like to watch TV?
Student: 응, 난 TV 보는 것을 좋아해.
Teacher: What else do you like to do?
Student: 난 축구 하는 것을 좋아해.
Teacher: And?
Student: 음... 난 책을 읽어.

확인문제

1. 보기의 단어를 조합하여 아래의 문장을 오류 없이 영작한 것을 고르시오.

   문장 : 나는 음악 듣는 것을 좋아합니다.
   예제 : like / to / listen / a / music / I / am

   ① I like listening music.　　　② I like to listen a music.
   ③ I like to listen to music.　　④ I am like to listen to music.

2. 주어진 문장의 괄호 속 단어의 품사와 같은 품사로 사용할 수 있는 단어를 고르시오.

   I like to watch (TV)

   ① like　　　　　　② do
   ③ read　　　　　　④ watch

Let's speak
Do you like to watch TV?

3. 다음 질문을 듣고 이어질 수 있는 대답 중 가장 적절한 것을 고르시오.
   ① Yes, I don't like it.
   ② No problem.
   ③ I like it very much.
   ④ I don't want to watch it with you.

| **Writing** | 수업 후 영작 한마디 |

나는 축구 하는 걸 좋아한다.

Let's speak
Do you go to church?

2강

■ 복습문제

1. 보기의 단어를 조합하여 아래의 문장을 오류 없이 영작한 것을 고르시오.

   > 문장 : 나는 식사를 하는 것이 좋다
   > 예제 : like / to / meal / a / together / I / have / with / you / eat

   ① I like to have meal together. ② I like you to eat a meal together.
   ③ I like to have a meal. ④ I like to eat meal you.

2. 다음 질문을 듣고 이어질 수 있는 대답 중 가장 적절한 것을 고르시오.
   ① Yes, I like playing piano. ② I don't like to talk about it.
   ③ I really like to drive my car. ④ I really want to read a newspaper.

■ 어휘학습

stay	머물다	on	~위에, ~요일에
afternoon	오후	daytime	낮, 주간
picnic	소풍	girlfriend	여자친구
believe	믿다	drive	운전하다
anywhere	어디에, 어디든	really	정말, 진짜
God	신	sleep	잠자다, 잠
weekend	주말	during	~동안
usually	보통, 일반적으로	weekday	평일, 주중
on Sunday	일요일에	day	날, 하루
Sunday	일요일	night	밤, 저녁

Dialogue 대화

선생님과 학생의 대화로 이루어져 있으나, 꼭 선생님과 학생에 국한된 상황은 아닙니다. 두 사람간의 대화 속에서도 사용 가능한 표현들입니다. 질문에 대한 여러분들만의 대답을 생각해 보세요.

Teacher: What do you do on Sunday?
Student: I usually sleep until noon.
Teacher: Really?
Student: Yeah, I don't sleep enough during weekdays.
Teacher: Do you go to church?
Student: (Yes,) I do. I believe in God.

Let's speak
Do you go to church?

2강

대화에 사용되는 표현들을 좀 더 자세히 살펴봅시다.

▶ 시간에 관한 표현: 일반적으로 문장의 뒤에 위치합니다.
- **on Sunday** 일요일에
  * 요일 앞에 전치사 on을 씁니다.
- **until noon** 정오까지
- **during weekdays** 주중에
- **at night** 밤에
- **in the daytime** 낮에
- **in the morning (afternoon, evening)** 오전에 (오후에, 저녁에)
  * the 다음에 모음으로 시작하는 afternoon과 evening이 오게 되면 the를 '더'가 아닌 '디'로 발음합니다.

imagination: 주어진 질문에 대한 대답을 상상해 보세요.

> Q: Where do you go on weekends? 당신은 주말에 어디에 가십니까?
>   * on weekends 주말에

대답에 사용되는 다양한 표현들을 살펴볼까요?
- **I go to 장소**
  church 교회 / school 학교 / bed 침대
- **I go to + 동사 ~하러 가다**
  work 일하다 / sleep 자다 / swim 수영하다 / study 공부하다
- **I go to 장소 (동사) + 시간**
  work on Sunday 일요일에 일하다 / bed at night 밤에 침대 / school in the afternoon 오후에 학교
- **I go + 전치사 + 행위**
  go on a picnic 소풍 가다 / go out (with a girlfriend) (여자 친구와) 외출하다
- **I 기타**
  I don't go anywhere 나는 어느 곳도 가지 않는다. / I just sleep. 나는 그냥 잔다.

Let's speak
Do you go to church?

2강

Practice 연습해 봅시다.

1. 나는 일하러 가.
2. 나는 밤에 자러 가.
3. 나는 소풍을 가.
4. 난 여자 친구와 데이트를 해.
5. 난 그냥 자.

1. I go to work.
2. I go to bed at night.
3. I go on a picnic.
4. I go out with my girlfriend.
5. I just sleep.

Memorizing 암기한 것을 크고 정확하게 말해보세요.

실제 외국인과 또는 친구와 대화한다고 상상하며 우리말로 쓰인 표현을 지금까지 배운 것을 사용하여 영어로 큰 소리로 정확하게 발음하여 말합니다.

Teacher: What do you do on Sunday?
Student: 난 보통 정오까지 자.
Teacher: Really?
Student: 응, 내가 주중에는 잠을 충분히 못 자거든.
Teacher: Do you go to church?
Student: 어 가지. 난 신을 믿거든.

확인문제

1. 보기의 단어를 조합하여 영작한 문장 중 오류가 없는 것을 고르시오.

    believe / a / God / in / honestly / I / am / do

    ① I am believe a God.　　② I honestly believe in God.
    ③ I do believe in a God.　④ I am honestly believe God.

2. 문장의 괄호 속 단어의 품사와 같은 품사로 사용할 수 있는 단어를 고르시오.

    문장 : I usually sleep (until) noon.

    ① enough　　② during
    ③ do　　　　④ really

3. 다음 질문을 듣고 이어질 수 있는 대답 중 가장 적절한 것을 고르시오.
    ① I do.　　　　　　　　② Of course, I don't like it.
    ③ Well, I will have it.　④ No, I don't have it.

Let's speak
Do you go to church?

2강

Writing 수업 후 영작 한마디

난 보통 정오까지 잠을 자

Let's speak
Do you work there?

3강

복습문제

1. 아래의 문장을 완성시키기 위하여 빈 칸에 들어가야 할 적절한 단어를 고르시오.

   What do you do (   ) Sunday?

   ① to ② for
   ③ in ④ on

2. 다음 질문을 듣고 이어질 수 있는 대답 중 가장 적절한 것을 고르시오.
   ① No, I am not going to church.
   ② I usually sleep until noon.
   ③ I believe in God.
   ④ I don't sleep enough during weekdays.

어휘학습

leader	지도자, 대표, 선두, 장	of course	물론
more	더, 더 많은	job	직업, 일
satisfied	만족한	university	대학교
retired	은퇴한	here	여기에
certainly	확실히	work for	~를 위해 일하다
chef	요리사, 주방장	doctor	의사
course	강의, 과정, 항로	satisfy	만족시키다
be satisfied with	~에 만족하다	middle	중간의, 가운데
be	be동사 원형, ~이다	as	~로서, ~때문에, ~때
salesman	세일즈맨, 판매사원		
at work	직장에서		

Dialogue 대화

이번 시간에는 "Do you work there? 너 거기서 일하니?"라는 표현이 어떤 상황에서 사용되는지 대화를 통해 함께 살펴보도록 하겠습니다. 이번에도 역시 두 사람이 대화를 하고 있습니다. 대화 속 질문에 대한 여러분들만의 대답을 생각해 보세요.

Teacher: Are you a student?
Student: No, I am not. I work for a marketing company.
Teacher: Do you work there?
Student: Yes, I am a team leader.
Teacher: Are you satisfied with it?
　　　* 문맥상 it은 team leader를 의미합니다.
Student: Of course.

Let's speak
Do you work there?

3강

대화에 사용되는 표현들을 좀 더 자세히 살펴봅시다.
- **Are you + 명사?** 당신은 ~입니까?
  * Are you a student? 당신은 학생입니까?
  * Are you a team leader? 당신은 팀장입니까?
- **work for** ~을 위해 일하다 / **work at** ~에서 일하다 / **work as** ~로서 일하다
  * I work for a marketing company. 나는 마케팅 회사를 위해 일합니다.
  * I work at a marketing company. 나는 마케팅 회사에서 일합니다.
  * I work as a team leader. 나는 팀장으로 일합니다.
- **there (here)** 저기 (여기)
  * Do you work there? 너 거기에서 일하니?
  / Do you work here? 너 여기에서 일하니?
- **be satisfied with** ~에 만족하다
  * F를 발음할 때는 윗니가 아래 입술에 살짝 닿아야 합니다.
- **of course** 물론이지 / **sure** 물론 / **certainly** 확실히 / **absolutely** 절대적으로 / **definitely** 확실히.

imagination: 주어진 질문에 대한 대답을 상상해 보세요.

> Q: What do you do for a living? 당신은 생계를 위해 무엇을 하나요?
> (직업을 묻는 표현입니다.)

대답에 사용되는 다양한 표현들을 살펴볼까요?
- **I + am** 학생인 경우
  a student 학생 / a university student 대학생
- **I + am** 직업 1
  a teacher 선생 / a doctor 의사 / a car salesman 자동차 판매원
- **I + work for (at, as)** 직업 2
  Samsung 삼성 / the government 정부 / a chef 요리사
- **I** 기타
  am retired 은퇴하다 / don't work anymore 더 이상 일하지 않다 / don't have a job 무직이다

Let's speak
Do you work there?

3강

Practice — 연습해 봅시다.

1. 나는 대학생이야.	1. I am a university student.
2. 나는 자동차 영업사원이야.	2. I am a car salesman.
3. 나는 삼성에서 일해.	3. I work for Samsung.
4. 난 나의 직업에 만족해.	4. I am satisfied with my job.
5. 난 (더 이상) 일하지 않아.	5. I do not work (anymore).
/ 나는 은퇴했습니다.	/ I am retired.
/ 나는 직업이 없어.	/ I do not have a job.

Memorizing — 암기한 것을 크고 정확하게 말해보세요.

실제 외국인과 또는 친구와 대화한다고 상상하며 우리말로 쓰인 표현을 지금까지 배운 것을 사용하여 영어로 큰 소리로 정확하게 발음하여 말합니다.

Teacher: Are you a student?
Student: 아뇨, 아닙니다. 저는 마케팅 회사에서 일합니다.
Teacher: Do you work there?
Student: 네, 저는 팀장입니다.
Teacher: Are you satisfied with it?
Student: 물론입니다.

확인문제

1. 아래의 문장을 완성시키기 위하여 빈 칸에 들어가야 할 적절한 단어를 고르시오
   문장 : Do you (   ) there?
   예제 : 당신은 거기에서 일하나요?
   ① work   ② make
   ③ see   ④ live

2. 아래의 문장에서 문법적인 오류 또는 의미상 적절한 것이 없는 문장을 고르시오.
   ① Do you a student?   ② I walk for a marketing company.
   ③ I am satisfy with it.   ④ Are you satisfied with it?

Let's speak
Do you work there?

3강

3. 다음 질문을 듣고 이어질 수 있는 대답 중 가장 적절한 것을 고르시오.
   ① I work for a marketing company.   ② Yes, I am a team leader.
   ③ No, I am not.   ④ Of course. I am a student

Writing	수업 후 영작 한마디

난 선생님으로 일해

Let's speak
Do you have a girlfriend?

4강

■ 복습문제

1. 아래의 문장을 완성시키기 위하여 빈 칸에 들어가야 할 적절한 단어를 고르시오.

   > Are you satisfied (　　) it?

   ① to　　　　　　　　　　　　② out
   ③ in　　　　　　　　　　　　④ with

2. 다음 질문을 듣고 이어질 수 있는 대답 중 가장 적절한 것을 고르시오.
   ① I don't understand it.　　　　② I am not going to work there.
   ③ I am pretty much satisfied.　　④ I don't work these days.

■ 어휘학습

marry	결혼하다	boyfriend	남자친구
kid	아이	be married	결혼하였다
divorced	이혼한		
sure	물론, 확실한		
single	혼자(독신)의, 하나의		
widow	미망인, 과부		
never	결코 ~하지 않는		
widower	홀아비		
want to	~하기를 원하다		

Dialogue 대화

이번 시간에는 "Do you have a girlfriend? 너 여자친구 있어?"라는 표현이 어떤 상황에서 사용되는지 대화를 통해 함께 살펴보도록 하겠습니다. 이번에도 역시 두 사람이 대화를 하고 있습니다. 대화 속 질문에 대한 여러분들만의 대답을 생각해 보세요.

> Teacher: Are you married?
> Student: I am not married yet.
> Teacher: Do you have a boyfriend?
> Student: Sure.
> Teacher: Do you love him?
> Student: Yes, I do.

Let's speak
Do you have a girlfriend?

대화에 사용되는 표현들을 좀 더 자세히 살펴봅시다.
- **Are you + 형용사?** 당신은 ~인가요?
- **Be 동사 + 형용사** (~ing, ~ed) ~이다 등.
- **marry + ed** 과거분사로 형용사의 역할
    * 일반동사를 ~ing 또는 ~ed 형태로 바꿔서 형용사처럼 쓰이기도 합니다. 자세한 내용은 부가학습방 기초문법 '분사'에서 살펴보겠습니다.
    * I am married. 나는 결혼했습니다. (나는 기혼입니다.)
- **get married** 결혼하다.
    * get은 be동사 대신 쓰이기도 합니다.
- **대동사 do**
    * 앞에서 언급된 동사의 의미를 반복합니다.
    * Q: Do you love him? 너 그를 사랑하니? A: Yes, I do. 응, 나는 그를 사랑해.

imagination: 주어진 질문에 대한 대답을 상상해 보세요.

> Q: Are you married? 당신은 결혼했나요?
>   * 단순히 결혼을 했었는지를 묻기보다는 결혼한 상태인지, 즉 기혼자인지를 묻는 질문입니다.

대답에 사용되는 다양한 표현들을 살펴볼까요?
- **I + am (긍정)**
  Yes, I am married. 네 기혼입니다. / Yes, I have a kid. 네, 아이도 한명 있습니다.
- **I + am (긍정) 기타**
  I am going to get married soon. 나는 곧 결혼할 예정입니다.
- **I + am (부정)**
  No, I am not married (yet). 아니요, (아직) 미혼입니다. / No, I am single. 아니요 저는 독신입니다.
- **I + am (부정) 기타**
  am divorced 이혼하다 / a widow 과부 / a widower 홀아비
  *divorce 이혼하다 / divorced 이혼한
- **강한 부정**
  Never 절대, 전혀 / Of course not 물론 아니야

Let's speak
Do you have a girlfriend?

4강

| Practice | 연습해 봅시다. |

1. 나는 결혼했어요.
2. 나는 독신입니다.
3. 나는 곧 결혼을 할 것입니다.
4. 난 여자 친구가 있어요.
5. 물론 아니지!

1. I am married.
2. I am single.
3. I am going to get married soon.
4. I have a girlfriend.
5. Of course not!

| Memorizing | 암기한 것을 크고 정확하게 말해보세요. |

실제 외국인과 또는 친구와 대화한다고 상상하며 우리말로 쓰인 표현을 지금까지 배운 것을 사용하여 영어로 큰 소리로 정확하게 발음하여 말합니다.

Teacher: Are you married?
Student: 아직 결혼하지 않았는데.
Teacher: Do you have a boyfriend?
Student: 물론이야.
Teacher: Do you love him?
Student: 응, 사랑하지.

확인문제

1. 아래의 문장을 완성시키기 위하여 빈 칸에 들어가야 할 적절한 단어를 고르시오.

   문장 : I am not (   ) yet.
   예제 : 저는 아직 결혼하지 않았어요.

   ① marry
   ② married
   ③ marring
   ④ have married

2. 아래의 문장에서 문법적인 오류 또는 의미상 부적절한 것이 없는 문장을 고르시오.
   ① Are you single?
   ② Do you want to marry to her?
   ③ Are you marry?
   ④ Do you love with him?

Let's speak
Do you have a girlfriend?

3. 괄호 속 단어와 바꾸어 사용해도 문장의 전체적인 의미가 비슷한 단어를 고르시오.

   > Do you (like to) marry him?

   ① need to   ② want to
   ③ will   ④ must

4. 다음의 질문에 이어질 수 있는 대답 중 가장 적절한 것을 고르시오.
   ① I am not married yet.   ② Yes, I do.
   ③ I am trying to do it now.   ④ I am not sure.

Writing   수업 후 영작 한마디

나는 아이가 있다.

Let's speak
Do you dance well?

5강

■ 복습문제

1. 아래의 문장을 완성시키기 위하여 빈 칸에 들어가야 할 적절한 단어를 고르시오.

   Do you want to marry (　　) her?

   ① 답이 없음(또는 모두 해당)　　② to
   ③ at　　　　　　　　　　　　④ with

2. 다음 질문을 듣고 이어질 수 있는 대답 중 가장 적절한 것을 고르시오.
   ① I am going home.　　　　　② Yes, I am your wife.
   ③ I need time to think about it.　④ Yes, I am single.

■ 어휘학습

once	한 번(때), 일단~하면	sometimes	때때로, 종종
poor	불쌍한, 가난한	hate	싫어하다
maybe	아마도	right	옳은, 오른쪽의
honest	정직한, 솔직한	perhaps	아마도
actually	실제로, 정말로	much	많은(셀 수 없는 것)
frankly	솔직히, 사실대로	how often	얼마나 자주
to be honest	솔직히	week	주, 1주일
honestly	솔직히	club	클럽, 동호회
month	한 달, 월	often	종종, 때때로
enjoy	즐기다	out	밖의

Dialogue 대화

이번 시간에는 "Do you dance well? 너 춤 잘 추니?"라는 표현이 어떤 상황에서 사용되는지 대화를 통해 함께 살펴보도록 하겠습니다. 이번에도 역시 두 사람이 대화를 하고 있습니다. 대화 속 질문에 대한 여러분들만의 대답을 생각해 보세요.

Teacher: How often do you go to the clubs?
Student: Maybe once a month.
Teacher: Do you dance well?
Student: To be honest, I am not good at dancing.
Teacher: But you enjoy it, don't you?
Student: Right. I enjoy it a lot.

Let's speak
Do you dance well?

5강

대화에 사용되는 표현들을 좀 더 자세히 살펴봅시다.

- **often** 자주
- **How often** 얼마나 자주 (how + 부사, 형용사)
    * how many 얼마나 많이 / how much 얼마나 많이 / how tall 얼마나 큰 / how old 얼마나 오랜 / how fast 얼마나 빠른 / how far 얼마나 멀리 등
    * how many와 how much 둘 다 '얼마나 많이'라는 표현입니다. 그러나 many는 셀 수 있는 것들에 대해서, much는 셀 수 없는 것들에 대해서 많다는 표현을 할 때 사용됩니다.
    예) How many pencils do you have? 얼마나 많은 연필들을 너는 가지고 있니?
       How much money do you have? 얼마나 많은 돈을 가지고 있니?
- **maybe** 아마도 / **perhaps** 아마도 / **probably** 아마도
- **to be honest** 솔직히 / **honestly** 솔직하게 / **frankly** 솔직하게 / **actually** 사실은
- **be good at** ~을 잘 하다
    * I am good at dancing 나는 춤추는 것을 잘 한다. (춤을 잘 춘다.)
- **be bad at** ~을 못 하다 / **be poor at** ~을 못 하다
- **You enjoy it, don't you?** 너는 그것을 즐기지. 그렇지 않니?
    * 밑줄 친 부분을 부가의문문이라고 하며, 앞서 말한 내용을 재차 확인하는 역할을 합니다.

imagination: 주어진 질문에 대한 대답을 상상해 보세요.

> Q: Do you go to <u>clubs</u>? 클럽에 가세요?
>   * 클럽 대신에 다른 장소, 다른 곳을 넣어서 말해 보세요.

대답에 사용되는 다양한 표현들을 살펴볼까요?

- **Yes, I (긍정)**
    Yes, I do. 예 나는 그렇게 합니다.
    Yes, I like to~. 네 나는 ~하는 것을 좋아합니다.
    Yes, I enjoy it much. 네 나는 그것을 많이 즐깁니다.
- **I + (긍정) - 기타**
    (I go to clubs) sometimes. 때때로 (나는 클럽에 간다).
    Maybe (I go to clubs) once a week. 아마도 일주일마다 한번 (클럽에 간다).
    * a(an)은 보통 '하나' 또는 '어떤'을 나타내는 표현이나 여기서는 '마다'라는 표현으로 사용됩니다.
    * once 한번

Let's speak
Do you dance well?

5강

- **No, I (부정)**
  No, I don't 아니요 나는 하지 않습니다.
  No, I am not good at dancing. 아니요, 나는 춤추는 것을 잘 못합니다.
  No, I don't have time. 아니요, 나는 시간이 없습니다.
- **I + (부정) - 기타**
  To be honest, I used to a lot. 솔직히 말해, 나는 많이 하곤 했습니다.
  * used to (과거에) ~하곤 했다.
  * a lot 많이
  Frankly, I am bad (poor) at dancing. 솔직히, 나는 춤추는 데 형편없어.
- **기타**
  I don't have time. 시간이 없어.
  I hate to go out at night. 나는 밤에 나가는 것을 싫어해.
  * hate to + 동사원형: ~하는 것을 싫어하다.

Practice 연습해 봅시다.

1. 난 춤추는 것에 익숙하지 않아.
2. 솔직히 나는 그것을 많이 즐겨.
3. 나는 일주일에 한번 클럽에 가.
4. 난 클럽에 가곤 했어.
5. 난 밤에 나가는 걸 싫어해.

1. I am not good at dancing.
2. To be honest, I enjoy it a lot.
3. I go to clubs once a week.
4. I used to go to clubs.
5. I hate to go out at night.

Memorizing 암기한 것을 크고 정확하게 말해보세요.

실제 외국인과 또는 친구와 대화한다고 상상하며 우리말로 쓰인 표현을 지금까지 배운 것을 사용하여 영어로 큰 소리로 정확하게 발음하여 말합니다.

Teacher: How often do you go to the clubs?
Student: 아마 한 달에 한번 가나 봐.
Teacher: Do you dance well?
Student: 솔직히 말해서, 난 춤추는데 익숙하지 않아.
Teacher: But you enjoy it, don't you?
Student: 맞아. 많이 즐겨.

Let's speak
Do you dance well?

5강

확인문제

1. 아래의 문장을 완성시키기 위하여 빈 칸에 들어가야 할 적절한 단어를 고르시오.
   > 문장 : How (   ) do you go to clubs?
   > 예제 : 당신은 얼마나 자주 클럽에 갑니까?
   ① will   ② well
   ③ often   ④ many

2. 아래의 문장에서 문법적인 오류 또는 의미상 부적절한 것이 없는 문장을 고르시오.
   ① Maybe twice a week.   ② Do you dance good?
   ③ But you enjoy it, didn't you? ④ To be honestly, I am not good at dancing.

3. 괄호 속 단어와 바꾸어 사용해도 문장의 전체적인 의미가 비슷한 단어를 고르시오.
   > 문장 : (To be honest), I am not good at dancing.
   ① honestly   ② really
   ③ well   ④ often

4. 다음 질문을 듣고 이어질 수 있는 대답 중 가장 적절한 것을 고르시오.
   ① To be honest, I'm not good at dancing.   ② Maybe once a month.
   ③ Right, I enjoy it a lot.   ④ You must be kidding.

Let's speak
Do you take a bus often?

6강

복습문제

1. 아래의 문장을 완성시키기 위하여 빈 칸에 들어가야 할 적절한 단어를 고르시오.

   ( ), I am not good at dancing.

   ① 답이 없음(또는 모두 해당)   ② honest
   ③ honesty   ④ honestly

2. 다음의 질문에 이어질 수 있는 대답 중 가장 적절한 것을 고르시오.
   ① I always wanted to buy it.   ② I have no idea.
   ③ I usually play games with kids all day.   ④ I used to work for the company.

어휘학습

mean	의미하다	plane	비행기
why don't	왜 ~하지 않니	train	기차
bus	버스	by bus	버스로
everyday	매일	by	~옆에, ~로
home	집	not really	꼭 그렇지는 않아
on foot	걸어서	foot	발
prefer	선호하다	month	월
take a bus	버스를 타다		
bicycle	자전거		

Dialogue 대화

이번 시간에는 "Do you take a bus often? 너는 버스를 얼마나 자주 타니?"라는 표현이 어떤 상황에서 사용되는지 대화를 통해 함께 살펴보도록 하겠습니다. 이번에도 역시 두 사람이 대화를 하고 있습니다. 대화 속 질문에 대한 여러분들만의 대답을 생각해 보세요.

Teacher: How do you go home?
Student: I go home by bus.
Teacher: Do you take a bus often?
Student: Not really.
Teacher: What do you mean?
Student: Sometimes I take the subway.

Let's speak
Do you take a bus often?

6강

대화에 사용되는 표현들을 좀 더 자세히 살펴봅시다.
- **take** + 교통수단: ~을 타다
- **by** + 교통수단: ~을 이용하여

▶ 교통수단을 나타내는 표현
- bus 버스, taxi 택시, subway 지하철, bicycle 자전거, car 차, walk (foot) 걸음, train 기차, plane 비행기
  * '걸어서'라고 표현할 때는 by foot 이 아니라, on foot입니다.

▶ 빈도를 나타내는 표현
- sometimes 때때로 / often 자주 / frequently 빈번하게 / everyday (all the time) 매일 (항상) / once a month 한 달에 한번
  * th를 발음할 때는 혀가 윗니와 아랫니 사이를 앞으로 갔다 위로 오듯이 소리를 냅니다.

imagination: 주어진 질문에 대한 대답을 상상해 보세요.

> Q: How do you go to work (school)? 직장 (학교)에 어떻게 가세요?
>   * 직장 대신에 다른 장소, 다른 곳을 넣어서 말해 보세요.

대답에 사용되는 다양한 표현들을 살펴볼까요?
- **I take** + 교통수단 (표현1)
  * 이때 take 는 '타다'는 의미로 쓰입니다.
  a taxi 택시 / a bicycle 자전거 / a subway 지하철
- **I take** + 교통수단 (표현1) +빈도부사
  a plane sometimes 비행기를 때때로 / a bus often 버스를 자주 / a train everyday 기차를 매일
- **I go to work** + **by** + 교통수단 (표현2)
  by bus 버스로 / by car 자동차로 / on foot (o) 걸어서 / by foot (x)
- **I** + 기타
  I drive (take, use) my car to work.
  I used to take a train.
  * used to+동사원형, "~하곤 했다."는 뜻으로 과거에 했던 습관을 말합니다.

Let's speak
Do you take a bus often?

6강

Practice 연습해 봅시다.

1. 난 집에 버스로 가.	1. I go home by bus.
	* go home 이라는 표현에는 '~로'라고 방향을 알려 주는 전치사 'to'가 쓰이지 않는 것에 주의하세요.
2. 때때로 난 지하철을 타.	2. Sometimes I take the subway.
3. 난 자주 걸어서 회사에 가.	3. I often go to work on foot.
4. 난 내차를 이용해서 회사에 가.	4. I take (use, drive) my car to work.
5. 난 기차를 타곤 했어	5. I used to take a train.

Memorizing 암기한 것을 크고 정확하게 말해보세요.

실제 외국인과 또는 친구와 대화한다고 상상하며 우리말로 쓰인 표현을 지금까지 배운 것을 사용하여 영어로 큰 소리로 정확하게 발음하여 말합니다.

> Teacher: How do you go home?
> Student: 나는 버스로 집에 가.
> Teacher: Do you take a bus often?
> Student: 딱히 그렇지는 않아.
> Teacher: What do you mean?
> Student: 가끔 난 지하철을 타.

확인문제

1. 아래의 문장을 완성시키기 위하여 빈 칸에 들어가야 할 적절한 단어를 고르시오.

   (   ) do you go home?

   ① where   ② what
   ③ how   ④ which

2. 아래의 문장에서 문법적인 오류 또는 의미상 부적절한 것이 없는 문장을 고르시오.
   ① Why do you mean?   ② I go home on foot.
   ③ Do you getting a bus often? ④ Sometime I take the subway.

Let's speak
Do you take a bus often?

3. 괄호 속 단어와 바꾸어 사용해도 문장의 전체적인 의미가 비슷한 단어를 고르시오.

   Do you (take) a bus often?

   ① get   ② go
   ③ make   ④ use

4. 다음 질문을 듣고 이어질 수 있는 대답 중 가장 적절한 것을 고르시오.
   ① Not really.   ② I can take a bus too.
   ③ Maybe you are right.   ④ Yes, I am your bus driver.

Writing   수업 후 영작 한마디

난 걸어서 학교에 가.

Let's speak
Do you live with your family?

7강

복습문제

1. 아래의 문장을 완성시키기 위하여 빈 칸에 들어가야 할 적절한 단어를 고르시오.

   Do you prefer (   ) take an airplane?

   ① 답이 없음(또는 모두 해당) ② of
   ③ to ④ by

2. 다음 질문을 듣고 이어질 수 있는 대답 중 가장 적절한 것을 고르시오.
   ① I go home by bus. ② Sometimes, I take the subway.
   ③ I just prefer a bus. ④ I don't have a bus around here.

어휘학습

niece	(여자)조카	little	작은, 소규모의, 거의
big	큰	own	없는
her	그녀의, 그녀를	mate	자신의, 소유하다, 친구
member	구성원, 회원	father	아버지
only	오직	parents	부모님
brother	남자형제, 형(동생)	mother	어머니
a little	조금 있는	by myself	스스로, 혼자 힘으로
myself	나 자신	nephew	(남자)조카
sister	여자형제, 언니	uncle	삼촌, 고모부, 이모부
friend	친구		
elder	연장의, 나이가 위인		

Dialogue 대화

이번 시간에는 "Do you live with your family? 너는 너의 가족과 함께 사니?"라는 표현이 어떤 상황에서 사용되는지 대화를 통해 함께 살펴보도록 하겠습니다. 이번에도 역시 두 사람이 대화를 하고 있습니다. 대화 속 질문에 대한 여러분들만의 대답을 생각해 보세요.

Teacher: Do you have a brother?
Student: No, I don't. I have a sister.
Teacher: Do you live with her?
Student: No, I don't live with her.
Teacher: Do you live alone?
Student: Yes, I live by myself.

Let's speak
Do you live with your family?

7강

대화에 사용되는 표현들을 좀 더 자세히 살펴봅시다.
- **live with** ~와 함께 살다
- **big (elder) brother** 형
- **younger (little) brother** 남동생 / **step-brother** 배다른 형제 / **blood brother** 의형제
- **father** 아버지, **mother** 어머니, **parents** 부모, **grandparents** 조부모, **nephew (niece)** 남자조카 (여자조카), **aunt** 이모, 고모, 숙모 등, **uncle** 삼촌 또는 외삼촌
- **by myself** 혼자서 (alone) / **for myself** 혼자 힘으로, 나를 위해서

imagination: 주어진 질문에 대한 대답을 상상해 보세요.

> Q: Do you live with your parents? 너는 너의 부모님과 함께 사니?
> * 부모님 대신에 다른 대상을 넣어서 말해 보세요.

대답에 사용되는 다양한 표현들을 살펴볼까요?
- **I live with + (긍정)**
  Yes, I live with my parents. 응, 나는 내 부모님과 함께 살아.
  Yes, I live with all my family members. 응, 나는 내 모든 식구들과 함께 살아.
- **I don't live with + (부정)**
  No, I don't live with my parents. 아니, 나는 부모님과 함께 살지 않아.
  No, I live alone(by myself). 아니, 나는 혼자 살아.
  No, I live with my brother. 아니, 나는 내 형과 함께 살아. / a house mate 동거하는 친구
  No, I only live with my father. 아니, 나는 아빠하고만 살아.
- **I + 일반동사 - 기타**
  I live with my own family. 나는 나만의 가족과 살아.
  * own은 누군가의 소유를 나타내거나, 자신만의 것을 의미할 때 사용되기도 합니다.
    즉, 여기서는 결혼해서 이룬 가정을 의미합니다.
  I used to live a friend. 나는 친구와 살곤 했어.

Practice   연습해 봅시다.

1. 저는 한 명의 형과 함께 살아요.	1. I live with a elder brother.
2. 저는 하우스 메이트와 함께 살아요.	2. I live with my house mate.
3. 저는 혼자 살아요.	3. I live alone. / I live by myself.
4. 난 친구와 함께 살곤 했어요.	4. I used to live my friend.
5. 전 부모님과 함께 살지 않아요.	5. I don't live with my parents.

Let's speak
Do you live with your family?

7강

Memorizing 암기한 것을 크고 정확하게 말해보세요.

실제 외국인과 또는 친구와 대화한다고 상상하며 우리말로 쓰인 표현을 지금까지 배운 것을 사용하여 영어로 큰 소리로 정확하게 발음하여 말합니다.

> Teacher: Do you have a brother?
> Student: 아니, 없어. 난 여동생이 하나 있어.
> Teacher: Do you live with her?
> Student: 아니, 난 그녀와 함께 살지 않아.
> Teacher: Do you live alone?
> Student: 응, 난 혼자 살아.

확인문제

1. 아래의 문장을 완성시키기 위하여 빈 칸에 들어가야 할 적절한 단어를 고르시오.

    Do you live (   ) your family?

    ① on   ② with
    ③ inside   ④ from

2. 아래의 문장에서 문법적인 오류 또는 의미상 부적절한 것이 없는 문장을 고르시오.
    ① Do you have an brother?   ② Do you live her?
    ③ Do you want live alone?   ④ Do you live alone?

3. 다음 질문을 듣고 이어질 수 있는 대답 중 가장 적절한 것을 고르시오.
    ① No, I don't want to live with him.   ② Yes, I have one.
    ③ No, I don't live with her.   ④ Yes, I live by myself.

Writing 수업 후 영작 한마디

난 형과 함께 살아.

Let's speak
Do you want to be famous?

8강

복습문제

1. 아래의 문장을 완성시키기 위하여 빈 칸에 들어가야 할 적절한 단어를 고르시오.

   Do you want to live (   ) yourself?

   ① 답이 없음(또는 모두 해당)　　② on
   ③ at　　　　　　　　　　　　　④ by

2. 다음 질문을 듣고 이어질 수 있는 대답 중 가장 적절한 것을 고르시오.
   ① I am living with my parents.　　② I will live with them.
   ③ I will leave my parents.　　　　④ I will live with them someday.

어휘학습

wanna	want to의 축약형	president	대통령, 회장, 사장
type	유형, 형태	person	사람
sort	종류	become	~이 되다
writer	작가, 쓰는 사람	lawyer	변호사
handsome	잘생긴	style	방식, 유행, 스타일
idea	의견, 생각, 아이디어	wife	부인
film	영화, 필름	swimmer	수영선수, 수영하는 사람
have to	~해야 한다	kind	종류, 친절한
famous	유명한		

Dialogue 대화

이번 시간에는 "Do you want to be famous? 너는 유명해지길 원하니?"라는 표현이 어떤 상황에서 사용되는지 대화를 통해 함께 살펴보도록 하겠습니다. 이번에도 역시 두 사람이 대화를 하고 있습니다. 대화 속 질문에 대한 여러분들만의 대답을 생각해 보세요.

Teacher: What do you want to be?
Student: I want to be a writer.
　　* 동사 'write'에 'er'이 붙어서 '글을 쓰는 사람' 즉 '작가'라는 의미가 되었습니다.
　　　즉 동사에 'er' 또는 'or'이 붙어서 그 행동을 하는 사람이라는 뜻이 됩니다.
Teacher: What kind of writer do you mean?
Student: Ah, I want to write for movies.
Teacher: Do you want to be famous?
Student: I don't know.

Let's speak
Do you want to be famous?

8강

대화에 사용되는 표현들을 좀 더 자세히 살펴봅시다.
- **want to be (=wanna be)** ~이 되기를 원하다.
- **become** ~이 되다, **would like to be** ~이 되고 싶다.
  * I would like to be famous. 나는 유명해지기 원합니다.
- **kind** 친절한, 종류 (=sort)
- **style** 물건의 종류, 모양, (예: 머리 모양)
- **type** 외관의 유형, 혈액의 형태
- **movie** 영화 (미국식) / **film** 영화 (영국식)
- **I don't know** 난 몰라. / **I have no idea.** 난 모르겠어.
  * I have no idea. '나는 생각이 없어' 즉 '나는 모르겠다'라는 표현입니다.

imagination: 주어진 질문에 대한 대답을 상상해 보세요.

> Q: What do you want to be? 너는 무엇이 되고 싶니?

대답에 사용되는 다양한 표현들을 살펴볼까요?
- **I want to be + 명사 (직업)**
  a president 대통령 / a doctor 의사 / a teacher 선생 / a lawyer 변호사
  * 위에 단어들은 직업을 나타내는 단어들이며, 품사로는 명사가 되겠습니다.
- **I want to be +형용사 + 명사 (어떤 사람)**
  * 명사 앞에 형용사를 위치하여서 어떤 사람이 되고 싶은지 자세하게 말하는 표현입니다.
  a nice person 좋은 사람 / a good wife 착한 아내 / a famous swimmer 유명한 수영선수
- **I want to be 형용사 (어떤 성격, 특징)**
  * 성격이나 특징을 나타내는 형용사를 사용해서 어떠해 지기를 원하는지 표현합니다.
  famous 유명한 / handsome 잘생긴 / happy 행복한 / kind 친절한
  * handsome에서 'd'는 발음하지 않는 묵음입니다.
- **I + 일반동사 - 기타**
  I don't know. 나는 모르겠어. = I have no idea.

Let's speak
Do you want to be famous?

8강

Practice 연습해 봅시다.

1. 난 변호사가 되고 싶어
2. 난 좋은 부인 (남편)이 되길 원해
3. 난 유명해지길 원해.
4. 난 친절하고 싶어
5. 난 아무 생각이 없어.

1. I would like to be a lawyer.
2. I want to be a good wife (husband).
3. I want to be famous.
4. I would like to be kind.
5. I have no idea.

Memorizing 암기한 것을 크고 정확하게 말해보세요.

실제 외국인과 또는 친구와 대화한다고 상상하며 우리말로 쓰인 표현을 지금까지 배운 것을 사용하여 영어로 큰 소리로 정확하게 발음하여 말합니다.

Teacher: What do you want to be?
Student: 난 작가가 되길 원해.
Teacher: What kind of writer do you mean?
  * 밑줄 친 부분을 여러분이 물어보고 싶은 직업으로 바꿔서 말해 보세요.
Student: 아, 난 영화를 위한 글을 쓰길 원해.
Teacher: Do you want to be famous?
Student: 나도 잘 모르겠어.

확인문제

1. 아래의 문장을 완성시키기 위하여 빈 칸에 들어가야 할 적절한 단어를 고르시오.

   Do you want to (   ) famous?

   ① do   ② be
   ③ am   ④ are

2. 괄호 속 단어와 바꾸어 사용해도 문장의 전체적인 의미가 비슷한 것을 고르시오.

   I (want to) be a writer.

   ① would like to   ② have to
   ③ prefer to   ④ hate to

Let's speak
Do you want to be famous?

8강

3. 다음 질문을 듣고 이어질 수 있는 대답 중 가장 적절한 것을 고르시오.
   ① I want to be a writer.
   ② Ah, I want to write for movies.
   ③ I know one of famous writers.
   ④ Sure, why not?

Writing   수업 후 영작 한마디

난 유명해지고 싶어.

Let's speak
Do you have some money?

9강

■ 복습문제

1. 아래의 문장을 완성시키기 위하여 빈 칸에 들어가야 할 적절한 단어를 고르시오.

   > Do you want to be an (   )?

   ① 답이 없음(또는 모두 해당)　② farmer
   ③ pianist　④ actor

2. 다음 질문을 듣고 이어질 수 있는 대답 중 가장 적절한 것을 고르시오.
   ① I would like to enter university.　② I need you to be my mentor.
   ③ I am trying to be a nurse.　④ I am going to be serious with you.

■ 어휘학습

any	어떤, 약간	invest	투자하다
too	너무, 또한	spend	소비하다, 쓰다
let us	~하자	mobile phone	휴대폰
send	보내다	food	음식
eat	먹다, 가지다	buy	사다
save	저축하다, (사람을) 구하다	us	우리를
let	~하게 하다		
hungry	허기진, 배고픈		
pretty	아주, 예쁜		

Dialogue 대화

이번 시간에는 "Do you have some money? 너 돈 좀 있니?"라는 표현이 어떤 상황에서 사용되는지 대화를 통해 함께 살펴보도록 하겠습니다. 이번에도 역시 두 사람이 대화를 하고 있습니다. 대화 속 질문에 대한 여러분들만의 대답을 생각해 보세요.

> Teacher: I am so hungry.
>   * so 매우 = very
> Student: Me too. I want to eat something.
> Teacher: Do you have some money?
> Student: Yes, I have some money.
> Teacher: Good. Let's buy some food.
> Student: Ok. Let's go.

Let's speak
Do you have some money?

9강

대화에 사용되는 표현들을 좀 더 자세히 살펴봅시다.
- so, very, really, pretty = 아주, 매우
- let us + 동사원형 = let's + 동사원형: ~을 하자.
- some 약간
  * 긍정문에서 사용하나 긍정일거라 생각한 질문에서는 some을 사용하기도 합니다.
- any 어떤
  * 부정문이나 의문문에서 사용합니다.
  * 자세한 내용은 부가학습방 기초문법 강의에서 다룹니다.

▶ **복수와 단수**
- 명사는 크게 셀 수 있는 것과 셀 수 없는 것으로 구분합니다. 셀 수 있는 명사에 대해서 2개 이상, 즉 복수를 나타낼 때는 명사 뒤에 s, es, ies를 붙입니다.
  * an apple 사과 한 개, two apples 사과 두 개, apples 사과들
  * a candy 사탕 한 개, two candies 사탕 두 개, candies 사탕들
  * this 이것, these 이것들
  * that 저것, those 저것들
- **buy 사다 (= take)**
  * '물건을 사다'는 표현에 'buy' 이외에 '물건을 취하다'는 의미의 'take'도 쓰입니다.

imagination: 주어진 질문에 대한 대답을 상상해 보세요.

> Q: What do you want to do with money? 돈으로 무엇을 사고 싶니?

대답에 사용되는 다양한 표현들을 살펴볼까요?
- **I want to (would like to) + 일반동사**
  buy a watch 시계를 사다 / buy a car 차를 사다 / buy this 이것을 사다 / buy a mobile phone (cell phone) 핸드폰을 사다
- **I have to (must, should) + 일반동사**
  save all money 돈을 모으다 / spend money 돈을 쓰다 / send money to my parents 돈을 부모님께 보내다
- **I need to (should) + 일반동사**
  * '필요하다'는 동사 need가 뒤에 'to+동사원형'이 오면 '~할 필요가 있다'는 뜻이 됩니다.
  buy watches / buy cars / buy these / buy mobile phones
  * buy 뒤에 명사들이 여러 개를 나타내는 복수형을 쓰였습니다.
- **I will (am going to) + 일반동사**
  invest 투자하다 / travel 여행하다 / marry 결혼하다

Let's speak
Do you have some money?

9강

Practice
연습해 봅시다.

1. 나는 시계를 한 개 사고 싶어.	1. I want to buy a watch.
2. 난 몇 대의 자동차를 사고 싶어.	2. I want to buy some cars.
3. 난 모든 돈을 저축해야 해.	3. I have to save all money.
4. 난 이것들을 살 필요가 있어.	4. I need to buy these.
5. 난 여행을 할 거야.	5. I will travel.

Memorizing
암기한 것을 크고 정확하게 말해보세요.

실제 외국인과 또는 친구와 대화한다고 상상하며 우리말로 쓰인 표현을 지금까지 배운 것을 사용하여 영어로 큰 소리로 정확하게 발음하여 말합니다.

Teacher: I am so hungry.
Student: 나도 그래, 나는 어떤 걸 먹고 싶어.
Teacher: Do you have some money?
Student: 응, 돈 약간 있어.
Teacher: Good. Let's buy some food.
Student: 좋아, 가자.

확인문제

1. 아래의 문장을 완성시키기 위하여 빈 칸에 들어가야 할 적절한 단어를 고르시오.

   > Do you have (　) money?

   ① some　　　　　　　　② anything
   ③ the　　　　　　　　　④ a

2. 아래의 문장에서 문법적인 오류 또는 의미상 부적절한 것이 없는 문장을 고르시오.
   ① I am many hungry.　　② What do you need money?
   ③ I have some money.　　④ I want to eat not.

Let's speak
Do you have some money?

3. 괄호 속 단어와 바꾸어 사용해도 문장의 전체적인 의미가 비슷한 것을 고르시오.

   I want to (eat) something.

   ① have   ② buy
   ③ let   ④ need

4. 다음 질문을 듣고 이어질 수 있는 대답 중 가장 적절한 것을 고르시오.
   ① Me too. I want to eat something. ② OK. Let's go.
   ③ No, I already had something.   ④ Yes, I have some.

Writing   수업 후 영작 한마디

난 무언가 먹고 싶다.

Let's speak
Do you have time?

10강

복습문제

1. 아래의 문장을 완성시키기 위하여 빈 칸에 들어가야 할 적절한 단어를 고르시오.

   > I have ( ) money.

   ① 답이 없음(또는 모두 해당)　　② a
   ③ no　　④ the

2. 다음 질문을 듣고 이어질 수 있는 대답 중 가장 적절한 것을 고르시오.
   ① Because I don't have anything.
   ② Because I want something to steal from you.
   ③ Because I need something to buy.
   ④ Because I will let you like me.

어휘학습

plan	계획하다	somewhere	어딘가에
problem	문제	boss	직장상사, 상관, 우두머리
salt	소금	tonight	오늘밤
free	자유, 자유로운	busy	바쁜
suppose	추측하다, 가정하다, 생각하다	would like to	~하고 싶다
		welcome	환영하는
talk	대화하다	mention	언급하다
few	(개수가) 거의 없는	take a walk	산책하다
someone	누군가		
after	~후에		

Let's speak
Do you have time?

10강

Dialogue 대화

이번 시간에는 "Do you have time? 너 시간 있니?"라는 표현이 어떤 상황에서 사용되는지 대화를 통해 함께 살펴보도록 하겠습니다. 이번에도 역시 두 사람이 대화를 하고 있습니다. 대화 속 질문에 대한 여러분들만의 대답을 생각해 보세요.

> Teacher: Do you have time?
> Student: A little. Why?
> Teacher: I'd like to talk with you.
> Student: I see. Let's take a walk.
> * see는 '보다'는 뜻도 있으나 여기서는 '알겠다'는 뜻으로 쓰입니다.
> Teacher: Thank you!
> Student: No problem.

대화에 사용되는 표현들을 좀 더 자세히 살펴봅시다.

- **Do you have <u>the time</u>?** 지금 몇 시인가요?
  * Do you have time? 과 Do you have the time? 은 전혀 다른 뜻입니다. 주의해서 사용하세요.
- a little 약간 있는 / little 거의 없는
- a few 약간 있는 / few 거의 없는
  * a little/little 은 셀 수 없는 명사에 대해서 약간 있다 또는 거의 없다고 말할 때 사용합니다.
  * a few/few는 셀 수 있는 명사에 대해서 약간 있다 또는 거의 없다고 표현할 때 사용합니다.
  * Do you have a little time? 너 시간이 조금 있니? (o)
  * Do you have a few time? (x)
  * No, I have little time 아니, 난 시간이 거의 없어. (o)
  * No, I have few time (x)
- see 알다 -> 모르던 것을 새롭게 알다 / know 알고 있다.
- No problem 문제 없어, You are welcome 천만에요, Not at all 전혀 문제 없어, Don't mention it 그런 말 하지마, My pleasure 나의 즐거움이다.

imagination: 주어진 질문에 대한 대답을 상상해 보세요.

> Q: Are you free tonight? 오늘밤에 시간 있으세요?

Let's speak
Do you have time?

10강

대답에 사용되는 다양한 표현들을 살펴볼까요?
- **I have (don't) 또는 am + 명사 등**
  I have some (time).
  I have little time.
  I am not free.
  I am busy tonight.
- **I have to (must, should, need to) + 일반동사**
  go somewhere. / go home. / go to bed.
- **I am supposed to + 일반동사**
  * be supposed to '~ 할 예정이다'
  do something. / do homework. / do my work.
- **I plan to + 일반동사**
  meet someone. / meet a friend. / meet my boss.

Practice   연습해 봅시다.

1. 난 약간의 시간이 있어.	1. I have a little time.
2. 난 시간이 거의 없어.	2. I have little time.
3. 난 오늘 밤 바빠.	3. I am busy tonight.
4. 난 무엇을 하기로 되어 있어.	4. I am supposed to do something.
5. 난 누군가를 만날 계획이야.	5. I plan to meet someone.

Memorizing   암기한 것을 크고 정확하게 말해보세요.

실제 외국인과 또는 친구와 대화한다고 상상하며 우리말로 쓰인 표현을 지금까지 배운 것을 사용하여 영어로 큰 소리로 정확하게 발음하여 말합니다.

Teacher: Do you have time?
Student: 조금. 왜?
Teacher: I'd like to talk with you.
Student: 알겠어. 함께 걷자.
Teacher: Thank you!
Student: 아니야, 괜찮아.

Let's speak
Do you have time?

10강

확인문제

1. 아래의 문장을 완성시키기 위하여 빈 칸에 들어가야 할 적절한 단어를 고르시오.

   > I would like to talk ( ) you.

   ① 답이 없음(또는 모두 해당) ② in
   ③ with ④ at

2. 괄호 속 단어와 바꾸어 사용해도 문장의 전체적인 의미가 비슷한 것을 고르시오.

   > I would like to talk (with) you.

   ① to ② for
   ③ from ④ on

3. 다음 질문을 듣고 그 대답으로 가장 적절한 것을 고르시오.
   ① I have a little time. ② No, I don't have any.
   ③ Of course, but why? ④ Yes, I have a few time.

Writing 수업 후 영작 한마디

난 당신과 대화를 하고 싶다.

Review 1
1인칭 실전 복습

11강

여러분 반갑습니다. 오늘은 1인칭 실전강의 1편부터 10편까지 배운 내용들을 복습해보도록 하겠습니다.

Review 실제로 대화한다 생각하고 연습해 봅시다.

1. 난 산책하는 것을 좋아해	1. I like to take a walk.
2. 난 음악 듣는 걸 좋아해.	2. I like to listen to music.
3. 나는 밤에 자러 가.	3. I go to bed at night.
4. 난 여자친구와 데이트를 해.	4. I go out with my girlfriend.
5. 나는 삼성에서 일해.	5. I work for Samsung.
6. 난 나의 직업에 만족해.	6. I am satisfied with my job.
7. 나는 결혼했어요.	7. I am married.
8. 물론 아니지.	8. Of course not.
9. 난 춤추는 것에 익숙하지 않아.	9. I am not good at dancing.
10. 솔직히 나는 그것을 많이 즐겨.	10. To be honest, I enjoy it a lot.
11. 난 집에 버스로 가	11. I go home by bus.
12. 난 기차를 타곤 했어.	12. I used to take a train.
13. 전 부모님과 함께 살지 않아요.	13. I do not live with my parents.
14. 저는 혼자 살아요.	14. I live alone (by myself).
15. 난 변호사가 되고 싶어요.	15. I would like to be a lawyer.
16. 난 아무 생각이 없어.	16. I have no idea.
17. 난 모든 돈을 저축해야 해.	17. I have to save all my money.
18. 난 이것들을 살 필요가 있어.	18. I need to buy these.
19. 난 무엇을 하기로 되어 있어.	19. I am supposed to do something.
20. 난 약간의 시간이 있어.	20. I have a little time.

Let's speak
Can you help me?

12강

복습문제

1. 아래의 빈칸에 들어갈 단어 중 적절하지 않은 것을 고르시오.

   Are you ( ) tonight?

   ① 답이 없음(또는 모두 해당)   ② busy
   ③ free   ④ little

2. 다음 질문을 듣고 이어질 수 있는 대답 중 가장 적절한 것을 고르시오.
   ① I am going to have lunch.   ② I have lunch to give you.
   ③ I will have a cup of coffee.   ④ I am looking for something.

어휘학습

pardon	뭐라구요?, 미안해요, 용서	pen	펜, 볼펜
thank you	너에게 감사하다	close	가까운, 아까운, 닫다
store	가게, 상점	handle	다루다, 처리하다
beg	간청(하다), 애원(하다)	stop	멈추다
mind	마음, 신경 쓰다	trouble	곤란, 문제
open	열다	borrow	빌리다
them	그들을	window	창문
hand	손	alright	괜찮은, 좋은
oh my god	오 세상에(하느님)	door	문
look	보다	excuse	변명, 용서하다

Dialogue 대화

이번 시간에는 입문강의에서 미리 다루었던 "Can you help me? 당신은 절 도와줄 수 있나요?"라는 표현이 어떤 상황에서 사용되는지 대화를 통해 함께 살펴보도록 하겠습니다.

입문강의에서는 Yes 나 No로 시작되는 짧은 표현을 배웠습니다. 이제 실전강의를 통해서 내 얘기를 좀 더 자세하게 표현하는 연습을 해보겠습니다.

Let's speak
Can you help me?

이번에도 역시 두 사람이 대화를 하고 있습니다. 대화 속 질문에 대한 여러분들만의 대답을 생각해 보세요.

> Teacher: Oh my god! I am in trouble.
> Student: Are you ok?
> Teacher: Can you help me? I must open the window.
> Student: Sure.
> Teacher: Thank you so much!
> Student: You are welcome.

대화에 사용되는 표현들을 좀 더 자세히 살펴봅시다.
- **Can you give me hands?** 나를 도와 줄 수 있나요?
  * 'give me hands'는 '나에게 손을 주다'라고 해석할 수도 있겠지만, 우리말 표현에 '일손을 돕다'는 말과 비슷한 표현으로 도움을 구할 때 사용하는 문장이 되겠습니다.
- **Oh my God (Godness)!** 오 맙소사!
- **be obligated to > must > be supposed to > have to > ought to >= should > had better**
  * '해야 한다'는 의미로 쓰이는 위의 표현들은 그 표현 강도가 센 것에서부터 조금 약한 강도까지 구별되기도 합니다.
  * ought to, should, had better 등은 회화에선 주로 상대방에게 '~해야 한다'고 말할 때 사용됩니다.
- **have got to = have to**
  * 영화나 미드를 보다 보면 I have got to go.라고 들릴 때가 있습니다. 이때 have got to는 have to와 같은 뜻이 됩니다.

imagination: 주어진 질문에 대한 대답을 상상해 보세요.

> Q: Do you need help? 도움이 필요하세요?

대답에 사용되는 다양한 표현들을 살펴볼까요?
- **Yes, I have to (must) + 동사원형, 긍정1**
  park my car 차를 주차하다
  borrow a pen 펜을 빌리다
  look for a bus stop 버스 정류장을 찾다.

Let's speak
Can you help me?

12강

- **Yes, I need to + 동사원형, 긍정2**
  open the door 문을 열다
  close the window 창문을 열다
  go to a book store 서점에 가다
- 거절
  No thank you 아니요, 괜찮습니다.
  I am good (fine, ok, alright) 나는 좋아
  Never mind 신경 쓰지 마
  No I can handle it. 아니, 난 그걸 처리할 수 있어.
  * handle 다루다, 처리하다.
- 기타
  I beg your pardon? 뭐라구요?
  Pardon me? / Pardon? 뭐라구요?
  Sorry? / Excuse me? 죄송합니다만 뭐라구요?
  * 모두 상대방의 이야기를 잘 못 들었을 때 되물어보기 위해 씁니다.

Practice   연습해 봅시다.

1. 난 지폐를 잔돈으로 바꿔야 해.	1. I have to break a bill
	* bill은 지폐를 뜻합니다.
2. 난 버스 정류장을 찾아야 해.	2. I have to look for a bus stop.
3. 난 문을 열 필요가 있어.	3. I need to open the door.
4. 제가 처리할 수 있습니다.	4. I can handle it.
5. 다시 말해 주시겠어요?	5. Pardon me? 또는 Pardon

Memorizing   암기한 것을 크고 정확하게 말해보세요.

실제 외국인과 또는 친구와 대화한다고 상상하며 우리말로 쓰인 표현을 지금까지 배운 것을 사용하여 영어로 큰 소리로 정확하게 발음하여 말합니다.

Teacher: Oh my god! I am in trouble.
Student: 너 괜찮아?
Teacher: Can you help me? I must open the window.
Student: 물론이지!
Teacher: Thank you so much!
Student: 천만에

Let's speak
Can you help me?

확인문제

1. 아래의 문장을 완성시키기 위하여 빈 칸에 들어가야 할 적절한 단어를 고르시오.

   문장 : I am ( ) trouble
   예제 : 나 곤란한 상황에 처했어.

   ① 답이 없음(또는 모두 해당)   ② out
   ③ in   ④ from

2. 아래의 문장에서 문법적인 오류 또는 의미상 부적절한 것이 있는 문장을 고르시오.
   ① Can you helping me?   ② Are you ok?
   ③ I must open the window.   ④ You are welcome.

3. 괄호 속 단어와 바꾸어 사용해도 문장의 전체적인 의미가 비슷한 것을 고르시오.

   I (must) open the window.

   ① have to   ② can
   ③ will   ④ may

4. 다음 질문을 듣고 그 대답으로 가장 적절한 것을 고르시오.
   ① You are welcome.   ② Please, don't mention it.
   ③ It is my pleasure.   ④ I don't need your help.

Writing   수업 후 영작 한마디

정말 감사 드립니다.

Let's speak
Can you walk with me?

13강

복습문제

1. 아래의 빈칸에 들어갈 단어 중 적절하지 않은 것을 고르시오.

   문장 : Are you ( )?
   예제 : 괜찮습니까?

   ① 답이 없음(또는 모두 해당)   ② OK
   ③ fine   ④ alright

2. 다음 질문을 듣고 이어질 수 있는 대답 중 가장 적절한 것을 고르시오.
   ① I am in trouble.   ② I must open the window.
   ③ Yes, I am willing to help you.   ④ I am going to clean my hands.

어휘학습

get	가져오다	minute	분
hospital	병원	raise	키우다, 모으다, 들어올리다
another	또 다른	those	저것들(의)
slow	느린	prefer	선호하다
cat	고양이	children	아이들
bring	가져오다	pet	애완동물
animal	동물	fast	빨리, 빠르게
moment	순간, 잠깐 동안, 때	hold	잡다, 지탱하다
street	거리	dog	개
second	두 번째의		

Dialogue 대화

이번 시간에는 입문강의에서 미리 다루었던 "Can you walk with me? 저와 함께 산책하실 래요?"라는 표현이 어떤 상황에서 사용되는지 대화를 통해 함께 살펴보도록 하겠습니다.

입문강의에서는 Yes 나 No로 시작되는 짧은 표현을 배웠습니다. 이제 실전강의를 통해서 내 얘기를 좀 더 자세하게 표현하는 연습을 해보겠습니다.

Let's speak
Can you walk with me?

이번에도 역시 두 사람이 대화를 하고 있습니다. 대화 속 질문에 대한 여러분들만의 대답을 생각해 보세요.

> Teacher: Do you have a dog?
> Student: I have one. Why?
> Teacher: I need to walk with my dog. Can you walk with me?
> Student: A good idea! Wait a minute, please. I will get my dog.
>   * please 부탁할 때, 문장 뒤 또는 앞에 와서 공손한 부탁이 됩니다.

대화에 사용되는 표현들을 좀 더 자세히 살펴봅시다.
- **one** 앞에서 나온 명사를 받는 대명사
- **walk** 산책시키다(타동사), 산책하다(자동사)
  * 타동사: 동사 뒤에 목적어가 와야 합니다.
  * 자동사: 동사 뒤에 목적어가 오지 않습니다.
- **a good idea** 좋은 생각
- **Wait a minute.** 일 분 기다리다
  * 주어 없이 Wait a minute, please. 라고 "말하면 1분만 기다려 주세요. 부탁입니다."
- **Give me a minute.** 나에게 1분만 주세요.
- Wait (give me) just a minute (a second / a moment). 딱 1분 (1초/잠시)만 기다려 주세요.
- **Hold on a minute (a second / a moment).** 잠시만 대기하세요.
  * hold 잡다, 전화통화 시 상대방에게 기다려달라고 부탁할 때 쓰는 표현입니다.
- **get** 가서 가져오다(= fetch) –>bring 가져오다
- **enjoy + 동명사(~ing)** –> ~하는 걸 즐기다
  * I enjoy taking a walk. 나는 산책하는 것을 즐긴다.
  * 동명사: 동사 뒤에 ~ing를 붙여서 동사를 명사처럼 사용합니다. 자세한 학습은 부가학습방 기초문법강의를 참고해 주세요.

imagination: 주어진 질문에 대한 대답을 상상해 보세요.

> Q: Do you have a dog or a cat? 개나 고양이를 키우세요?

Let's speak
Can you walk with me?

13강

대답에 사용되는 다양한 표현들을 살펴볼까요?

- **Yes + I 긍정 1**
  have two cats. 고양이 두 마리를 가지다.
  raise a dog and a cat 개 한 마리와 고양이 한 마리를 기르다
  have three dogs and a cat 강아지 세 마리와 고양이 한 마리를 가지다.
- **Yes + I 긍정 2**
  have a dog for my children 아이들을 위해서 강아지를 가지다.
  raise a cat because of my wife 내 아내 때문에 고양이를 기르다.
- **No + I 부정 1**
  used to have one of them 그것들 중 하나를 가지곤 했다.
  * one of ~중 하나
  prefer another kind 또 다른 종류를 선호하다.
- **No + I 부정 2**
  don't have 없다
  hate those animals 그 동물들을 싫어한다.
  * 동물들 animals, 즉 여러 마리를 나타내는 복수명사 때문에 that animals 라고 하지 않고 those animals라고 합니다.
  don't like a pet 애완동물을 좋아하지 않는다.

Practice 연습해 봅시다.

1 나는 개와 고양이를 각 1마리씩 키워.   1. I raise a dog and a cat.
2 나는 아이들을 위해 개가 한 마리 있어.   2. I have a dog for my children.
3 나는 아내 때문에 고양이를 하나 키워.   3. I raise a cat because of my wife.
4 난 다른 종류를 선호해.   4. I prefer another kind.
5 난 그런 동물들을 싫어해.   5. I hate those animals.

Memorizing 암기한 것을 크고 정확하게 말해보세요.

실제 외국인과 또는 친구와 대화한다고 상상하며 우리말로 쓰인 표현을 지금까지 배운 것을 사용하여 영어로 큰 소리로 정확하게 발음하여 말합니다.

Teacher: Do you have a dog?
Student: 한 마리 있는데, 왜?
Teacher: I need to walk with my dog. Can you walk with me?
Student: 좋은 생각이다! 잠깐만 기다려줘. 가서 내 개를 데리고 올게.

Let's speak
Can you walk with me?

13강

확인문제

1. 아래의 빈칸에 들어갈 단어 중 적절하지 않은 것을 고르시오.

   문장 : Wait a ( )
   예제 : 잠깐만 기다려.

   ① 답이 없음(또는 모두 해당)   ② minute
   ③ second   ④ while

2. 괄호 속 단어와 바꾸어 사용해도 문장의 전체적인 의미가 비슷한 것을 고르시오.

   I will (get) my dog.

   ① fetch   ② take
   ③ make   ④ walk

3. 다음 질문을 듣고 그 대답으로 가장 적절한 것을 고르시오.
   ① I have one. Why?   ② I have three cats at home.
   ③ Sure. I love cats.   ④ I need to walk my cat.

Writing   수업 후 영작 한마디

난 나의 개를 산책시켜야 한다.

Let's speak
Can you fix a computer?

14강

복습문제

1. 괄호 속 단어와 바꾸어 사용해도 문장의 전체적인 의미가 비슷한 것을 고르시오.

   Do you (enjoy) walking?

   ① like   ② take
   ③ make   ④ have

2. 다음 질문을 듣고 이어질 수 있는 대답 중 가장 적절한 것을 고르시오.
   ① You have a great idea.
   ② Wait a minute, please.
   ③ Yes, I always walk from the office to my home.
   ④ I will get my dog.

어휘학습

qualification	자격, 자격증	expert	전문가
familiar	익숙한, 친숙한	mirror	거울
engineer	기술자	mend	수리하다, 고치다, 꿰매다
hour	1시간, 시각	a little bit about	~에 관해 아주 조금
wrong with	~에 잘못된	check	확인(검사)하다
license	면허	repair	수리(수선)하다
wrong	틀린, 잘못된	without	~없이
addicted	중독된	date	날짜, 월일
first	처음으로, 처음의	diploma	과정, 졸업장, 수료증
almost	거의	fix	고치다

Dialogue 대화

이번 시간에는 "Can you fix a computer? 컴퓨터 고칠 수 있어?"라는 표현이 어떤 상황에서 사용되는지 대화를 통해 함께 살펴보도록 하겠습니다.

입문강의에서는 Yes 나 No로 시작되는 짧은 표현을 배웠습니다. 이제 실전강의를 통해서 내 얘기를 좀 더 자세하게 표현하는 연습을 해보겠습니다.

Let's speak
Can you fix a computer?

14강

이번에도 역시 두 사람이 대화를 하고 있습니다. 대화 속 질문에 대한 여러분들만의 대답을 생각해 보세요.

> Teacher: Are you good with computers?
> Student: I know a little bit about it?
>   * a little bit = a little 조금
> Teacher: Can you fix this?
> Student: I need to check it first. What is wrong with it?
> Teacher: I have no idea.

대화에 사용되는 표현들을 좀 더 자세히 살펴봅시다.
- **be good with** ~에 기술(실력)이 좋다. / ~와 잘 어울리다.
  (be good at ~에 능숙하다 / be poor at, be bad at ~ 에 형편없다)
- **fix** 고치다 (= **repair** 수리하다) / **mend** (옷 등) 수선하다
- **What is wrong (the matter /the problem) with it?** 뭐가 잘 못 됐어? 또는 무슨 문제야?
- **What is going on (there)?** (거기) 무슨 일이야?
- **I have (I have got) no idea / I know nothing.**
- **I don't know anything / I don't know nothing.**

imagination: 주어진 질문에 대한 대답을 상상해 보세요.

> Q: Are you good with a computer? 컴퓨터 잘 하세요?

대답에 사용되는 다양한 표현들을 살펴볼까요?
- **Yes + I** 긍정
  am good with it 그것에 잘 하다/ am an expert 전문가이다
  have (a license / a diploma) about it 그것에 대한 자격/학위가 있다
- **No + I** 부정
  am not familiar with it 그것에 익숙하지 않다 / am not good with it 그것에 잘 하지 않아 / hardly know about it 그것에 대해 거의 모른다.
  * hardly 거의 ~하지 않다.

> Q: How often do you use a computer 컴퓨터를 얼마나 자주 사용하세요?

Let's speak
Can you fix a computer?

다음 표현을 활용해 대답할 수 있습니다.

- **| 시간 관련 표현**
  use it 그것을 사용하다 (almost everyday 거의 매일 / 2 hours a day 하루에 2시간 / only at night 밤에만)
- **| 기타**
  can't live without it 그것 없이 살 수 없어 / am addicted to it 그것에 중독되다 / hardly use a computer. 거의 컴퓨터를 쓰지 않는다.

Practice 연습해 봅시다.

1. 나는 그것에 관한 자격증이 있어요	1. I have a qualification about it.
2. 난 그것에 친숙하지 않아요.	2. I am not familiar with it.
3. 난 하루에 2시간 그것을 사용해.	3. I use it 2 hours a day.
4. 난 그것 없인 살 수 없어.	4. I can't live without it.
5. 난 컴퓨터를 거의 사용하지 않아	5. I hardly use a computer.

Memorizing 암기한 것을 크고 정확하게 말해보세요.

실제 외국인과 또는 친구와 대화한다고 상상하며 우리말로 쓰인 표현을 지금까지 배운 것을 사용하여 영어로 큰 소리로 정확하게 발음하여 말합니다.

Teacher: Are you good with computers?
Student: 그것에 관해 조금 알지.
Teacher: Can you fix this?
Student: 우선 그것을 확인해봐야겠어. 그것에 무엇이 문제야?
Teacher: I have no idea.

확인문제

1. 빈칸에 들어갈 단어 중 적절한 것을 고르시오.

   What is wrong ( ) it?

   ① 답이 없음(또는 모두 해당)   ② at
   ③ with   ④ to

Let's speak
Can you fix a computer?

14강

2. 아래의 문장에서 문법적인 오류 또는 의미상 부적절한 것이 있는 문장을 고르시오.
   ① I don't have some ideas.
   ② I know a little bit about it.
   ③ Are you good with computers?
   ④ I need to check it first.

3. 괄호 속 단어와 바꾸어 사용해도 문장의 전체적인 의미가 비슷한 것을 고르시오.

   What is (wrong) with it?

   ① the matter
   ② trouble
   ③ matter
   ④ problem

4. 다음 질문을 듣고 그 대답으로 가장 적절한 것을 고르시오.
   ① I can do it very well.
   ② I am a little good with computers.
   ③ I can say so.
   ④ I don't have enough time for it.

Writing	수업 후 영작 한마디

난 그것에 대해 아주 조금 안다.

Let's speak

Can you keep a promise?

15강

복습문제

1. 아래의 문장 중 의미가 다른 하나를 고르시오.
   ① I have no idea.
   ② I don't have any ideas.
   ③ I know something.
   ④ I don't know anything.

2. 다음 질문을 듣고 이어질 수 있는 대답 중 가장 적절한 것을 고르시오.
   ① I know a little bit about it.
   ② I need to check it first.
   ③ I don't have any ideas about it.
   ④ I am not going to fix it today.

어휘학습

seat	자리, 좌석	cost	값, 비용
make a promise	약속을 하다.	meeting	만남, 회의
have something to	~할 것이 있다.	promise	약속, 약속하다
possible	가능한	go ahead	계속해라, 계속 가라
secret	비밀	continue	계속하다, 계속되다
regarding	~에 관하여, ~에 대하여	enough	충분한
		usually	일반적으로
keep a promise	약속을 지키다	change	변화, 변화시키다, 바꾸다
ahead	앞으로, 앞에		
keep	지키다, 보관하다		
see	알다, 보다		

Dialogue 대화

이번 시간에는 "Can you keep a promise? 약속 지킬 수 있어?"라는 표현이 어떤 상황에서 사용되는지 대화를 통해 함께 살펴보도록 하겠습니다.

입문강의에서는 Yes 나 No로 시작되는 짧은 표현을 배웠습니다. 이제 실전강의를 통해서 내 얘기를 좀 더 자세하게 표현하는 연습을 해보겠습니다.

Let's speak
Can you keep a promise?

15강

이번에도 역시 두 사람이 대화를 하고 있습니다. 대화 속 질문에 대한 여러분들만의 대답을 생각해 보세요.

> Teacher: I have something to tell you.
> Student: Go ahead.
> Teacher: This is a secret. Don't tell anyone. Ok?
> Student: I see.
> Teacher: Can you keep a promise?
> Student: I can. Tell me.

대화에 사용되는 표현들을 좀 더 자세히 살펴봅시다.
- **have something(anything) to** ~할 것이 있다
  * I have something to study. 난 공부할 것이 있다.
- **go ahead** 어서 해봐 **(go on / keep going / continue** 계속해봐.**)**
- **keep a promise** 약속을 지키다
- **make a promise** 약속을 하다
- **tell me** (명령문) 나에게 말해봐.

imagination: 주어진 질문에 대한 대답을 상상해 보세요.

> Q: Do you keep a promise? 너는 약속을 지키니?

대답에 사용되는 다양한 표현들을 살펴볼까요?
- **Yes + I** 긍정
  try to keep a promise 약속을 지키려고 노력하다
  do all the time 항상 약속을 지키다
  * do 는 keep을 대신하는 대동사가 됩니다.
  * do as much as possible 할 수 있는 한 약속을 지키다
  * do at all costs 기필코 약속을 지키다.
- **No + I** 부정
  sometimes I can't (don't) 때때로 약속을 지키지 못한다.
  don't have enough time to keep it 약속을 지킬 충분한 시간이 없다.

Let's speak
Can you keep a promise?

15강

Q: When do you make a promise? 언제 약속을 하나요?

다음 표현을 활용해 대답할 수 있습니다.
- (I make a promise) **when +I 긍정**
  meet someone   누구를 만날 때
  have a meeting   만남(회의)가 있을 때
  borrow money   돈을 빌릴 때
  lend something   돈을 꿔줄 때
- I **기타**
  usually don't make a promise 보통 약속을 하지 않다
  only make a promise regarding my work 오로지 내 일에 대해서만 약속을 한다.
  * regarding = about ~ 관해서, 대해서
  * I only make a promise regarding my study. 나는 오로지 내 공부에 대해서만 약속을 한다.

Practice   연습해 봅시다.

1. 난 항상 약속을 지켜	1. I keep a promise all the time. (=always)
2. 난 약속을 지키려고 노력해	2. I try to keep a promise.
3. 난 약속을 지킬 시간이 충분치 않아	3. I don't have enough time to keep it.
4. 누군가를 만날 때	4. When I meet someone.
5. 난 일반적으로 약속을 하지 않아	5. I usually don't make a promise.

Memorizing   암기한 것을 크고 정확하게 말해보세요.

실제 외국인과 또는 친구와 대화한다고 상상하며 우리말로 쓰인 표현을 지금까지 배운 것을 사용하여 영어로 큰 소리로 정확하게 발음하여 말합니다.

Teacher: I have something to tell you.
Student: 계속해.
Teacher: This is a secret. Don't tell anyone. Ok?
Student: 알겠어.
Teacher: Can you keep a promise?
Student: 난 할 수 있어. 말해봐.

Let's speak
Can you keep a promise?

15강

확인문제

1. 아래의 빈칸에 들어갈 단어 중 적절한 것을 고르시오.

   I have something ( ) tell you.

   ① 답이 없음(또는 모두 해당)　　② at
   ③ with　　④ to

2. 아래의 문장에서 문법적인 오류 또는 의미상 부적절한 것이 있는 문장을 고르시오.
   ① Go head.
   ② This is a secret.
   ③ Can you keep a promise?
   ④ Do tell anyone, ok?

3. 괄호 속 단어와 바꾸어 사용해도 문장의 전체적인 의미가 비슷한 것을 고르시오.

   (Can you keep) a promise?

   ① are you able to keep　　② do you keep
   ③ do you have to keep　　④ are you going to keep

4. 다음 질문을 듣고 그 대답으로 가장 적절한 것을 고르시오.
   ① I can. Tell me.　　② I am not going to tell anyone.
   ③ I will zip my mouth.　　④ I have something to tell you.

Writing　　수업 후 영작 한마디

나 너에게 말할 것이 있다.

Let's speak
Can you do it for me?

16강

복습문제

1. 아래의 문장 중 의미가 다른 하나를 고르시오.
   ① I see.
   ② I got it.
   ③ I know.
   ④ I understand it now.

2. 다음 질문을 듣고 이어질 수 있는 대답 중 가장 적절한 것을 고르시오.
   ① Go ahead.
   ② Don't tell anyone, ok?
   ③ When I want to keep a secret.
   ④ I see.

어휘학습

least	가장 적은, 최소의	freelancer	프리랜서
number	수, 숫자	yours	너의 것
thing	일, 것, 물건	care	돌봄, 보살핌
do homework	숙제를 하다	then	그러면, 그러고 나서
way	길, 방법	impossible	불가능한
for yourself	너 스스로, 혼자 힘으로	for me	나를 위해
business	사업	how about	~는 어때, ~하는 게 어때
better	더 좋은, 더 잘하는	run	달리다, 운영하다
run business	사업을 하다	colleague	동료
plenty	풍부한 양, 많이, 많음		

Dialogue 대화

이번 시간에는 "Can you do it for me? 날 위해 그것을 할 수 있나요?"라는 표현이 어떤 상황에서 사용되는지 대화를 통해 함께 살펴보도록 하겠습니다.

입문강의에서는 Yes 나 No로 시작되는 짧은 표현을 배웠습니다. 이제 실전강의를 통해서 내 얘기를 좀 더 자세하게 표현하는 연습을 해보겠습니다.

이번에도 역시 두 사람이 대화를 하고 있습니다. 대화 속 질문에 대한 여러분들만의 대답을 생각해 보세요.

Teacher: I have a lot of homework. What about you?
Student: I don't have any today.
Teacher: Nothing? Then, can you do my homework for me?
Student: What? No, I cannot. Never. Do yours for yourself.

Let's speak
Can you do it for me?

16강

대화에 사용되는 표현들을 좀 더 자세히 살펴봅시다.

- **a lot of = lots of / much / many** 많은, 많이
  * many는 셀 수 있는 것이 많을 때, much는 셀 수 없는 것을 많다고 할 때 구분해서 써야 합니다.
  * a lot of 와 lots of는 셀 수 있는 것과 셀 수 없는 것에 모두 사용할 수 있습니다.
- **a number of / a plenty of** 상당히 많은
  * the number of ~의 수
- **How about ~?** ~ 은(는) 어때? (제안을 할 때)
- **What about ~ ?** ~은(는) 어때? (구체적 의견을 물을 때)
- **any** 어떤 것
  * any는 이때 대명사로 사용되어 앞에 사용된 명사를 대신합니다.
- **yours** 재귀대명사 ->너의 것
  * 이미 언급된 상대방의 것을 말할 때도 사용합니다.

imagination: 주어진 질문에 대한 대답을 상상해 보세요.

> Q: Do you do your work alone? 너는 혼자 너의 일을 하니?

대답에 사용되는 다양한 표현들을 살펴볼까요?

- **Yes (sure 등) + 긍정**
  I handle my work by myself.   나는 내 일을 스스로 처리합니다.
  I take care of all of my work.   나는 내 모든 일을 돌봅니다.
  * take care of ~을 돌보다
  because I am a freelancer.   나는 프리랜서이기 때문입니다.
  because I run my own business.   나는 내 자신의 사업을 운영하기 때문입니다.
  * run 운영하다
- **No + I + 부정**
  need someone's help   누군가의 도움이 필요하다
  get help from a colleague   동료로부터 도움을 받다

Let's speak
Can you do it for me?

16강

> Q: Can we do all things for ourselves? 모든 일을 우리 힘으로 할 수 있나요?

다음 표현을 활용해 대답할 수 있습니다.

- **Yes +I (we) 긍정**

At least, I can	최소한 나는 할 수 있다
Maybe we can do it	아마도 우리는 할 수 있을 거야
Why not?	왜 안되겠어?

- **부정**

No, I don't think so	아니, 나는 그렇게 생각하지 않아
No way	말도 안돼
No, impossible	아니야, 불가능해

Practice 연습해 봅시다.

1. 난 내 일을 혼자 처리해	1. I handle my work by myself.
2. 왜냐하면 난 프리랜서니까	2. Because I am a freelancer.
3. 난 누군가의 도움을 필요로 해	3. I need someone's help.
4. 안될 게 뭐야?	4. Why not?
5. 아니, 난 그렇게 생각하지 않아	5. No, I don't think so.

Memorizing 암기한 것을 크고 정확하게 말해보세요.

실제 외국인과 또는 친구와 대화한다고 상상하며 우리말로 쓰인 표현을 지금까지 배운 것을 사용하여 영어로 큰 소리로 정확하게 발음하여 말합니다.

Teacher: I have a lot of homework. What about you?
Student: 난 오늘 아무것도 없는데.
Teacher: Nothing? Then, can you do my homework for me?
Student: 뭐? 아니, 난 할 수 없어. 절대로. 네 것은 너 스스로 해.

Let's speak
Can you do it for me?

16강

확인문제

1. 아래의 빈칸에 들어갈 단어 중 적절한 것을 고르시오.

   I don't have ( ) today.

   ① 답이 없음(또는 모두 해당)   ② any
   ③ some   ④ not

2. 아래의 문장에서 문법적인 오류 또는 의미상 부적절한 것이 있는 문장을 고르시오.
   ① I have a lot of homework.   ② Do your for yourself.
   ③ How about you?   ④ Can you do my homework for me?

3. 괄호 속 단어와 바꾸어 사용해도 문장의 전체적인 의미가 비슷한 것을 고르시오.

   I have (a lot of) homework.

   ① many   ② a few
   ③ lots of   ④ little

4. 다음 질문을 듣고 그 대답으로 가장 적절한 것을 고르시오.
   ① No, I am not alone at the moment.   ② I should handle it for myself.
   ③ I am trying to do it so.   ④ I guess so.

Writing 수업 후 영작 한마디

난 오늘 아무것도 없다.

Let's speak
Can you get some milk?

17강

복습문제

1. 아래의 문장 중 의미가 다른 하나를 고르시오.
   ① I don't have any today.
   ② I have nothing for today.
   ③ I don't know today.
   ④ I don't have anything to do today.

2. 다음 질문을 듣고 이어질 수 있는 대답 중 가장 적절한 것을 고르시오.
   ① How about you?
   ② I have a lot of homework.
   ③ No, I cannot.
   ④ I don't have any today.

어휘학습

daughter	딸	want somebody to	누가 ~하기를 원하다
milk	우유	clothes	옷
yummy	맛있는	worse	더 나쁜, 더 안 좋은
people	사람들	on weekends	주말마다
son	아들	stranger	사람, 이방인
sweet	달콤한	delicious	맛있는
they	그들은(이)	rest	나머지, 휴식
tasty	맛있는, 육감적인		

Dialogue 대화

이번 시간에는 "Can you get some milk? 우유 좀 갖다 줄래?"라는 표현이 어떤 상황에서 사용되는지 대화를 통해 함께 살펴보도록 하겠습니다.

입문강의에서는 Yes 나 No로 시작되는 짧은 표현을 배웠습니다. 이제 실전강의를 통해서 내 얘기를 좀 더 자세하게 표현하는 연습을 해보겠습니다.

이번에도 역시 두 사람이 대화를 하고 있습니다. 대화 속 질문에 대한 여러분들만의 대답을 생각해 보세요.

Mom: Son, do you want me to cook for you?
Son: Yeah~! I want to have some delicious food.
Mom: Alright. Can you get some milk?
Son: Yes, mom. Here it is.

Let's speak
Can you get some milk?

17강

대화에 사용되는 표현들을 좀 더 자세히 살펴봅시다.
- **son** 아들, **daughter** 딸 **uncle** 삼촌, **aunt** 이모, 고모, 외숙모, 숙모 등
- **grandpa** 할아버지, **grandma** 할머니
- **niece** 여자조카, **nephew** 남자조카
- **delicious, yummy, tasty, sweet** 맛있는
- **Here it is.** 여기 있어요.
- **Here it goes.** 여기 있어요 또는 시작합니다.
- **Here you are.** 여기 있어요.
- **Here they are.** 여기 있어요.

imagination: 주어진 질문에 대한 대답을 상상해 보세요.

> Q: Do you like to do someone a favor? 너는 누군가에게 호의 베푸는 것을 좋아하니?

대답에 사용되는 다양한 표현들을 살펴볼까요?
- **Yes, I like to do a favor for +**
  someone 누군가 / my grandfather 나의 할아버지 / a friend 친구 / a stranger 낯선 사람
- **Yes, I am happy (glad, pleased) to do a favor for +**
  someone / my grandfather / a friend / a stranger
  * I am happy to do a favor for you. 나는 당신에게 호의를 베풀게 돼서 행복합니다.
- **Yes, I am fond of doing a favor for +**
  * be fond of ~을 좋아하다
  someone / my grandfather / a friend / a stranger
- **Yes, I do a favor for +**
  my boss 내 상사 / a pretty woman 예쁜 여성 / old people 나이 드신 분들

Practice   연습해 봅시다.

1. 난 누군가를 위해 호의 베푸는 걸 좋아해
2. 난 친구를 위해 호의 베푸는 게 행복해
3. 난 낯선 사람에게 호의 베푸는 걸 좋아해
4. 난 나의 사장님에게 호의를 베풀어.
5. 난 노인에게 호의를 베풀어.

1. I like to do a favor for someone.
2. I'm happy to do a favor for a friend.
3. I'm fond of doing a favor for a stranger.
4. I do a favor for my boss
5. I do a favor for old people.

Let's speak

Can you get some milk?

17강

Memorizing 암기한 것을 크고 정확하게 말해보세요.

실제 외국인과 또는 친구와 대화한다고 상상하며 우리말로 쓰인 표현을 지금까지 배운 것을 사용하여 영어로 큰 소리로 정확하게 발음하여 말합니다.

> Mom: Son, do you want me to cook for you?
> Son: 네! 저는 어떤 맛있는 음식을 먹기를 원해요.
> Mom: Alright. Can you get some milk?
> Son: 네, 엄마. 여기 있어요.

확인문제

1. 아래의 빈칸에 들어갈 단어 중 적절한 것을 고르시오.

   I want to have some ( ) food.

   ① 답이 없음(또는 모두 해당) ② blue
   ③ pretty ④ delicious

2. 아래의 문장에서 문법적인 오류 또는 의미상 부적절한 것이 있는 문장을 고르시오.
   ① I need to get to the hospital. ② I will get a glass of milk.
   ③ I am going to get you to the library. ④ I want you to get out of my room.

3. 괄호 속 단어와 바꾸어 사용해도 문장의 전체적인 의미가 비슷한 것을 고르시오.

   Here (it is).

   ① you are ② I am
   ③ are you ④ is it

4. 다음 질문을 듣고 이어질 수 있는 대답 중 적절한 것을 고르시오.
   ① I want to have some delicious food. ② I usually take a nap.
   ③ I am going to cook something for you. ④ I am not so weak.

Writing 수업 후 영작 한마디

난 어떤 맛있는 음식을 먹길 원한다.

Let's speak
Can you change the picture?

18강

복습문제

1. 아래의 문장 중 의미가 다른 하나를 고르시오.
   ① well
   ② yeah
   ③ sure
   ④ alright

2. 다음 질문을 듣고 이어질 수 있는 대답 중 가장 부적절한 것을 고르시오.
   ① Here it is.
   ② Here you are.
   ③ Sorry mom, I am too busy.
   ④ I hate milk.

어휘학습

history	역사	ask a favor	호의를 요구하다
personality	성격, 인격, 개성	a class time	수업시간
exchange	교환(하다), 맞바꿈	break	깨다, 부서지다, 부수다
whole	전체(의), 모든	past	과거, 지난
now	지금, 바로	future	미래(의)
dollar	달라, 미국 화폐 단위	life	삶, 인생
world	세계, 전세계	smart	영리한
swap	바꾸다, 나누다	bill	계산서, 청구서, 지폐

Dialogue 대화

이번 시간에는 "Can you change the picture? 그 그림을 바꿀 수 있나요?"라는 표현이 어떤 상황에서 사용되는지 대화를 통해 함께 살펴보도록 하겠습니다.

입문강의에서는 Yes 나 No로 시작되는 짧은 표현을 배웠습니다. 이제 실전강의를 통해서 내 얘기를 좀 더 자세하게 표현하는 연습을 해보겠습니다.

Let's speak
Can you change the picture?

이번에도 역시 두 사람이 대화를 하고 있습니다. 대화 속 질문에 대한 여러분들만의 대답을 생각해 보세요.

> Teacher: Can I ask you a favor?
> Student: Yes, you can.
> Teacher: Can you change the picture?
> Student: Why? Don't you like it?
> Teacher: I just want you to change it.
> Student: Oops. You don't like it, do you? I will change it now.
> * Oops 저런 (놀랄 때 쓰는 표현)

대화에 사용되는 표현들을 좀 더 자세히 살펴봅시다.
- **ask a favor** 도움을 요청하다
- 부정관사 **a (an)** / 정관사 **the**
  * a(an)은 불특정한 어느 것 하나를 가리킬 때, the는 특정한 어느 것을 가리킬 때 쓰입니다. 더 자세한 내용은 부가학습방 기초문법강의에서 배우실 수 있습니다.
- **change** 바꾸다 **(= swap)**, 변화시키다, 잔돈 / **exchange** 교환하다 /
- **break** (지폐를 잔돈으로) 깨다, 바꾸다
- **You don't like it, do you?** 너는 그것을 싫어하는 구나, 그렇지?
  * 밑줄 친 표현은 부가의문문이라 하는데, 우리말에서 되묻는 표현과 같습니다. 부정문에서는 긍정으로 되묻고, 긍정문에서는 부정으로 되묻습니다. 자세한 내용은 부가학습방 기초문법강의를 통해 배우실 수 있습니다.
- **You like it, don't you?** 너는 그것을 좋아하는구나. 그렇지 않니?
- **You are smart, aren't you?** 너는 똑똑하지, 그렇지 않니?
- **You are not smart, are you?** 너는 똑똑하지 않아, 그렇지?

imagination: 주어진 질문에 대한 대답을 상상해 보세요.

> Q: What do you want to change? 너는 무엇을 바꾸고 싶니?

대답에 사용되는 다양한 표현들을 살펴볼까요?
- **I want to change + 긍정 1 - 나와 관련한 것**
  my personality 나의 성격 / my past 나의 과거 / my whole life 내 인생 전체 / my job 나의 직업

Let's speak
Can you change the picture?

18강

- **I want to change + 긍정 2 - 기타**
  the world 세상/ the future 미래 / the history 역사
- **I + 부정**
  am satisfied with my life 나의 인생에 만족한다.
  have nothing to change 바꿀 것이 없다.

> Q: Do you want to change money? 당신은 돈을 바꾸고 싶습니까?

대답에 사용되는 다양한 표현들을 살펴볼까요?
- **Yes, I want to + 동사원형**
  break a bill (=note) to change 지폐를 잔돈으로 바꾸다
  * note도 지폐라는 뜻으로 쓰입니다.
  swap Korean Won to the US dollar 한국 원화를 미국 달러로 바꾸다

Practice 연습해 봅시다.

1. 난 내 성격을 바꾸고 싶어
2. 난 미래를 바꾸고 싶어
3. 난 바꿀게 아무것도 없어
4. 난 지폐를 잔돈으로 바꾸고 싶어
5. 난 한국 돈을 미국 돈으로 바꾸고 싶어

1. I want to change my personality.
2. I want to change the future.
3. I have nothing to change.
4. I want to break a bill to change.
5. I want to swap Korean Won to the US dollar.

Let's speak
Can you change the picture?

18강

Memorizing   암기한 것을 크고 정확하게 말해보세요.

실제 외국인과 또는 친구와 대화한다고 상상하며 우리말로 쓰인 표현을 지금까지 배운 것을 사용하여 영어로 큰 소리로 정확하게 발음하여 말합니다.

> Teacher: Can I ask you a favor?
> Student: 응, 너는 할 수 있어.
> Teacher: Can you change the picture?
> Student: 왜? 넌 저게 좋지 않아?
> Teacher: I just want you to change it.
> Student: 이런, 넌 저걸 좋아하지 않는구나. 그렇지? 지금 바로 바꿀게.

확인문제

1. 아래의 빈칸에 들어갈 단어 중 적절한 것을 고르시오.

   > You don't like it, ( ) you?

   ① 답이 없음(또는 모두 해당)   ② do
   ③ don't   ④ are

2. 아래의 문장에서 문법적인 오류 또는 의미상 부적절한 것이 있는 문장을 고르시오.
   ① I want just to change it.   ② Don't you like it?
   ③ Can I ask your favor?   ④ Can you change the picture?

3. 괄호 속 단어와 바꾸어 사용해도 문장의 전체적인 의미가 비슷한 것을 고르시오.

   > (Can) I ask your favor?

   ① may   ② do
   ③ be able to   ④ must

4. 다음 질문을 듣고 이어질 수 있는 대답 중 가장 적절하지 않은 것을 고르시오.
   ① Sure, I will change it now.   ② I am going to find a changing room.
   ③ OK. I will find a way to change it.   ④ I don't have a right to change it.

Writing   수업 후 영작 한마디

난 그냥 그 그림을 바꾸길 원해.

Let's speak
Can you give me clothes?

19강

복습문제

1. 아래의 문장 중 의미가 다른 하나를 고르시오.
   ① Can I ask you a favor?
   ② Would you do me a favor?
   ③ Please, do me a favor.
   ④ Could you lend me your favor?

2. 다음 질문을 듣고 이어질 수 있는 대답 중 가장 적절한 것을 고르시오.
   ① Why? Don't you like it?
   ② Yeah, I want to change now.
   ③ Oops. You don't like it, do you?
   ④ What? I am not going to be there.

어휘학습

gimme	give me의 줄임말	cloth	천
after	~후에	gonna	going to의 줄임말
go shopping	쇼핑하러 가다	landline	일반전화, 집전화
go out	외출하다, 데이트하다	easy	쉬운, 편안한
library	도서관		
with you	너와 함께		
shop	가게, 상점		
clothing	의류, 의복		

Dialogue 대화

이번 시간에는 "Can you give me clothes? 옷 좀 줄래?"라는 표현이 어떤 상황에서 사용되는지 대화를 통해 함께 살펴보도록 하겠습니다.

입문강의에서는 Yes 나 No로 시작되는 짧은 표현을 배웠습니다. 이제 실전강의를 통해서 내 얘기를 좀 더 자세하게 표현하는 연습을 해보겠습니다.

Let's speak
Can you give me clothes?

이번에도 역시 두 사람이 대화를 하고 있습니다. 대화 속 질문에 대한 여러분들만의 대답을 생각해 보세요.

> Teacher: Do you give me clothes?
> Student: Do you go out?
> Teacher: I will go shopping.
> Student: Do you want me to go with you?
> Teacher: No, I am fine.
> Student: Ok, Here it is.

▶ 대화에 사용되는 표현들을 좀 더 자세히 살펴봅시다.
- **give me = gimme** (줄임말 또는 축약형) 내게 주다
- **want to = wanna** (줄임말)하고 싶다
- **going to = gonna** (줄임말)~가고 있다(to 다음에 장소가 나오면) 또는 ~할 예정이다 (to다음에 일반동사가 오면)
- **clothes** 옷, **cloth** 천, **clothing** 의류
- **go out** 나가다, 사라지다, 데이트하다
- **go and + 동사원형** –>가서 ~하다
- **go shopping** 쇼핑하러 가다 / **go jogging** 조깅하러 가다 / **go swimming** 수영하러 가다
  * 산책하다 go taking a walk.

imagination: 주어진 질문에 대한 대답을 상상해 보세요.

> Q: Can you give me your number? 내게 당신 번호를 알려주실 수 있나요?

대답에 사용되는 다양한 표현들을 살펴볼까요?
- **Yes (sure) + 긍정**
  Here you are. / Here it is. / Here you go. 여기 있어요.
  There you go. / There you are. 여기 있어요.
  * there you go는 문맥에 따라 '잘 했어요!' 또는 '또 시작이군!'이란 의미로도 사용됩니다.
- **No + I 부정 - 직접적 표현**
  don't want to 하고 싶지 않다 / can't 할 수 없다 / am sorry 미안합니다
- **No + I 부정 - 간접적 표현**
  am not easy (am not an easy woman) 쉽지 않다. (쉬운 여자가 아니다) / don't have a mobile phone (landline) 핸드폰이 없다 (집전화가 없다)

Let's speak
Can you give me clothes?

Q: Where do you usually go after work? 퇴근 후 주로 어디로 가나요?

대답에 사용되는 다양한 표현들을 살펴볼까요?
- **I go + 짧은 표현**
  shopping 쇼핑 / jogging 조깅 / swimming 수영 / for a drive 드라이브하러
- **I go + (장소) + and + 동사원형 and 사용한 표현**
  go to the library and study English. 도서관에 가서 영어 공부 한다.

Practice 연습해 봅시다.

1. 여기 있어
2. 아니, 미안해
3. 난 휴대폰이 없어
4. 난 수영하러 가
5. 도서관에 가서 영어를 공부해

1. Here you are. / Here it is. / Here you go.
2. No, I am sorry.
3. I don't have a mobile phone.
4. I go swimming.
5. I go to the library and study English.

Memorizing 암기한 것을 크고 정확하게 말해보세요.

실제 외국인과 또는 친구와 대화한다고 상상하며 우리말로 쓰인 표현을 지금까지 배운 것을 사용하여 영어로 큰 소리로 정확하게 발음하여 말합니다.

Teacher: Do you give me clothes?
Student: 너 나가니?
Teacher: I will go shopping.
Student: 넌 내가 너랑 같이 나가주길 원하니?
Teacher: No, I am fine.
Student: 알았어. 여기 있어.

Let's speak
Can you give me clothes?

19강

확인문제

1. 아래의 빈칸에 들어갈 단어 중 적절하지 않은 것을 고르시오.

   > I will go ( ).

   ① 답이 없음(또는 모두 해당) ② shopping
   ③ jogging ④ swimming

2. 아래의 문장에서 문법적인 오류 또는 의미상 부적절한 것이 있는 문장을 고르시오.
   ① I am not going to give a letter to you.
   ② Do you want me to go out with you?
   ③ No, I am fine with that.
   ④ OK. Here is it.

3. 괄호 속 단어와 바꾸어 사용해도 문장의 전체적인 의미가 비슷한 것을 고르시오.

   > (Do) you go out?

   ① will ② can
   ③ are ④ were

4. 다음 질문을 듣고 이어질 수 있는 대답 중 가장 적절하지 않은 것을 고르시오.
   ① Sorry, I cannot do that.
   ② I already gave you my card number.
   ③ I am not going to give you my number.
   ④ I don't have a phone number to give you.

Writing 수업 후 영작 한마디

난 쇼핑하러 갈 것이다.

Let's speak
Can you lend me a car?

20강

복습문제

1. 아래의 문장 중 의미가 다른 하나를 고르시오.
   ① I don't care about it.
   ② I am fine with it.
   ③ I am cool with it.
   ④ I mind it.

2. 다음 질문을 듣고 이어질 수 있는 대답 중 가장 적절한 것을 고르시오.
   ① Okay. Here they are.
   ② I don't love you at all.
   ③ Yes, I forgot to wash my hands.
   ④ No, I will go shopping.

어휘학습

state	상태, 국가, 진술하다	center	가운데, 중앙
loan	대출(하다), 융자(하다)	lend me	나에게 빌려주다
radio	라디오	lottery	복권
later	나중에, 후에	city	도시
whenever	언제든지, ~할 땐 언제든지	lend	빌려주다
		city center	시내
trust	신뢰(하다), 신임(하다)	art	미술, 예술
rent	집세, 임차료, 세내다	hire	빌리다, 고용하다
win	승리(하다), 당첨되다		
lease	임대하다, 임대차계약		

Dialogue 대화

이번 시간에는 "Can you lend me a car? 내게 차를 빌려줄 수 있나요?"라는 표현이 어떤 상황에서 사용되는지 대화를 통해 함께 살펴보도록 하겠습니다.

입문강의에서는 Yes 나 No로 시작되는 짧은 표현을 배웠습니다. 이제 실전강의를 통해서 내 얘기를 좀 더 자세하게 표현하는 연습을 해보겠습니다.

Let's speak
Can you lend me a car?

이번에도 역시 두 사람이 대화를 하고 있습니다. 대화 속 질문에 대한 여러분들만의 대답을 생각해 보세요.

> Teacher: Can you lend me your car?
> Student: I cannot lend it to you.
> Teacher: Do you need it soon?
> Student: Yes, I will drive it to the city center.
> Teacher: Ok, I will take the subway.
> Student: I am so sorry.

대화에 사용되는 표현들을 좀 더 자세히 살펴봅시다.
- **lend** 빌려주다
- **borrow** 빌리다
- **rent** (차, 집)빌리다,
- **hire** (차, 돈, 물건)빌리다, 고용하다
- **lease** (월세 등)임대하다
- **loan** (돈) 대출, 대부하다
- **soon** 곧
- **sooner or later** 조만간
- **I am sorry**. 미안하다, 유감이다, 안됐다

imagination: 주어진 질문에 대한 대답을 상상해 보세요.

> Q: Can you lend me some money? 내게 돈 좀 빌려줄 수 있나요?

대답에 사용되는 다양한 표현들을 살펴볼까요?
- **Yes (sure) + 긍정**
  anytime 언제든지 / whenever you want 네가 원할 때마다 / when I can 내가 할 수 있을 때
- **Yes (sure) + if I = if 를 사용한 가정**
  * 만약을 가정하는 if를 사용해서 어떤 상황을 가정합니다.
  have some money 돈이 좀 있다 / don't spend all money 돈을 다 쓰지 않다 / win a lottery 복권에 당첨되다
- **No + because I 부정 = because 사용한 이유**
  don't have now 지금은 없다 / don't believe you 너를 믿지 않는다 / can't trust you 너를 신뢰할 수 없다

Let's speak
Can you lend me a car?

Q: Are you satisfied with your car? 당신은 당신의 자동차에 만족하나요?

대답에 사용되는 다양한 표현들을 살펴볼까요?
- **Yes (sure) + but 긍정 = but 사용한 부가 설명**
  Yes, but I want to change it. 네, 그런데 나는 그것을 바꾸고 싶습니다.
  Yes, but I don't use it. 네, 그런데 나는 그것을 사용하지 않습니다.
- **No, I want to buy + (차 종류) 부정**
  a used car (second hand) 중고차 / a sports car 스포츠카 / a state of the art car 최첨단의 자동차

Practice 연습해 봅시다.

1. 언제라도 네가 원할 때
2. 내가 복권에 당첨되면
3. 아니, 난 널 못 믿기 때문이야
4. 응, 그런데 그걸 사용하지 않아
5. 난 중고차를 사기를 원해

1. Whenever you want.
2. If I win a lottery.
3. No, because I don't believe(trust) you.
4. Yes, but I don't use it.
5. I want to buy a used car (a second hand car).

Memorizing 암기한 것을 크고 정확하게 말해보세요.

실제 외국인과 또는 친구와 대화한다고 상상하며 우리말로 쓰인 표현을 지금까지 배운 것을 사용하여 영어로 큰 소리로 정확하게 발음하여 말합니다.

Teacher: Can you lend me your car?
Student: 난 그것을 너에게 빌려줄 수 없어.
Teacher: Do you need it soon?
Student: 응, 나 곧 운전하고 시내에 갈 거야.
Teacher: Ok, I will take the subway.
Student: 정말 미안해.

Let's speak
Can you lend me a car?

20강

확인문제

1. 아래의 빈칸에 들어갈 단어 중 적절하지 않은 것을 고르시오.

   Can you ( ) me a car?

   ① 답이 없음(또는 모두 해당)　　② lend
   ③ give　　　　　　　　　　　　④ show

2. 아래의 문장에서 문법적인 오류 또는 의미상 부적절한 것이 있는 문장을 고르시오.
   ① I will take the subway.　　② Do you need it soon?
   ③ I cannot lend it you.　　　④ I will drive it to the city center.

3. 괄호 안 단어와 바꾸어 사용해도 문장의 전체적인 의미가 비슷한 것을 고르시오.

   Do you need it (soon)?

   ① sooner or later　　② lately
   ③ these days　　　　④ nowadays

4. 다음 질문을 듣고 이어질 수 있는 대답 중 가장 적절하지 않은 것을 고르시오.
   ① How much do you need?　　　　② Well, I need money, too.
   ③ I have lots of money for myself.　　④ I am not going to able to do so.

Writing　　수업 후 영작 한마디

난 시내로 가야 한다.

Let's speak
Can you see it?

21강

복습문제

1. 아래의 문장 중 의미가 다른 하나를 고르시오.
   ① Can you lend me your car?   ② Can I borrow your car?
   ③ Can I rent your car?   ④ Can I use your car?

2. 다음 질문을 듣고 이어질 수 있는 대답 중 가장 적절한 것을 고르시오.
   ① I cannot lend it to you.   ② Yes. I will drive it to the city center.
   ③ I am so sorry.   ④ No, I don't have a license.

어휘학습

be proud of	~이 자랑스럽다	face	얼굴
bite	물다, 베어 물다, 한 입	speak	말하다
have a try	시도하다	proud	자랑스러운
try	시도하다, 노력하다	earn	(돈)벌다
learn	배우다	try to	~하는걸 노력(시도)하다
practice	연습하다		
speak well	잘 말하다		

Dialogue 대화

이번 시간에는 "Can you see it? 너 그거 봤어?"라는 표현이 어떤 상황에서 사용되는지 대화를 통해 함께 살펴보도록 하겠습니다.

입문강의에서는 Yes 나 No로 시작되는 짧은 표현을 배웠습니다. 이제 실전강의를 통해서 내 얘기를 좀 더 자세하게 표현하는 연습을 해보겠습니다.

Let's speak
Can you see it?

이번에도 역시 두 사람이 대화를 하고 있습니다. 대화 속 질문에 대한 여러분들만의 대답을 생각해 보세요.

> Teacher: Alright! Have a try.
> Student: Can you see it? I can speak English well.
> Teacher: Oh, good job.
> Student: I am so proud of myself. I get better in English.
> Teacher: Good. Practice it every day.

대화에 사용되는 표현들을 좀 더 자세히 살펴봅시다.
- **Alright = O.K.**
- **Can you see it** 봤어? (=Did you see it? /=See it?)
- **have a try** 시도해보다
- **have a bite** 한입 먹다
- **have a look** (훑어) 보다
- **명령문: (주어 you) + 동사원형**
  * 상대방에게 무언가 명령조로 말할 때는 주어를 생략한 채로 바로 동사원형으로 말합니다.
- **get better** 나아지다, 좋아지다 / **be proud of** 자랑스럽다
  * I get better in English 나는 영어에서 나아지다. 즉, 영어가 늘고 있다는 표현이 되겠습니다.
- **good job = well done** 잘했어.

imagination: 주어진 질문에 대한 대답을 상상해 보세요.

> Q: Why do you want to learn English? 당신은 왜 영어를 배우길 원하나요?

대답에 사용되는 다양한 표현들을 살펴볼까요?
- **Because + 문장(주어+동사)** ~ 때문에
  I want a better life 나는 더 나은 삶을 원하다
  I want a good job 나는 좋은 직업을 원하다
  I want to earn more money. 나는 더 많은 돈을 벌고 싶다.
- **Because of + 명사 등** ~ 때문에
  * because of로 시작할 때는 주어와 동사가 생략되어야 합니다.
  a better life 더 나은 삶 / my job 내 직업 / earning more money 돈을 더 버는 것
  * 돈을 벌다는 동사 earn에 ~ing를 붙여서 동명사가 되었습니다.

Let's speak
Can you see it?

- **I learn English + for + 명사 등** ~을 위해서
  * 이유를 나타내는 표현으로 '~을 위해서'라는 뜻의 for도 사용할 수 있습니다.
  a better life / my job / earning more money

> Q: What are you proud of? 당신은 무엇이 자랑스러운가요?

대답에 사용되는 다양한 표현들을 살펴볼까요?
- **I am proud of + 명사 등**
  my whole life 나의 삶 전부 / my father 나의 아버지 / living in Korea 한국에서 사는 것
- **I feel proud of + 명사 등** ~에 긍지(자부심)를 느끼다
  my whole life / my father / living in Korea

Practice   연습해 봅시다.

1. 난 돈을 더 벌길 원하기 때문이야	1. Because I want to earn more money.
2. 더 나은 삶 때문에	2. Because of a better life
3. 난 내 직업을 위해서 영어를 배워	3. I learn English for my job.
4. 난 나의 아버지가 자랑스러워	4. I am proud of my father.
5. 난 한국에 사는데 긍지를 느껴	5. I feel proud of living in Korea.

Memorizing   암기한 것을 크고 정확하게 말해보세요.

실제 외국인과 또는 친구와 대화한다고 상상하며 우리말로 쓰인 표현을 지금까지 배운 것을 사용하여 영어로 큰 소리로 정확하게 발음하여 말합니다.

> Teacher: Alright! Have a try.
> Student: 봤어요? 저 이제 영어를 잘 할 수 있어요.
> Teacher: Oh, good job.
> Student: 전 지금 제가 너무 자랑스러워요. 점점 영어가 나아지고 있어요.
> Teacher: Good. Practice it every day.

Let's speak
Can you see it?

21강

확인문제

1. 아래의 빈칸에 들어갈 적절한 단어를 고르시오.

   I am so proud ( ) you.

   ① 답이 없음(또는 모두 해당) ② of
   ③ with   ④ in

2. 아래의 문장에서 have의 쓰임이 다른 문장을 하나 고르시오.
   ① I am going to have my hair cut.
   ② I would like to have a look at the book.
   ③ You should have a seat here.
   ④ Have a try on it.

3. 괄호 속 단어와 바꾸어 사용해도 문장의 전체적인 의미가 비슷한 것을 고르시오.

   Can you (see) that?

   ① understand   ② practice
   ③ have   ④ try

4. 다음 질문을 듣고 이어질 수 있는 대답 중 가장 적절하지 않은 것을 고르시오.
   ① I cannot see you at all.
   ② I can't look at you because of the fog.
   ③ I am not going to see you.
   ④ I can recognize you very well.

Writing   수업 후 영작 한마디

난 최선을 다해야 한다.

Let's speak
Can I meet you at 5?

22강

복습문제

1. 아래의 문장 중 see의 의미가 다른 하나를 고르시오.
   ① I see.
   ② I am seeing your brother.
   ③ I will see my father tomorrow.
   ④ I am never going to see you again.

2. 다음 질문을 듣고 이어질 수 있는 대답 중 가장 적절한 것을 고르시오.
   ① I am so proud of you.
   ② I need to have a try in the future.
   ③ I am looking for a soccer ball.
   ④ I can see bread on the table.

어휘학습

half	반, 절반	floor	층
these	이것들	roughly	대략
fifth	다섯 번째의, 제 5의	o' clock	~시, ~정각
see you then	그 때 보겠다	front	앞, 앞의
around	약, 주변에	bye	안녕
behind	뒤에, 뒤 떨어져	back	등, 허리, 뒤, 뒤에
at that time	그 시각에	abroad	해외에, 해외로
quit	끊다, 그만두다	beside	~옆에
before	~전에	nearly	거의
approximately	약, 대략	tomorrow	내일

Dialogue 대화

이번 시간에는 "Can I meet you at 5? 당신을 5시에 만날 수 있을까요?"라는 표현이 어떤 상황에서 사용되는지 대화를 통해 함께 살펴보도록 하겠습니다.

입문강의에서는 Yes 나 No로 시작되는 짧은 표현을 배웠습니다. 이제 실전강의를 통해서 내 얘기를 좀 더 자세하게 표현하는 연습을 해보겠습니다.

Let's speak
Can I meet you at 5?

이번에도 역시 두 사람이 대화를 하고 있습니다. 대화 속 질문에 대한 여러분들만의 대답을 생각해 보세요.

> Teacher: Can I meet you at 5 o'clock?
> Student: I am busy at that time. How about 6?
> Teacher: Good. I will wait for you in front of the shop.
> Student: Alright. See you there.
> Teacher: See you then. Bye!

대화에 사용되는 표현들을 좀 더 자세히 살펴봅시다.
- **about, roughly, around, approximately** 약, 대략
- **almost** 거의 (=nearly) +시간, 거의 그 시간에
- **at that (the) time** 그 시간에, 그 때에
- **at the (this) moment** 그 (이) 순간에
- **at any time** 어느 때에든지
- **at times** 때때로 =sometimes
- **at a time** 한번에
- **at the same time** 같은 때에, 같은 시간에
- **see you then (around, later, again, next time)** 그때 보자 (그즈음에, 그 후에, 다시, 다음에)
- **take care** 잘 지내
- **bye bye** 잘가, 안녕.
- **in front of** ~앞에
- **in the back of** ~뒤에

imagination: 주어진 질문에 대한 대답을 상상해 보세요.

> Q: Let's have a drink sometime. 우리 언제 한잔 하자.

대답에 사용되는 다양한 표현들을 살펴볼까요?
- **O.K. + how about + (시간 표현) 제안하기**
  tomorrow 내일 / 6 o'clock tonight 오늘밤 6시 / 30 minutes later 30분 뒤에 / half past 8 8시 30분에
  * Ok. How about tomorrow? 좋아. 내일은 어때?

Let's speak
Can I meet you at 5?

22강

* half 절반, 시간에서 절반은 30분
* past는 '지난'이란 뜻이 있습니다. 즉 30분이 지난 8시란 말은 8시 30분이 됩니다.

- **Alright + 작별인사하기**

  take care 잘 지내 / good bye 안녕 / see you 담에 봐 / enjoy your time 즐겁게 지내.

- **I + 거절, 부정하기**

  may go abroad 아마 해외에 갈 것 같다. / quit drinking 술을 그만두다 / am on a diet 다이어트 중이다 / am quite busy these days 요새 아주 바쁘다

> Q: Can you wait for me until 11 pm? 당신은 오후 11시까지 나를 기다려 줄 수 있나요?

대답에 사용되는 다양한 표현들을 살펴볼까요?

- **Yes + I am + 나의 위치 알려주기**

  behind a shop 가게 뒤에 / beside a car 차 옆에 / on the fifth floor 5층에

  * 전치사와 명사를 사용해서 구체적인 위치를 알려줄 수 있습니다.
  * Yes, I am behind a shop. 어, 나는 어떤 가게 뒤에 있어.

- **No + I + 거절, 부정하기**

  go home at that time 그 시간(때)에 집에 가다 / sleep before that time 그 시간 전에 자다

Practice 연습해 봅시다.

1. 8시 30분 어때?	1. How about half past 8?
2. 잘 지내	2. Take care.
3. 난 다이어트 중이야	3. I am on a diet.
4. 난 5층에 있어	4. I am on the fifth floor.
5. 난 그때는 집에 가	5. I go home at that time.

Let's speak
Can I meet you at 5?

Memorizing 암기한 것을 크고 정확하게 말해보세요.

실제 외국인과 또는 친구와 대화한다고 상상하며 우리말로 쓰인 표현을 지금까지 배운 것을 사용하여 영어로 큰 소리로 정확하게 발음하여 말합니다.

> Teacher: Can I meet you at 5 o'clock?
> Student: 난 그때는 바쁜데. 6시는 어때?
> Teacher: Good. I will wait for you in front of the shop.
> Student: 알았어. 거기서 봐.
> Teacher: See you then. Bye!

확인문제

1. 아래의 빈칸에 들어갈 적절한 단어를 고르시오.

   > Can I meet you ( ) 5 o'clock?

   ① 답이 없음(또는 모두 해당)　　② in
   ③ at　　④ on

2. 아래의 문장에서 then의 쓰임이 다른 문장을 하나 고르시오.
   ① see you then.
   ② I would like to meet you then.
   ③ Then I am going to be there for you.
   ④ I will go school then study a lot.

3. 괄호 속 단어와 바꾸어 사용해도 문장의 전체적인 의미가 비슷한 것을 고르시오.

   > I am busy at (that) time.

   ① this　　② the
   ③ a　　④ some

4. 다음 질문을 듣고 이어질 수 있는 대답 중 가장 적절하지 않은 것을 고르시오.
   ① I am busy at that time.
   ② I will wait for you in front of the shop.
   ③ Alright. See you then.
   ④ Yes, I can throw a party of Friday.

Writing 수업 후 영작 한마디

그 때 보자.

Review 2
1인칭 실전 복습

여러분 반갑습니다. 오늘은 1인칭 실전강의 12편부터 22편까지 배운 내용들을 복습해보도록 하겠습니다.

Review 실제로 대화한다 생각하고 연습해 봅시다.

1. 난 버스 정류장을 찾아야 해
2. 다시 말해주시겠어요?
3. 나는 개와 고양이를 각 1마리씩 키워
4. 나는 아내 때문에 고양이를 하나 키워
5. 난 그것에 친숙하지 않아요.
6. 난 컴퓨터를 거의 사용하지 않아
7. 난 약속을 지키려고 노력해
8. 난 일반적으로 약속을 하지 않아
9. 난 내 일을 혼자 처리해
10. 아니, 난 그렇게 생각하지 않아
11. 난 친구를 위해 호의 베푸는 게 행복해
12. 난 노인에게 호의를 베풀어.
13. 난 바꿀게 아무것도 없어
14. 난 지폐를 잔돈으로 바꾸고 싶어
15. 여기 있어
16. 난 휴대폰이 없어
17. 언제라도 네가 원할 때
18. 내가 복권에 당첨되면
19. 난 돈을 더 벌길 원하기 때문이야
20. 난 한국에 사는데 긍지를 느껴
21. 8시 30분 어때?
22. 난 그때는 집에 가

Review 2
1인칭 실전 복습

1. I have to look for a bus stop.
2. I beg your pardon?
3. I raise a dog and a cat
4. I raise a cat because of my wife.
5. I am not familiar with it.
6. I hardly use a computer.
7. I try to keep a promise.
8. No, I don't think so.
9. I usually don't make a promise.
10. I handle my work by myself.
11. I'm happy to do a favor for a friend.
12. I do a favor for old people.
13. I have nothing to change.
14. I want to break a bill to change.
15. Here you are / Here it is / Here you go
16. I don't have a mobile phone.
17. Whenever you want.
18. If I win a lottery.
19. Because I want to earn more money.
20. I feel proud of living in Korea.
21. How about half past 8?
22. I go home at that time.

Let's speak
What do you do for a living?

24강

복습문제

1. 아래의 문장 중 time의 의미가 다른 하나를 고르시오.
   ① I don't have enough time for me.
   ② I am doing this so many times.
   ③ I will be so busy at that time.
   ④ I need much more time to fix this.

2. 다음 질문을 듣고 이어질 수 있는 대답 중 가장 적절한 것을 고르시오.
   ① I don't have a watch.
   ② I am waiting for my boyfriend.
   ③ I will meet a friend of mine at the time.
   ④ I don't have enough time for me.

어휘학습

deliver	배달하다	restaurant	음식점
worker	노동자, 일하는 사람	driver	운전기사, 운전하는 사람
position	위치, 자리	newspaper	신문
normal	보통의, 평범한	staff	직원, 참모
general	일반적인, 종합적인	company	회사, 손님
kid	장난치다, 아이	hotel	호텔
living	생활, 생계수단	manage	다루다, (간신히)해내다.
responsible	책임지고 있는	design	디자인(하다), 설계하다
department	부서, 학과	joke	농담, 우스개
convenient	편리한, 간편한	for a living	생활을 위해

Let's speak
What do you do for a living?

24강

Dialogue 대화

이번 시간에는 1인칭 입문강의에서 이미 배운 "What do you do for a living? 생계수단을 위해서 무슨 일을 하시나요?"라는 표현이 어떤 상황에서 사용되는지 대화를 통해 함께 살펴보도록 하겠습니다.

입문강의에서는 Yes 나 No로 시작되는 짧은 표현을 배웠습니다. 이제 실전강의를 통해서 내 얘기를 좀 더 자세하게 표현하는 연습을 해보겠습니다.

이번에도 역시 두 사람이 대화를 하고 있습니다. 대화 속 질문에 대한 여러분들만의 대답을 생각해 보세요.

> Teacher: What do you do for a living?
> Student: I run my own business.
> Teacher: What business do you run?
> Student: I sell books on the street.
> Teacher: Are you joking?
> Student: I design books, too.

▶ 대화에 사용되는 표현들을 좀 더 자세히 살펴봅시다.
- **What do you do for a living?** 생계를 위해 무슨 일을 하시나요?
- **What do you do?** 당신은 어떤 일을 하나요?
- **What is your job?** 당신의 직업은 무엇인가요?
- **run a business** 사업(장사)하다
- **do business (with)** (~와) 사업하다, 거래하다
- **on (in) the street** 거리에서 / **as well (= too)** 역시
- **are you joking? = are you kidding (me)?** (내게) 농담하시나요?

imagination: 주어진 질문에 대한 대답을 상상해 보세요.

> Q: What position do you hold in your company?
>   당신의 회사에서 당신은 어떤 직책을 맡고 있나요?

Let's speak
What do you do for a living?

24강

대답에 사용되는 다양한 표현들을 살펴볼까요?

- **I + 역할, 담당**
  am a normal office worker 평범한 사무원이다
  am in charge of a department 어떤 부서의 책임을 맡고 있다
  am responsible for the finance 금융을 책임지다
  manage all departments as CEO. CEO로서 모든 부서들을 관리하다

- **I am + 직위, 직책**
  (a general, an assistant, a branch) manager of the company.
  그 회사의 (총, 부, 지점) 책임자
  (a new employee, a staff, a vice president) of the company
  그 회사의 (신입사원, 사원, 부회장)

> Q: Do you have any side job (part time job)?
> 당신은 부업이 있나요 (아르바이트일)?

대답에 사용되는 다양한 표현들을 살펴볼까요?

- **Yes, I + 부업이 있는 경우**
  work at a convenient store 편의점에서 일하다
  work as a driver at night 밤에 운전사로 일하다
  deliver newspaper in the morning 아침에 신문을 배달하다
  do the dishes in a restaurant 식당에서 설거지를 하다

- **Yes, because I + 부업을 하는 이유**
  don't have enough money 충분한 돈이 없다
  have to pay rent for the house 집세를 내야만 한다
  need to save money for future 미래를 위해 저축해야 할 필요가 있다

Practice 연습해 봅시다.

1. 난 한 부서를 책임지고 있어.	1. I am in charge of a department.
2. 난 대표이사로서 모든 부서를 관리해	2. I manage all departments as CEO.
3. 난 회사에서 대리야	3. I am an assistant manager of the company.
4. 응, 난 저녁에 기사로 일해	4. Yes, I work as a driver at night.
5. 응, 집값을 내야 하기 때문이야	5. Yes, because I have to pay rent for the house.

Let's speak
What do you do for a living?

24강

Memorizing
암기한 것을 크고 정확하게 말해보세요.

실제 외국인과 또는 친구와 대화한다고 상상하며 우리말로 쓰인 표현을 지금까지 배운 것을 사용하여 영어로 큰 소리로 정확하게 발음하여 말합니다.

> Teacher: What do you do for a living?
> Student: 난 내 사업을 운영해.
> Teacher: What business do you run?
> Student: 난 거리에서 책을 파는데.
> Teacher: Are you joking?
> Student: 난 또한 책을 기획해

확인문제

1. 아래의 빈칸에 들어갈 적절한 단어를 고르시오.

    > What do you ( ) for a living?

    ① 답이 없음(또는 모두 해당)   ② live
    ③ have   ④ do

2. 아래의 문장에서 what의 쓰임이 다른 문장을 하나 고르시오.
    ① What do you like most?   ② What business do you run?
    ③ What will you do after work?   ④ What are you going to learn?

3. 괄호 속 단어와 바꾸어 사용해도 문장의 전체적인 의미가 비슷한 것을 고르시오.

    > I (run) my own business.

    ① manage   ② have
    ③ do   ④ can

4. 다음 질문을 듣고 이어질 수 있는 대답 중 가장 적절하지 않은 것을 고르시오.
    ① I run my own business.   ② I sell books on the street.
    ③ I design books for a company.   ④ I don't live here.

Writing
수업 후 영작 한마디

난 길거리에서 책을 판다.

Let's speak
What time do you get up?

25강

복습문제

1. 아래의 문장 중 do의 의미가 다른 하나를 고르시오.
   ① I don't need to do homework.
   ② What are you going to do after work?
   ③ I will do the dishes.
   ④ I don't have nothing to do at home.

2. 다음 질문을 듣고 이어질 수 있는 대답 중 가장 적절한 것을 고르시오.
   ① Because I don't have a job.
   ② Because I don't like working these days.
   ③ Because I can earn much money.
   ④ Because I have to clean my room.

어휘학습

yearly	해마다, 1년의	coffee break	커피시간
regular	규칙적인, 정기적인, 단골의	trip	(짧은)여행, 이동
event	사건(일), 행사, 경기	finish	끝내다, 마치다
makeup	얼굴화장, 지어낸 이야기	end	끝, 결말, 끝내다
at half past 8	8시 30분에	wake	(잠에서)깨다
wash	(물에)씻다	wear	(옷, 신발)입다, (안경) 착용하다
quarter	15분, 4분의 1		
arrive	도착하다	light	가벼운, 빛, 광선, 옅은
party	정당, 파티	march	3월, 행진(하다)
birthday	생일	get up	일어나다, 기상하다
envy	부러워하다		

Let's speak
What time do you get up?

25강

Dialogue 대화

이번 시간에는 1인칭 입문강의에서 이미 배운 "What time do you get up? 당신은 몇 시에 일어납니까?"라는 표현이 어떤 상황에서 사용되는지 대화를 통해 함께 살펴보도록 하겠습니다.

입문강의에서는 Yes 나 No로 시작되는 짧은 표현을 배웠습니다. 이제 실전강의를 통해서 내 얘기를 좀 더 자세하게 표현하는 연습을 해보겠습니다.

이번에도 역시 두 사람이 대화를 하고 있습니다. 대화 속 질문에 대한 여러분들만의 대답을 생각해 보세요.

> Teacher: What time do you get up?
> Student: I get up at half past 8.
> Teacher: Aren't you late for work?
> Student: No, I am not. I go to work by 9:30
> Teacher: Wow, I envy you.

▶ 대화에 사용되는 표현들을 좀 더 자세히 살펴봅시다.
- **get up** (잠자리에서) 일어나다
- **wake up** 깨어나다
- **stand up** 일어나다, 서 있다
- **half past eight (= eight thirty)** 8시 30분
- **eight o'clock** 8시 정각
- **quarter to eight (= seven fourty-five)** 8시 15분전 즉 7시 45분
- **quarter after eight (= eight fifteen)** 8시 15분
- **at eight / by eight / in an hour** 8시 / 8시까지 / 한 시간 내에
    * 전치사 in + 시간의 표현이 쓰이면 '~이내에'라는 표현이 됩니다.

imagination: 주어진 질문에 대한 대답을 상상해 보세요.

> Q: Tell me about your daily life. 내게 당신의 일상생활에 대해 말해 주세요.

Let's speak
What time do you get up?

25강

대답에 사용되는 다양한 표현들을 살펴볼까요?
▶ I + 일반동사 하루 일과
- **get up** at six thirty 6시 30분에 일어나다
- **wash up** for 10 minutes 10분 동안 씻는다
- **wear a light makeup** until 7 am 7시까지 가벼운 화장을 하다
  * 영어로 '화장을 입다 (wear)'는 표현은 우리말 '화장을 하다'가 됩니다.
- **have breakfast** by half past seven 7시 30분까지 아침을 먹는다
- **go to** work by subway 지하철로 회사에 가다
- **arrive at** the office around eight thirty 8시 30분 즈음에 사무실에 도착하다
- **handle** my job for hours 몇 시간 동안 내 일을 처리하다
- **take a break** for lunch 점심을 위해 쉬다
- **have a coffee break** for about 5 minutes 약 5분간 커피 마시는 시간을 가지다
- **attend** a regular meeting 정규회의에 참석하다
- **finish** my work around six fifteen 6시 15분 즈음에 일을 마치다

> Q: Tell me about your yearly events. 내게 당신의 연중행사들에 대해 말해 주세요.

대답에 사용되는 다양한 표현들을 살펴볼까요?
▶ I + 일반동사 연중 일정
- I **throw** my birthday **party** in March. 3월에 내 생일 파티를 엽니다.
  * throw a party 파티를 열다
- I **take a business trip** every fall. 매년 가을에 출장을 갑니다.
  * business trip 은 '일 때문에 가는 여행' 즉 출장이라고 할 수 있습니다.
- I **go on a holiday** from the fourteenth to the nineteenth of July. 7월 14일부터 19일까지 휴가를 갑니다.
- I **get a paycheck** at the end of every month. 매월 말일에 월급을 받습니다.

Let's speak
What time do you get up?

25강

Practice 연습해 봅시다.

1. 난 아침 6시 30분에 일어나.	1. I get up at six thirty.
2. 난 아침 7시까지 가볍게 화장을 해.	2. I wear a light makeup until 7 am.
3. 난 약 5분간 커피 시간을 가져.	3. I have a coffee break for about 5 minutes.
4. 난 3월에 내 생일파티를 열어.	4. I throw my birthday party in March.
5. 난 매월 말 월급을 받아.	5. I get a paycheck at the end of every month.

Memorizing 암기한 것을 크고 정확하게 말해보세요.

실제 외국인과 또는 친구와 대화한다고 상상하며 우리말로 쓰인 표현을 지금까지 배운 것을 사용하여 영어로 큰 소리로 정확하게 발음하여 말합니다.

Teacher: What time do you get up?
Student: 저는 아침 8시 30분에 일어나요.
Teacher: Aren't you late for work?
Student: 아뇨, 그렇지 않아요. 회사에 9시 30분까지 가거든요.
Teacher: Wow, I envy you.

확인문제

1. 아래의 빈칸에 들어갈 적절한 단어를 고르시오.

   What (   ) do you get up?

   ① 답이 없음(또는 모두 해당)   ② time
   ③ kind   ④ will

2. 아래의 문장에서 by의 쓰임이 다른 문장을 하나 고르시오.
   ① I go to work by 9:30.   ② I am going to be there by train.
   ③ I usually get to home by bus.   ④ You will need to come here by subway.

Let's speak
What time do you get up?

3. 괄호 속 단어와 바꾸어 사용해도 문장의 전체적인 의미가 비슷한 것을 고르시오.

   > I (get up) at half past 8.

   ① wake up
   ② run up
   ③ take up
   ④ sleep up

4. 다음 질문을 듣고 이어질 수 있는 대답 중 가장 적절하지 않은 것을 고르시오.
   ① Normally I must go to work until 8 o'clock.
   ② Actually I don't have work to do at the moment.
   ③ Usually I need to be in the office by 9 in the morning.
   ④ I had better get to the office not later than noon.

Writing — 수업 후 영작 한마디

난 아침 일찍 일어날 수 있다.

Let's speak
How do you know that?

26강

복습문제

1. 아래의 문장 중 get의 쓰임이 다른 하나를 고르시오.
   ① I don't want to get annoyed again.
   ② I will get married at the end of the month.
   ③ I am supposed to get drunk.
   ④ I will get home soon.

2. 다음 질문을 듣고 이어질 수 있는 대답 중 가장 적절한 것을 고르시오.
   ① I go to work by 9:30.
   ② I envy you much.
   ③ get up at half past 8.
   ④ I am not going to be late for work again.

어휘학습

again	다시	always	항상
lose	잃어버리다, 분실하다	healthy	건강한
feel	느끼다	false	틀린, 거짓의
hope	희망(하다)	sick	아픈, 지긋지긋한
right	옳은, 오른쪽	tired	피곤한
lucky	행운의	bad luck	악운
find	찾다	accident	사고, 우연
correct	맞는, 정확한	always	항상, 언제나
luck	행운	true	사실인, 참인
lucky	행운의	body	몸, 신체

Dialogue 대화

이번 시간에는 What으로 시작되는 문장이 아니라 '어떻게 How'를 이용한 표현을 배워보겠습니다. "How do you know that? 당신은 그것을 어떻게 아나요?"라는 표현이 어떤 상황에서 사용되는지 대화를 통해 함께 살펴보겠습니다.

Let's speak
How do you know that?

이번에도 역시 두 사람이 대화를 하고 있습니다. 대화 속 질문에 대한 여러분들만의 대답을 생각해 보세요.

> Teacher: Are you fine?
> Student: No, I don't feel good today.
> Teacher: Why do you think so?
> Student: I have a bad luck.
> Teacher: How do you know that?
> Student: I always go to the wrong way.
>   * 'go to the wrong way. 길을 잘못 들다.' 또는 '잘못된 길로 가다'

대화에 사용되는 표현들을 좀 더 자세히 살펴봅시다.
- **bad luck** 나쁜 운 / **good luck** 좋은 운
- **think so** 그렇게 생각하다 / **guess so** 그렇게 추측하다 / **hope so** 그렇게 희망하다 / **do so** 그렇게 하다
- **feel** ~로 느끼다 / **feel like** ~처럼 느끼다,
- **look** ~로 보이다 / **look like** ~처럼 보이다
    * She looks like Snow White. 그녀는 백설공주처럼 보인다.
    * Snow White 백설공주
- **wrong** 그릇된, **right** 옳은 / **correct** 정확한, **incorrect** 부정확한 / **true** 진실한, **false** 거짓의 / **real** 현실, **unreal** 비현실

imagination: 주어진 질문에 대한 대답을 상상해 보세요.

> Q: When do you feel lucky or unlucky? 언제 너는 운이 좋다고 혹은 좋지 않다고 느끼니?

대답에 사용되는 다양한 표현들을 살펴볼까요?
- **When I + 동사** 운이 좋다고 느끼는 경우
    am safe in a car accident. 사고에서 안전한
    win a lottery 복권에 당첨되다
    look my face in a mirror 거울 속 내 얼굴을 보다
    get paid a lot 돈을 많이 받다
- **When I + 동사** 운이 나쁘다고 느끼는 경우
    don't have money 돈이 없을 때
    am sick 아프다

Let's speak
How do you know that?

26강

look my body in a mirror 거울로 내 몸을 보다
fail something often 자주 어떤 것을 실패하다

> Q: How do you know that? (why do you feel lucky or unlucky?)
>   너 그걸 어떻게 알아? (왜 너는 운이 좋다고 또는 없다고 느끼니?)

대답에 사용되는 다양한 표현들을 살펴볼까요?
- **Because I + 동사** 운이 좋은 이유 설명
  have lots of friends 많은 친구가 있다
  have a beautiful girlfriend 아름다운 여자친구가 있다
  am very healthy 매우 건강하다
  work for a nice company 좋은 회사에 다니다
- **Because I + 동사** 운이 없는 이유 설명
  lose my wallet often 나의 지갑을 자주 잃어버리다
  never win a lottery 전혀 복권에 당첨되지 않다
  get divorced again 또 이혼하다

Practice 연습해 봅시다.

1. 차 사고에서 내가 안전할 때	1. When I am safe in a car accident.
2. 거울에서 내 얼굴을 볼 때	2. When I look my face in a mirror.
3. 무언가에 내가 자주 실패할 때.	3. When I fail something often.
4. 내가 아주 건강하기 때문에	4. Because I am very healthy.
5. 난 자주 지갑을 잃어버리기 때문에	5. Because I lose my wallet often.

Memorizing 암기한 것을 크고 정확하게 말해보세요.

실제 외국인과 또는 친구와 대화한다고 상상하며 우리말로 쓰인 표현을 지금까지 배운 것을 사용하여 영어로 큰 소리로 정확하게 발음하여 말합니다.

> Teacher: Are you fine?
> Student: 아니, 오늘 기분이 좋지 않아.
> Teacher: Why do you think so?
> Student: 오늘 운이 없거든.
> Teacher: How do you know that?
> Student: 난 항상 잘못된 길로 간단 말이야.

Let's speak

How do you know that?

26강

확인문제

1. 아래의 빈칸에 들어갈 적절한 단어를 고르시오.

   ( ) do you know that?

   ① 답이 없음(또는 모두 해당) ② what
   ③ who ④ how

2. 아래의 문장에서 way의 쓰임이 다른 문장을 하나 고르시오.
   ① I always go the wrong way. ② I will go this way.
   ③ I know many ways to solve the problem. ④ Which way are you going to?

3. 괄호 속 단어와 바꾸어 사용해도 문장의 전체적인 의미가 비슷한 것을 고르시오.

   Why do you think (so)?

   ① like that ② thus
   ③ then ④ that

4. 다음 질문을 듣고 이어질 수 있는 대답 중 가장 적절하지 않은 것을 고르시오.
   ① I will keep my fingers crossed for you. ② I heard it from one of staffs.
   ③ I always go the wrong way. ④ I just figured it out by myself.

Writing   수업 후 영작 한마디

난 오늘 기분이 좋지 않다.

Let's speak
What type of person are you?

27강

복습문제

1. 아래의 문장 중 so의 쓰임이 다른 하나를 고르시오.
   ① Why do you think so?　　② I will love you so much.
   ③ I think so too.　　　　　　④ I am not going to leave you so.

2. 다음 질문을 듣고 이어질 수 있는 대답 중 가장 적절한 것을 고르시오.
   ① No, I don't feel good today.　　② I just know it.
   ③ I have bad luck.　　　　　　　　④ I will give you the best luck of mine.

어휘학습

besides	게다가	quick	빠른, 급한
gentle	온화한, 순한	talkative	말 많은
persistent	끈질긴, 집요한, 고집 있는	stress	스트레스, 긴장, 압박
selfish	이기적인	sound	소리, ~로 들리다
sensitive	세심한, 예민한	plain	분명한, 평범한
patient	환자, 끈기 있는, 참을성 있는	loud	(소리)큰, 시끄러운
narrow	(도로)좁은, (사람)편협한	easygoing	느긋한
smell	냄새, 향기, 냄새가 나다	argue	언쟁하다, 논쟁하다
open minded	마음이 열린, 개방적인	moreover	게다가, 더욱이
calm	침착한, 차분한	outgoing	외향적인, 사교적인

Dialogue 대화

이번 시간에는 사람의 유형을 물어보는 표현들을 배워보겠습니다. "What type of person are you? 당신은 어떤 유형의 사람이세요?"라는 표현이 어떤 상황에서 사용되는지 대화를 통해 함께 살펴보겠습니다.

Let's speak
What type of person are you?

이번에도 역시 두 사람이 대화를 하고 있습니다. 대화 속 질문에 대한 여러분들만의 대답을 생각해 보세요.

> Teacher: What type of person are you?
> Student: First of all, I'm ambitious.
> Teacher: Are you?
> Student: Yes I am. Plus, I am easygoing, outgoing and open-minded.
> Teacher: Sounds good. What else?
> Student: Sometimes I am talkative.
>   * talkative 말이 많은, 수다스러운
>   * 말수가 적다는 표현은 'I am reserved.' 라고 합니다.

대화에 사용되는 표현들을 좀 더 자세히 살펴봅시다.
- **what type** 어떤 유형 / **what sort (=kind)** 어떤 종류 / **what else** 그 밖에 무엇
- **besides, moreover, in addition, plus** 게다가
- **sound** ~로 들리다
  * sound, look, taste, feel, smell 등의 동사는 뒤에 형용사가 와서 '어떤 상태'로 보이는지, 맛이 나는지, 느껴지는지, 냄새가 나는지 등을 표현합니다.
- **sound like** ~처럼 들리다
- **first of all (=firstly)** 우선, 첫째로

imagination: 주어진 질문에 대한 대답을 상상해 보세요.

> Q: What type of person are you? 너는 어떤 유형의 사람이니?

대답에 사용되는 다양한 표현들을 살펴볼까요?
- **I am + (부사) + 형용사 장점**
  good natured 온화한 / thoughtful 사려 깊은 / easygoing 느긋한 / outgoing 외향적인 / open minded 속이 트인 / active 활동적인 / calm 차분한 / gentle 온화한 / kind 친절한 / optimistic 긍정적인 / patient 인내하는
- **I am + (부사) + 형용사 단점**
  persistent 고집 있는 / narrow minded 속이 좁은 / selfish 이기적인 / arrogant 거만한 / negative 부정적인 / impolite 버릇없는 / quick tempered 성질이 급한
- **I am + (부사) + 형용사 기타**
  talkative 말이 많은 / stereotyped 틀에 박힌 / plain 평범한, 밋밋한 / old fashioned 구식의

Let's speak
What type of person are you?

Q: Do you like your character?

대답에 사용되는 다양한 표현들을 살펴볼까요?
- **Yes. Because I + 동사 좋은 이유**
  get on well with people   사람들과 잘 지내다
  get promoted faster   더 빨리 승진되다
  don't get stressed   스트레스를 받지 않는다
- **No. Because I + 동사 나쁜 이유**
  don't get a good chance   좋은 기회를 못 잡는다
  argue with people often   자주 사람들과 논쟁하다
  break up with a girlfriend   여자친구와 헤어지다

Practice 연습해 봅시다.

1. 난 배려심이 있어	1. I am thoughtful.
2. 난 마음이 열려 있어	2. I am open minded.
3. 난 약간 이기적이야	3. I am a little selfish.
4. 난 성격이 급해	4. I am quick tempered.
5. 난 구식이야	5. I am old fashioned.
6. 난 평범해	6. I am plain.
7. 난 사람들과 잘 어울리기 때문이야	7. I get on well with people.

Memorizing 암기한 것을 크고 정확하게 말해보세요.

실제 외국인과 또는 친구와 대화한다고 상상하며 우리말로 쓰인 표현을 지금까지 배운 것을 사용하여 영어로 큰 소리로 정확하게 발음하여 말합니다.

Teacher: What type of person are you?
Student: 무엇보다도 난 야심이 커.
Teacher: Are you?
Student: 응, 그래. 게다가 난 느긋하고 외향적이며 마음이 열려 있지.
Teacher: Sounds good. What else?
Student: 때때로 내가 수다스럽긴 해.

Let's speak
What type of person are you?

27강

확인문제

1. 아래의 빈칸에 들어갈 적절한 단어를 고르시오.

   > What ( ) of person are you?

   ① 답이 없음(또는 모두 해당)　② type
   ③ kind　④ sort

2. 아래의 문장에서 open의 쓰임이 다른 문장을 하나 고르시오.
   ① I am open minded.　② I have to attend an open class.
   ③ I will open the restaurant at night.　④ I really want to buy an open car.

3. 괄호 속 단어와 바꾸어 사용해도 문장의 전체적인 의미가 비슷한 것을 고르시오.

   > (Sometimes) I am talkative.

   ① all the time　② at the time
   ③ at times　④ at any time

4. 다음 질문을 듣고 이어질 수 있는 대답 중 가장 적절하지 않은 것을 고르시오.
   ① No question about it.　② No doubt about it.
   ③ I like to write in Chinese character.　④ You bet.

Writing　수업 후 영작 한마디

나의 마음속에 난 꿈을 가지고 있다.

Let's speak
What food can you cook?

28강

복습문제

1. 아래의 문장 중 형용사의 쓰임이 다른 하나를 고르시오.
   ① I am so easygoing.
   ② You are a little outgoing.
   ③ I am sometimes talkative.
   ④ You are an open minded person.

2. 다음 질문을 듣고 이어질 수 있는 대답 중 가장 적절하지 않은 것을 고르시오.
   ① First of all, I'm quite ambitious.
   ② I am such a handsome guy.
   ③ I am easygoing, outgoing and open minded.
   ④ Sometimes I am really talkative.

어휘학습

egg	계란	spicy	양념 맛이 강한, 매운
pepper	후추	soup	스프, 국
tuna	참치	gorgeous	아주 멋진
meat	(육류)고기	awesome	감탄할만한, 끝내주는
chip	부스러기, 감자튀김	put	놓다
beef	소고기	stir	젓다, 섞다
onion	양파	pork	돼지고기
boil	(물에)끓다, 끓이다	roast	(고기)굽다
the other	나머지 하나	bake	(빵을)굽다
fantastic	환상적인, 기막히게 좋은	grill	석쇠, (고기)석쇠에 굽다

Dialogue 대화

이번 시간에는 "What food can you cook? 당신은 어떤 음식을 요리하세요?"라는 표현이 어떤 상황에서 사용되는지 대화를 통해 함께 살펴보겠습니다.

이번에도 역시 두 사람이 대화를 하고 있습니다. 대화 속 질문에 대한 여러분들만의 대답을 생각해 보세요.

Teacher: Do you cook sometimes?
Student: Of course, I love cooking.
Teacher: Oh, wonderful! What food can you cook?
Student: I can cook noodle and lasagna.
Teacher: Any other food?
Student: Nothing more.

Let's speak
What food can you cook?

28강

대화에 사용되는 표현들을 좀 더 자세히 살펴봅시다.

- **cook** 요리하다, 요리사
  * 보통 –er이 붙으면 –하는 사람이라는 뜻이지만 cooker는 요리도구라는 뜻이 됩니다.
- **make** 열을 가하지 않은 요리
- **bake** 빵을 굽다
- **roast** 고기를 오븐에 굽다
- **grill(=broil)** 고기를 석쇠에 굽다
- **fry** 기름에 튀기다
- **boil** 뜨거운 물에 삶다
- **steam** 증기로 찌다
- **wonderful, gorgeous, terrific,** 굉장한, 멋있는
  * Wow, you are so gorgeous! 와 너 오늘 정말 멋있다!
- **fantastic, awesome** 환상적인
- **one** 하나, **another** 또 다른 (것), **other** 다른, **the other** (둘 중) 다른 하나, **others** 다른 것들

imagination: 주어진 질문에 대한 대답을 상상해 보세요.

> Q: What food can you cook? 어떤 음식을 당신은 요리할 수 있나요?

- **I (can) cook + 음식명** 열을 가하는 음식
  김치찌개 (Kimchi stew, Kimchi soup)
  spicy food 매운 음식
  bean paste soup 된장찌개
  only rice 단지 쌀/ eggs 계란들 / noodles 면 종류, ramen 라면
  (instant noodles 즉석라면, Chinese noodles 중국식 면)

- **I (can) make + 음식명** 열을 가하지 않는 음식
  some tuna sandwiches 참치 샌드위치 / hamburgers, doughnuts and salad 햄버거, 도너츠, 그리고 샐러드/ most fast food 대부분의 패스트푸드/ fish and chips 피쉬 앤 칩스
  * fish n chips 생선튀김과 감자튀김이 함께 나오는 음식을 말함.

- **I + 요리를 하지 못하는 경우**
  cannot cook or make any food 요리를 하거나 음식을 만들 수 없다 / don't know any recipe (cuisine) 어느 요리법도 모른다. * 발음유의

Let's speak
What food can you cook?

Q: How to cook it? 어떻게 그것을 요리하나요?

대답에 사용되는 다양한 표현들을 살펴볼까요?

· I + 김치찌개 - 재료
  need vegetables (onions, garlic) 야채가 필요하다 (양파, 마늘) / seasonings (salt, pepper) 양념 (소금, 후추) / meat (pork, beef) 고기 (돼지고기, 소고기)

· I + 김치찌개 - 요리
  boil some water 물을 좀 끓이다 / slice some onions 양파를 썰다 / peel carrots 당근 껍질을 벗기다 / dice some meat 고기를 네모모양으로 자르다.
  * dice는 주사위를 말하며 요리할 때는 재료를 '깍뚝 썰기 하다' 는 의미가 됩니다.
  grill some pork 돼지고기를 좀 굽다 / put some seasonings into a pot and stir 양념을 포트에 넣고 휘젓다.

Practice 연습해 봅시다.

1. 난 매운 음식을 할 줄 알아	1. I can cook spicy food.
2. 난 참치 샌드위치를 만들 수 있어	2. I can make tuna sandwiches.
3. 난 아무 조리법도 알지 못해	3. I don't know any recipe.
4. 난 양파와 후추, 소고기가 필요해	4. I need onions, pepper and beef.
5. 난 조미료를 냄비에 넣고 저어	5. I put some seasonings into a pot and stir

Memorizing 암기한 것을 크고 정확하게 말해보세요.

실제 외국인과 또는 친구와 대화한다고 상상하며 우리말로 쓰인 표현을 지금까지 배운 것을 사용하여 영어로 큰 소리로 정확하게 발음하여 말합니다.

Teacher: Do you cook sometimes?
Student: 물론이지. 난 요리하는 걸 좋아해.
Teacher: Oh, wonderful! What food can you cook?
Student: 난 라면과 라자냐를 할 줄 알아.
Teacher: Any other food?
Student: 그 외엔 없어.

Let's speak
What food can you cook?

28강

확인문제

1. 아래의 빈칸에 들어갈 적절한 단어를 고르시오.

   > Do you cook ( )?

   ① 답이 없음(또는 모두 해당)   ② good
   ③ often   ④ at

2. 아래의 문장에서 what의 쓰임이 다른 문장을 하나 고르시오.
   ① What food can you cook?   ② What sort of person are you?
   ③ What country are you going to visit?   ④ What do you want to say to me?

3. 밑줄 친 단어와 바꾸어 사용해도 문장의 전체적인 의미가 비슷한 것을 고르시오.

   > (Any other) food?

   ① the other   ② another
   ③ others   ④ one

4. 다음 질문을 듣고 이어질 수 있는 대답 중 가장 적절하지 않은 것을 고르시오.
   ① I cook every day.   ② I am a cook.
   ③ I do once a week.   ④ I cook at least twice a month.

Writing 수업 후 영작 한마디

난 더 많은 음식을 사야 한다.

Let's speak
What kind of films do you like?

29강

복습문제

1. 아래의 문장 중 how의 쓰임이 다른 하나를 고르시오.
   ① How much do you want?
   ② How do you go to the movies?
   ③ How often do you cook?
   ④ How many people are there?

2. 다음 질문을 듣고 이어질 수 있는 대답 중 가장 적절하지 않은 것을 고르시오.
   ① I can cook noodle and lasagna.
   ② I can do nothing.
   ③ I am only able to cook some Korean food.
   ④ I am going to treat some food.

어휘학습

kill	죽이다	interest	흥미, 관심사
touching	감동적인	action	행동, 조치, 액션
comedy	희극, 코미디	war	전쟁
actress	여배우	human	인간, 인간의
lonely	외로운, 쓸쓸한	blind date	소개팅
actor	[남자]배우	attractive	매력적인
film	영화, 촬영하다	adult	성인의, 성인
information	정보	release	석방하다, 개봉하다, 풀어주다
documentary	기록물, 다큐멘터리	game	경기, 게임
cinema	영화, 극장	animation	생기, 활기, 만화영화

Dialogue 대화

이번 시간에는 "What kind of films do you like? 어떤 종류의 영화를 좋아하세요?"라는 표현이 어떤 상황에서 사용되는지 대화를 통해 함께 살펴보겠습니다.

Let's speak
What kind of films do you like?

이번에도 역시 두 사람이 대화를 하고 있습니다. 대화 속 질문에 대한 여러분들만의 대답을 생각해 보세요.

> Teacher: Where do you want to go?
> Student: I would like to see a movie.
> Teacher: What kind of films do you like?
> Student: I like comedy movies and something touching me.
>   * touch 감동시키다
>   * something touching 감동시키는 어떤 것
>   * 동사 + ~ing 는 동명사가 되기도 하지만 '~하는', '~하고 있는' 뜻의 현재분사로도 사용됩니다. 자세한 내용은 부가학습방 기초문법강의를 통해서 배워보겠습니다.
> Teacher: Ok. Let's go to the cinema.

대화에 사용되는 표현들을 좀 더 자세히 살펴봅시다.
- **go to the movies(cinema) = go to a movie** 영화 보러 가다
- **go to the theater(play)** 연극을 보러 가다
- **comedy** 코미디, **documentary** 다큐멘터리, **adult** 성인영화, **action** 액션, **animation** 만화, **war movie** 전쟁영화
- **release a movie** 영화를 개봉하다 / **film** 영화 (영국식), **movie** 영화 (미국식)
- **what kind (=what sort)** 어떤 종류
- **watch** (주의 깊게) 보다 / **see** 보다

imagination: 주어진 질문에 대한 대답을 상상해 보세요.

> Q: When do you go to the movies? 너는 언제 영화 보러 가니?

- **When I +** 나와 관련한 때
  feel lonely 외롭다고 느끼다
  need to kill some time 시간을 때우다
  have nothing to do 할 일이 없다
  have a blind date 소개팅을 하다
  see an attractive actress 매력적인 여배우를 보다
  am with my kids 내 아이들과 있다

Let's speak
What kind of films do you like?

Q: Why do you go to performances or sports games? 너는 왜 공연이나 스포츠 경기를 보러 가니?

대답에 사용되는 다양한 표현들을 살펴볼까요?

- **Because I + 동사**

  want to get some information 어떤 정보를 얻기 원하다
  need to spend time with my family 가족과 함께 시간을 보내야 하다
  like baseball games very much 야구 경기를 매우 좋아하다
  would like to see actors face to face 배우들을 직접 보고 싶다

  * face to face: 얼굴과 얼굴을 맞대고 있는 상황이기에 직접 대면하는 표현이 됩니다.

Practice 연습해 봅시다.

1. 내가 외롭다고 느낄 때
2. 시간을 보낼 필요가 있을 때
3. 내가 아무것도 할 게 없을 때
4. 내가 소개팅이 있을 때
5. 내가 매력적인 여배우를 볼 때
6. 내가 아이들과 함께 있을 때
7. 내가 정보를 얻길 원하기 때문에
8. 내가 가족과 함께 시간을 보내야 하기 때문에
9. 왜냐하면 난 야구경기를 아주 좋아하거든
10. 왜냐하면 난 배우들을 직접 보고 싶기 때문이야

1. When I feel lonely
2. When I need to kill some time
3. When I have nothing to do
4. When I have a blind date
5. When I see an attractive actress
6. When I am with my kids
7. Because I want to get some information
8. Because I need to spend time with my family
9. Because I like baseball games very much
10. Because I would like to see actors face to face

Let's speak
What kind of films do you like?

29강

Memorizing   암기한 것을 크고 정확하게 말해보세요.

실제 외국인과 또는 친구와 대화한다고 상상하며 우리말로 쓰인 표현을 지금까지 배운 것을 사용하여 영어로 큰 소리로 정확하게 발음하여 말합니다.

> Teacher: Where do you want to go?
> Student: 난 영화를 보고 싶어.
> Teacher: What kind of films do you like?
> Student: 난 코미디랑 무언가 나를 감동시키는 영화를 좋아해.
> Teacher: Ok. Let's go to the cinema.

확인문제

1. 아래의 빈칸에 들어갈 적절한 단어를 고르시오.

    > Let's go to ( ) cinema.

    ① 답이 없음(또는 모두 해당) ② a
    ③ the   ④ that

2. 아래의 문장에서 do의 쓰임이 다른 문장을 하나 고르시오.
    ① I will do it now.   ② Yes, I do.
    ③ Would you really like to do so?   ④ Please, you must do tell me.

3. 괄호 속 단어와 바꾸어 사용해도 문장의 전체적인 의미가 비슷한 것을 고르시오.

    > I would like to (see) a movie.

    ① look   ② watch
    ③ glance   ④ stare

4. 다음 질문을 듣고 그 대답으로 가장 적절하지 않은 것을 고르시오.
    ① I will go and see sometime.   ② I can hardly go these days.
    ③ I rarely go nowadays.   ④ I seldom visit the movies to see.

Writing   수업 후 영작 한마디

난 영화 보러 갈 거다.

Let's speak

When do you meet a friend?

30강

복습문제

1. 아래의 문장 중 movie의 쓰임이 다른 하나를 고르시오.
   ① I like that movie.
   ② I am going to the movies.
   ③ What kind of movies do you like?
   ④ I will collect movies in my house.

2. 다음 질문을 듣고 그 대답으로 가장 적절하지 않은 것을 고르시오.
   ① I like comedy movies.
   ② I am fond of human interest films.
   ③ I love to watch classical movies.
   ④ I am going to treat some food.

어휘학습

argument	논쟁, 언쟁	succeed	성공하다
pass	통과하다, 건네다, 통행권	enter	들어가다, 입학하다
salary	급여, 봉급, 월급	conductor	지휘자, 안내원
special	특별한	a friend of mine	나의 친구
mine	나의 것	tour	관광
test	시험, 검사	schedule	일정, 스케줄
exam	시험	then	그러면, 그럼
word	단어, 낱말, 말		

Dialogue 대화

이번 시간 대화 주제는 "When do you meet a friend? 당신은 언제 친구를 만나세요?" 입니다. 이 표현이 어떻게 쓰이는지 대화를 통해 함께 살펴보겠습니다.

Let's speak
When do you meet a friend?

이번에도 역시 두 사람이 대화를 하고 있습니다. 대화 속 질문에 대한 여러분들만의 대답을 생각해 보세요.

> Teacher: Do you have a plan tonight?
> Student: I will meet a friend of mine.
> Teacher: When do you meet that friend?
> Student: I meet him at seven fifteen. I meet him once a week. Why?
> Teacher: I need to see you. I am fine. See you next time then.

대화에 사용되는 표현들을 좀 더 자세히 살펴봅시다.
- **plan to** ~할 계획이다 / **plan** 계획 / **schedule** 일정, 스케줄
- **see you next time** 다음에 보자 (**around** 곧, **later** 나중에, **soon** 곧, **again** 다시)
- **See you then** 그 때 보자
  * 이미 약속시점이 정해져서 언제 볼지 알고 있을 때 '그때 보자'는 표현으로 쓰입니다.
- **I need to see you.** 나는 너를 봐야 해
- **I have a word with you.** 나는 너에게 할 말이 있다.
- **I need to talk to you.** 나는 너에게 이야기 해야 한다.
- **a friend of mine** 내 친구 중 한 명 (**=my friend**)

imagination: 주어진 질문에 대한 대답을 상상해 보세요.

> Q: When do you usually meet a friend? 너는 대체로 언제 친구를 만나니?

- **When I + break up with a girlfriend** 여자친구와 헤어질 때
  have something bad 어떤 나쁜 일이 있다.
  fail to get promoted 승진 실패하다
  fail to enter university 대입 실패하다
  have an argument 다툼이 있다
- **When I + succeed in my business** 사업에서 성공할 때
  get a job 일을 구하다
  pass the exam 시험 통과하다
  get a good salary 괜찮은 연봉을 받다.

Let's speak
When do you meet a friend?

> Q: What do you plan to do with your English? 너는 영어로 무엇을 할 계획이니?

대답에 사용되는 다양한 표현들을 살펴볼까요?
- **I plan to + talk to people** 사람들에게 이야기할 계획이다
  be a tour conductor in England 잉글랜드에서 여행 가이드가 되다.
  teach English to others 다른 이들에게 영어를 가르치다.
- **I have to + take the TOEIC exam (test)** 토익 시험을 치러야 하다
  get a test 시험을 치르다
  apply for an English interview 영어 인터뷰에 지원하다
- **I am supposed to + go to Canada and live there** 나는 캐나다에 가서 살 예정이다
  do something special 특별한 무엇인가를 하다

Practice 연습해 봅시다.

1. 내가 여자 친구와 헤어질 때	1. When I break up with a girlfriend
2. 내가 사업에 성공했을 때	2. When I succeed in my business
3. 난 영국에서 여행 가이드를 할 계획이야	3. I plan to be a tour conductor in England.
4. 난 토익 시험을 봐야 해	4. I have to take the TOEIC exam.
5. 난 무언가 특별한 것을 하기로 되어 있어	5. I am supposed to do something special.

Memorizing 암기한 것을 크고 정확하게 말해보세요.

실제 외국인과 또는 친구와 대화한다고 상상하며 우리말로 쓰인 표현을 지금까지 배운 것을 사용하여 영어로 큰 소리로 정확하게 발음하여 말합니다.

Teacher: Do you have a plan tonight?
Student: 난 내 친구를 만날 건데.
Teacher: When do you meet that friend?
Student: 난 그를 7시 15분에 만나. 난 일주일에 한번 그를 봐. 왜 그래?
Teacher: I need to see you. I am fine. See you next time then.

Let's speak
When do you meet a friend?

30강

확인문제

1. 아래의 빈칸에 들어갈 적절한 단어를 고르시오.

   > I will meet a friend of ( ).

   ① 답이 없음(또는 모두 해당) ② me
   ③ my ④ mine

2. 아래의 문장에서 meet의 쓰임이 다른 문장을 하나 고르시오.
   ① When do you meet that friend?
   ② I meet him at seven fifteen.
   ③ I will have to meet you there.
   ④ I am not going to meet your expectation.

3. 괄호 속 단어와 바꾸어 사용해도 문장의 전체적인 의미가 비슷한 것을 고르시오.

   > Do you have (a plan) tonight?

   ① schedule ② an appointment
   ③ a time ④ an appoint

4. 다음 질문을 듣고 그 대답으로 가장 적절하지 않은 것을 고르시오.
   ① When do I have to meet a friend?
   ② When I need some advices.
   ③ When I would like to have a drink.
   ④ When I want someone to talk with.

Writing 수업 후 영작 한마디

난 나의 친구를 만날 계획이 있다.

Let's speak
When do you get angry?

31강

복습문제

1. 괄호 속 단어와 바꾸어 사용하면 문장의 의미가 크게 변하는 것을 고르시오.

   > When do you (usually) meet a friend?

   ① generally　　　　　　　② ordinarily
   ③ specially　　　　　　　④ normally

2. 다음 질문을 듣고 그 대답으로 가장 적절하지 않은 것을 고르시오.
   ① I am planning to meet my old friends.
   ② I have an appointment with my girlfriend.
   ③ I am supposed to have a meeting with my boss.
   ④ I will have a breakfast in the early tomorrow morning.

어휘학습

fired	해고된, 잘린	down	아래로, 아래에
swear	맹세, 맹세하다	yard	마당, 뜰, 운동장
lie	거짓말하다, 누워있다	quarrel	말싸움
ill	아픈, 병 든	drunk	술에 취한
question	질문	long	(거리)긴, (시간)오랜
pocket	주머니	lay	놓다, 깔다, 눕히다
smoke	연기, 담배 피우다	get angry	화나다
on my face	얼굴에, 얼굴에서	scream	비명, 비명 지르다, 소리치다
answer	대답(하다), 전화 받다	room	방, 공간
song	노래	anger	분노

Dialogue 대화

이번 시간 대화 주제는 "When do you get angry? 당신은 언제 화가 나세요?"입니다.
이 표현이 어떻게 쓰이는지 대화를 통해 함께 살펴보겠습니다.

Let's speak
When do you get angry?

31강

이번에도 역시 두 사람이 대화를 하고 있습니다. 대화 속 질문에 대한 여러분들만의 대답을 생각해 보세요.

> Student: Are you angry with me?
> Teacher: You can see that on my face.
> Student: When do you get angry?
> Teacher: When you lie to me, I get angry.
> Student: I am sorry. I won't do that again.

대화에 사용되는 표현들을 좀 더 자세히 살펴봅시다.

- **get + 형용사 격** : ~(하게) 되다
- **get angry** 화나게 되다
- **get married** 결혼하게 되다
- **get sick** 아프게 되다
- **get better** 점점 나아지다 (**get worse** 점점 나빠지다)
- **get old** 늙게 되다
- **get drunk** 취하게 되다
- **get tired** 피곤하게 되다
- **get fired** (직장에서) 해고 되다
- **lie** (거짓말하다) / **lie** (눕다) / **lay** (눕히다)
  - * I lie on a bed. 나는 침대 위에 눕다.
  - * I lay a baby on a bed. 나는 아기를 침대 위에 눕히다.
- **be angry with** ~에 화나다

imagination: 주어진 질문에 대한 대답을 상상해 보세요.

> Q: When do you get angry or stressed? 너는 언제 화가 나거나 스트레스를 받니?

- **When I + can't find my stuff** 내 물건들을 찾지 못할 때
  don't get enough pocket money 충분한 용돈을 갖지 않다
  have a quarrel with a wife 아내와 말다툼 하다
  can't do something in my way 무언가를 내 방식으로 하지 못하다
- **When I + have too much work** 일이 너무 많을 때
  have to work late 늦게 일하다

Let's speak
When do you get angry?

am told to do something 무언가 하도록 듣다
· **When I + can't answer a question** 질문에 답할 수 없을 때
don't want to study 공부하기를 원하지 않다
can't catch up with other students 다른 학생들을 따라갈 수 없다

> Q: How do you work off your anger or stress? 어떻게 너는 너의 화나 스트레스를 푸니?

대답에 사용되는 다양한 표현들을 살펴볼까요?
· **I work it off + by + ~ing** ~함으로써
  * off는 무언가를 덜게 하는 뜻이 있습니다.
  by running in the yard 마당에서 달리기함으로써
  by smoking a lot 담배를 많이 피움으로써
  by singing a song 노래를 함으로써
  by sleeping so long 잠을 오래 자면서
  by screaming in a room 방에서 소리를 지름으로써
  by swearing at something 누군가에게 욕하면서
  by speaking ill of something 무언가에 대해서 악담으로 함으로써

Practice 연습해 봅시다.

1. 충분한 용돈을 받지 못할 때
2. 무언가를 하라고 지시를 받을 때
3. 다른 학생을 따라 잡을 수 없을 때
4. 노래를 부름으로써 화를 푼다
5. 나쁜 말을 함으로써 스트레스를 푼다

1. When I don't get enough pocket money
2. When I am told to do something
3. When I can't catch up with other students
4. I work it off by singing a song.
5. I work it off by speaking ill of something.

Memorizing 암기한 것을 크고 정확하게 말해보세요.

실제 외국인과 또는 친구와 대화한다고 상상하며 우리말로 쓰인 표현을 지금까지 배운 것을 사용하여 영어로 큰 소리로 정확하게 발음하여 말합니다.

Student: Are you angry with me?
Teacher: 내 얼굴을 보면 알잖아.
Student: When do you get angry?
Teacher: 네가 나한테 거짓말 할 때 화가나.
Student: I am sorry. I won't do that again.

Let's speak
When do you get angry?

31강

확인문제

1. 아래의 빈칸에 들어갈 적절한 단어를 고르시오.

   Are you angry ( ) me?

   ① 답이 없음(또는 모두 해당)   ② for
   ③ of   ④ with

2. 아래의 문장에서 get의 쓰임이 다른 문장을 하나 고르시오.
   ① When do you get angry?   ② I don't get it.
   ③ I am getting better.   ④ I cannot go there. Because I got sick.

3. 괄호 속 단어와 바꾸어 사용해도 문장의 전체적인 의미가 비슷한 것을 고르시오.

   When you lie to me, I (get) angry.

   ① become   ② come
   ③ am   ④ was

4. 다음 질문을 듣고 그 대답으로 가장 적절하지 않은 것을 고르시오.
   ① Because I easily lose my temper.
   ② Because sometimes I cannot stand something.
   ③ I don't get used to ignoring the complaint of her.
   ④ Due to the heavy rain.

Writing   수업 후 영작 한마디

난 너에게 평생 거짓말하지 않겠다.

Let's speak
Why do you feel happy?

32강

복습문제

1. 아래에서 동사의 줄임말 표시가 잘못된 것을 고르시오.
   ① I am -> I'm
   ② You are -> You're
   ③ It is -> It's
   ④ want not -> won't

2. 다음 질문을 듣고 그 대답으로 가장 적절하지 않은 것을 고르시오.
   ① When you lie to me, I get angry.
   ② When I lost something, I get angry.
   ③ When are you going to leave the country?
   ④ When I can't eat anything.

어휘학습

영어	한국어	영어	한국어
sad	슬픈	fare	(교통)요금
interested	흥미로운	miss	놓치다, 지나치다, 이해하지 못하다
great	굉장한, 훌륭한		
chilly	쌀쌀한, 추운	cold	감기, 추운
interest in	~에 흥미로운	delighted	기쁜
same	같은	chair	의자
outside	겉(면), 바깥쪽	sleepy	졸린
eat	먹다	different	다른
annoyed	짜증난, 싫증난	dizzy	어지러운, 아찔한
bored	지루한	Congratulation	축하, 축하해

Dialogue 대화

이번 시간 대화 주제는 "Why do you feel happy? 당신은 왜 행복하십니까?"입니다. 이 표현이 어떻게 쓰이는지 대화를 통해 함께 살펴보겠습니다.

Let's speak
Why do you feel happy?

이번에도 역시 두 사람이 대화를 하고 있습니다. 대화 속 질문에 대한 여러분들만의 대답을 생각해 보세요.

> Teacher: You look so happy today.
> Student: You are right. I'm delighted.
> Teacher: Why do you feel happy?
> Student: I can go to university.
> Teacher: That is great. Congratulations!
> Student: Thank you so much!

대화에 사용되는 표현들을 좀 더 자세히 살펴봅시다.

- **look + 형용사** : ~해 보인다
- **look ill** 아파 보인다
- **look sad** 슬퍼 보인다
- **look tired** 피곤해 보인다
- **look hungry** 배고파 보인다
- **feel + 형용사** : ~한 기분이 들다
- **feel happy** 행복한 기분이 들다
- **feel hungry** 배고픈 기분이 들다
- **feel cold** 추운 기분이 들다
- **feel sick** 아픈 기분이 들다
- **look like** ~처럼 보이다
- **feel like** ~처럼 느끼다
- **interesting** 재미(흥미, 관심)있게 하는 /**interested** 재미(흥미, 관심)를 느끼는
    * 둘 다 형용사로서 명사를 수식하거나 서술어로 쓰이지만 그 의미는 구별되어야 합니다.
    * I am interested in the movie. 나는 그 영화에 재미를 느낍니다.
    * The movie is interesting (me). 그 영화는 (나를) 재미있게 합니다. 즉 재미있습니다.
    * He is interested in me. 그는 나에게 관심을 느낍니다. 즉 나에게 관심이 있습니다.
    * He is an interesting person. 그는 재미있게 하는 사람입니다. 즉 재미있는 사람입니다.

Let's speak
Why do you feel happy?

imagination: 주어진 질문에 대한 대답을 상상해 보세요.

> Q: Are you happy or sad now? 너는 지금 행복하니 아님 슬프니?

대답에 사용되는 다양한 표현들을 살펴볼까요?

- **Yes (No), I am (feel) + 형용사**
  sad 슬픈 / sleepy 졸린 / annoyed 짜증나는, 화가 난 / tired 피곤한 / bored 지루한 / interested 재미를 느끼는 / dizzy 어지러운 / cold 추운 / chilly 쌀쌀한

- **Yes (No), so + I** 그래서 ~하다
  have to sleep now 지금 자야 한다
  sit in the chair 의자에 앉다
  need to quit smoking 흡연을 그만둬야 한다

- **Yes (No), but + I** 그런데(그러나) ~ 하다
  will get better 더 나아질 것이다
  stay up all night 밤샘하다
  can't go outside 밖에 나갈 수 없다

- **Yes (No), because + I** 왜냐하면, ~이니까
  don't have a bus fare 버스 요금이 없다
  don't know a way to home 집에 가는 길을 모른다.
  * a (the) way to ~로 가는 길

> Q: When do you feel happy or sad? 너는 언제 행복한 기분 또는 슬픈 기분이 드니?

대답에 사용되는 다양한 표현들을 살펴볼까요?

- **(I feel happy or annoyed) + as + I** ~일(할) 때
  am in bed 침대에 있다
  eat something 무언가를 먹다
  travel somewhere 어디론가 여행하다
  miss the bus 버스를 놓치다
  hear bad words 나쁜 말들을 듣다

Let's speak
Why do you feel happy?

32강

Practice 연습해 봅시다.

1. 그래서 난 담배를 끊어야 해	1. So I have to quit smoking.
2. 그런데 난 밤을 새야 해	2. But I have to stay up all night.
3. 왜냐하면 내가 버스요금이 없어서 그래	3. Because I don't have a bus fare.
4. 응, 난 지루하고 피곤하다고 느껴	4. Yes, I feel bored and tired.
5. 내가 나쁜 말을 들을 때	5. As I hear bad words.

Memorizing 암기한 것을 크고 정확하게 말해보세요.

실제 외국인과 또는 친구와 대화한다고 상상하며 우리말로 쓰인 표현을 지금까지 배운 것을 사용하여 영어로 큰 소리로 정확하게 발음하여 말합니다.

Teacher: You look so happy today.
Student: 네 말이 맞아. 나는 기뻐.
Teacher: Why do you feel happy?
Student: 내가 대학에 갈 수 있게 됐어.
Teacher: That is great. Congratulations!
Student: 정말 고마워!

확인문제

1. 아래의 괄호에 들어갈 적절한 단어가 아닌 것을 고르시오.

   You look ( ) today.

   ① 답이 없음(또는 모두 해당)   ② smart
   ③ a teacher   ④ happy

2. 아래의 보기에서 부정적인 의미를 가지는 형용사를 고르시오.
   ① happy   ② smart
   ③ delighted   ④ sad

Let's speak
Why do you feel happy?

3. 괄호 속 단어와 바꾸어 사용해도 문장의 전체적인 의미가 비슷한 것을 고르시오.

   You (look) so happy today.

   ① seem   ② sound
   ③ see   ④ watch

4. 다음 질문을 듣고 그 대답으로 가장 적절하지 않은 것을 고르시오.
   ① Of course, I am happy because of improving my English.
   ② I am sad due to the death of my friend.
   ③ I am happy owing to winning the lottery.
   ④ I am going to be very happy tomorrow because of you.

Writing   수업 후 영작 한마디

난 지금 정말 기쁘다

Let's speak
Who (whom) do you live with?

33강

복습문제

1. 아래의 빈칸에 들어갈 적절한 단어가 아닌 것을 고르시오.

   I can work from tomorrow, I feel really ( ).

   ① great
   ② wonderful
   ③ smart
   ④ delighted

2. 다음 질문을 듣고 그 대답으로 가장 적절하지 않은 것을 고르시오.
   ① Not happy owing to having not much money.
   ② So sad due to not passing the exam.
   ③ If I can go to university.
   ④ Really delighted because I can go abroad.

어휘학습

positive	긍정적인	cottage	별장, (시골의)작은 집
whose	누구의	law	법
fed up	지긋지긋한, 신물 난	tenant	세입자
boardinghouse	하숙집	grandson	손자
move	움직이다, 옮기다, 이사하다, 나아가다	small	(부피가) 작은
		host	집주인, 진행자, 주최국
roommate	동숙자, 동실자, 룸메이트	so	아주, 매우, 그렇게
whom	누구를	nuclear	원자력의, 핵의
apartment	아파트	extended	확장된, 길어진
flat	평평한, 평지인, 아파트	dormitory	기숙사
large	(규모)큰, (양)많은		

Let's speak
Who (whom) do you live with?

33강

Dialogue 대화

이번 시간 대화 주제는 "Who (whom) do you live with? 당신은 누구와 함께 사나요?" 입니다. 이 표현이 어떻게 쓰이는지 대화를 통해 함께 살펴보겠습니다.

이번에도 역시 두 사람이 대화를 하고 있습니다. 대화 속 질문에 대한 여러분들만의 대답을 생각해 보세요.

> Teacher: Do you live alone?
> Student: No, I live with my family.
> Teacher: Whom do you live with?
> Student: I live with my brother and two sisters.
> Teacher: Wow, you have a big family.
> Student: I think so.

대화에 사용되는 표현들을 좀 더 자세히 살펴봅시다.
- **who** 주격 '누가' / **whom** 목적격 '누구를' / **whose** 소유격 '누구의'
  * 인칭대명사가 주어로 사용되는 주격, 목적어가 되는 목적격, 소유를 나타내는 소유격이 있는 것처럼 누구인지를 묻는 의문사 who에도 격이 있습니다.
- **big family (=large family), extended family** 대가족
- **small family, nuclear family** 핵가족
- **father-in-law** 장인어른 / **mother-in-law** 장모님
  * in-law, 결혼해서 법적으로 가족관계가 됨을 나타냅니다.
- **stepfather(mother)** 양아버지 (양어머니)
- **great-grand father** 증조부 / **grandson** 손자
- **great-great-grand father** 고조부 / **great-grandson** 증손자

imagination: 주어진 질문에 대한 대답을 상상해 보세요.

> Q: Whom do you live with? 너는 누구와 함께 사니?

대답에 사용되는 다양한 표현들을 살펴볼까요?
- **I live with + 가족이 아닌 누군가**
  house mates 집에서 같이 사는 친구
  a roommate 방을 같이 쓰는 친구

Let's speak
Who (whom) do you live with?

a host 남자 집주인 (a hostess 여자 집주인)
a host mother 홈스테이 제공해주는 아주머니
a tenant 세입자

> Q: Are you satisfied with your house (accommodation)?
> 너는 너의 집 (숙소) 에 만족하니?

대답에 사용되는 다양한 표현들을 살펴볼까요?

- **Yes (No), I am (not) satisfied with + 거주지 종류**
  my dormitory 나의 기숙사
  a boardinghouse 하숙집
  a hotel 호텔
  an apartment 아파트
  a flat 아파트 (영국식 표현)
  a cottage 오두막집

- **No, so + I** 그래서 ~하다
  move out soon 곧 나가다
  am going to sell it 그것을 팔 예정이다
  lease it to somebody 그것을 누구에게 세를 주다

- **Yes, but + I** 그런데(그러나) ~ 하다
  feel not good enough 충분치 않다고 느끼다
  want to live in my own house 나만의 집에서 살고 싶다
  am fed up with a hotel 호텔이 지긋지긋하다

- **No, because + I** 왜냐하면, ~이니까
  am a tenant 세입자이다
  pay lots of money 많은 돈을 내다
  feel cold in the house 집이 춥게 느껴지다

Practice 연습해 봅시다.

1. 난 내 아파트에 만족해	1. I am satisfied with my apartment.
2. 아니, 그래서 나 곧 이사해	2. No, so I move out soon.
3. 응, 그런데 내 집에서 살고 싶어	3. Yes, but I want to live in my own house.
4. 아니, 왜냐하면 많은 돈을 내거든	4. No, because I pay lots of money.
5. 그래, 그런데 호텔이 지겨워	5. Yes, but I am fed up with a hotel.

Let's speak
Who (whom) do you live with?

33강

Memorizing
암기한 것을 크고 정확하게 말해보세요.

실제 외국인과 또는 친구와 대화한다고 상상하며 우리말로 쓰인 표현을 지금까지 배운 것을 사용하여 영어로 큰 소리로 정확하게 발음하여 말합니다.

> Teacher: Do you live alone?
> Student: 아니, 난 가족과 함께 살아.
> Teacher: Whom do you live with?
> Student: 난 나의 남동생과 2명의 여동생과 함께 살아.
> Teacher: Wow, you have a big family.
> Student: 나도 그렇게 생각해.

확인문제

1. 아래의 빈칸에 들어갈 적절한 단어가 아닌 것을 고르시오.

   > Who do you live ( )?

   ① 답이 없음(또는 모두 해당) ② at
   ③ from ④ with

2. 아래의 문장에서 live의 쓰임이 다른 문장을 하나 고르시오.
   ① Who do you live with? ② I will buy a live fish.
   ③ No, I live with my family. ④ I want to live with my brother.

3. 주어진 문장과 같은 의미가 되도록 만든 문장을 고르시오.

   > Who do you live with?

   ① With whom do you live? ② Whom do you live?
   ③ Whose do you live with? ④ Whoever do you live with?

4. 다음 질문을 듣고 그 대답으로 가장 적절하지 않은 것을 고르시오.
   ① No, I live with my family. ② No, I live with my brother and two sisters.
   ③ Yes, I live by myself. ④ Yes, I want to live alone.

Writing
수업 후 영작 한마디

난 나의 대가족이 정말 자랑스럽다.

Let's speak
How much do you earn?

34강

복습문제

1. 아래의 빈칸에 들어갈 적절한 단어가 아닌 것을 고르시오.

   > Wow, you have a ( ) family.

   ① huge　　　　　　　　　② small
   ③ big　　　　　　　　　　④ beautiful

2. 다음 질문을 듣고 그 대답으로 가장 적절하지 않은 것을 고르시오.
   ① I used to live with my grandmother.　② With several dogs.
   ③ I am living with nobody.　　　　　　④ A girlfriend of mine.

어휘학습

decide	결정하다	select	선발(선정, 선택)하다
million	백만, 수많은	propose	청혼하다, 제시(제안)하다
however	아무리 ~해도, 그러나	best	최고의, 최선의
pick	고르다, 선택하다, 뽑다	or	또는
per	~마다, ~당	choose	선택하다, 고르다
circumstance	상황, 정황, 환경	system	제도, 체제, 시스템
choice	선택, 선택권	offer	제공하다
might	힘, 권력, ~일지도 모른다	adapt	맞추다, 조정하다, 적응하다
decision	결정, 판단	hundred	백, 수 백의
thousand	천, 수 천의		
result	결과		

Let's speak
How much do you earn?

Dialogue 대화

이번 시간 대화 주제는 "How much do you earn? 당신은 얼마만큼 버나요?"입니다. 이 표현이 어떻게 쓰이는지 대화를 통해 함께 살펴보겠습니다.

이번에도 역시 두 사람이 대화를 하고 있습니다. 대화 속 질문에 대한 여러분들만의 대답을 생각해 보세요.

> Teacher: Why do you want this job?
> Student: I can bring you a better result.
> Teacher: How much do you want to get?
> Student: I cannot make a decision. Can you make an offer?
> Teacher: Ok. How much do you earn now?

대화에 사용되는 표현들을 좀 더 자세히 살펴봅시다.
- **make a decision** 결정하다
  * 동의어 decide, resolve, determine, make up my mind 결심하다
- **good** 좋은 - **better** 더 좋은 - **the best** 최상의 ->원급, 비교급, 최상급
- **make a choice** 선택하다
  * 동의어 select, choose, pick
- **make an offer** 제안하다
  * 동의어 offer, suggest, propose
- **make money (=earn)** 돈을 벌다

imagination: 주어진 질문에 대한 대답을 상상해 보세요.

> Q: Do you want to change your job? 너는 직업을 바꾸고 싶니?

대답에 사용되는 다양한 표현들을 살펴볼까요?
- Yes, **or** + at least, I want to change my position in the company.
  최소한 나는 회사내 내 보직을 바꾸고 싶어
- Yes, **and** + I would like to get much more salary.
  나는 훨씬 더 많은 연봉을 받고 싶어.
- Yes, **so** + I try to find a job these days. 나는 요새 일을 구하려고 노력한다.

Let's speak
How much do you earn?

- **Yes, because** + I can't adapt to the circumstances of this company.
  나는 이 회사의 환경에 적응할 수 없다
  I have to learn many new systems. 나는 많은 새로운 시스템들을 배워야 한다.
- **No, but (however)** + I get an offer from a company.
  어떤 회사로부터 나는 제의를 받다.
  I might have to quit sooner or later. 나는 조만간 그만둬야 할지 모른다..

Q: How much do you earn?

대답에 사용되는 다양한 표현들을 살펴볼까요?
- **I earn / make / get paid / get** + thirty million won a(per) year. 1년에 3천 만원
  * per 또는 a(an)은 '마다'
  one million and five hundred thousand (= one point five million) won per month.
  한 달에 1,500,000원/
  ten thousand won an hour 시간당 10,000원

Practice   연습해 봅시다.

1. 응, 또는 적어도 난 회사에서 내 보직이 바뀌길 원해
2. 응, 그리고 난 훨씬 더 많은 봉급을 받고 싶어
3. 응, 그래서 난 요즘 직업을 찾으려 노력 중이야
4. 응, 왜냐하면 내가 이 회사의 환경에 적응을 하지 못하기 때문이야
5. 아니, 그런데 한 회사에서 제안을 받아.
6. 난 일 년에 3천만원 받아
7. 난 월 마다 1백 5십 만원 받아

1. Yes, or at least, I want to change my position in the company.
2. Yes, and I would like to get much more salary.
3. Yes, so I try to find a job these days.
4. Yes, because I can't adapt to the circumstances of this company.
5. No, but I get an offer from a company.
6. I earn thirty million won a(per) year.
7. I earn one point five million won per month.

Let's speak
How much do you earn?

34강

Memorizing — 암기한 것을 크고 정확하게 말해보세요.

실제 외국인과 또는 친구와 대화한다고 상상하며 우리말로 쓰인 표현을 지금까지 배운 것을 사용하여 영어로 큰 소리로 정확하게 발음하여 말합니다.

> Teacher: Why do you want this job?
> Student: 나는 당신께 더 나은 결과를 줄 수 있어요.
> Teacher: How much do you want to get?
> Student: 전 결정하지 못하겠어요. 당신 쪽에서 제안해 줄 수 있나요?
> Teacher: Ok. How much do you earn now?

확인문제

1. 아래의 빈칸에 들어갈 적절한 단어를 고르시오.

   > How ( ) do you earn?

   ① 답이 없음(또는 모두 해당)   ② many
   ③ much   ④ well

2. 아래의 문장에서 make의 쓰임이 다른 문장을 하나 고르시오.
   ① I cannot make a decision.   ② Can you make an offer?
   ③ I will make progress sooner or later.   ④ I am going to make money.

3. 괄호 속 단어와 바꾸어 사용해도 문장의 전체적인 의미가 비슷한 것을 고르시오.

   > I cannot (make a decision).

   ① decide   ② choose
   ③ choice   ④ select

4. 다음 질문을 듣고 그 대답으로 가장 적절한 것을 고르시오.
   ① I must work harder than ever.
   ② Because I can bring you a better result.
   ③ Because I don't want to get involved in the situation.
   ④ Sorry, I am not going to employ you.

Writing — 수업 후 영작 한마디

전 한 달에 200만원 법니다.

Let's speak
How many days do you go shopping?

35강

복습문제

1. 괄호 안 단어와 바꾸어 사용해도 문장의 전체적인 의미가 비슷한 것을 고르시오.

   > How much money do you want to (earn)?

   ① make ② bring
   ③ take ④ learn

2. 다음 질문을 듣고 그 대답으로 가장 적절한 것을 고르시오.
   ① As soon as possible. ② As quickly as possible.
   ③ As much as possible. ④ As many as possible.

어휘학습

jump	뛰다, 점프하다	ski	스키 타다, 스키
mountain	산	hunt	사냥하다
more than	~보다 더, ~이상	seem	보이다, ~처럼 보인다
idiot	바보, 멍청이, 백치	laptop	노트북
afford	여력(형편, 여유)이 되다	than	~보다
less	더 적은, 덜한	over	넘어지게, 뒤집어, 너머
mall	쇼핑몰	crazy	미친, 열광하는, 광적인
fond	애정을 느끼는, 좋아하는	above	~보다 위, 위로
moron	바보, 천치, 멍청이	insane	미친, 정신이상의
outlet	할인점, 직판점	climb	오르다, 올라가다

Dialogue 대화

이번 시간 대화 주제는 "How many days do you go shopping? 당신은 몇 일이나 쇼핑을 가나요?"입니다. 이 표현이 어떻게 쓰이는지 대화를 통해 함께 살펴보겠습니다.

이번에도 역시 두 사람이 대화를 하고 있습니다. 대화 속 질문에 대한 여러분들만의 대답을 생각해 보세요.

Teacher: Do you like to go shopping?
Student: I really love shopping.
Teacher: How many days do you go shopping a month?
Student: I go shopping more than 10 times a month.
Teacher: You seem crazy about shopping.

Let's speak
How many days do you go shopping?

35강

대화에 사용되는 표현들을 좀 더 자세히 살펴봅시다.
- **go fishing** 낚시하러 가다,
- **go hunting** 사냥 가다,
- **go shooting** 사격하러 가다
- **go skiing** 스키 타러 가다,
- **go bungee jumping** 번지점프 하러 가다
- **go hiking** 하이킹 가다
- **go mountain climbing** 등산가다
- **window shopping** 사지는 않고 구경만 하는 것
  *'Eye shopping' 아이쇼핑 은 broken English 즉 잘못된 표현입니다.
- **more than (=over, above, beyond)** ~초과
- **less than(=under, below)** ~미만
- **crazy about** ~에 열광하는
  * You are crazy about studying English 너는 영어공부에 열광하는구나.
- **go + (crazy, insane, nuts, mad)** 미쳐 버리다
  * '가다'는 동사 go 와 상태를 나타내는 형용사가 함께 쓰여서 어떤 상태가 되어버리는 것을 표현합니다.
- **fool, moron, idiot, jerk, dumb, dumber, dumbass** - 바보, 멍청이란 표현들입니다.
  * Three Idiots 세 얼간이 - 인도영화

imagination: 주어진 질문에 대한 대답을 상상해 보세요.

> Q: Are you fond of shopping? 너는 쇼핑을 좋아하니?

대답에 사용되는 다양한 표현들을 살펴볼까요?
- **Yes, but (however) + I am not crazy about it** 그것에 열광하지는 않아
  I am not addicted to it 그것에 중독되지 않다.
  * be addicted to + 대상: ~에 중독되다
  not too much 그렇게 많이는 아니야
- **Well, I like to go to + a mall** 쇼핑몰 가는 것을 좋아하다
  a department store 백화점 / an outlet 아울렛 / a second-hand shop 중고품 가게

Let's speak
How many days do you go shopping?

35강

Q: What items do you want to buy now? 어떤 물건들을 너는 지금 사고 싶으니?

대답에 사용되는 다양한 표현들을 살펴볼까요?
- I want to buy a laptop. Because I only have a desktop. Also I would like to buy a new mobile phone. I should use a state of the art one for my work. So, I save some money now. Because I can't afford those items at the moment.
  * laptop 노트북
  * desktop 데스크탑 - 본체와 모니터로 구성된 컴퓨터
  * a state of the art 최신형, 최신식의
  * afford ~할 여유가 있다

나는 랩탑(노트북)을 하나 사고 싶다. 나는 데스크탑만 있기 때문이다. 나는 또한 새 휴대전화를 사고 싶다. 나는 내 일을 위해 최신형을 써야 한다. 그래서 지금 나는 돈을 좀 저축한다. 왜냐하면 나는 그 물건들을 지금 살 수 있는 형편이 안 되기 때문이다.

Practice 연습해 봅시다.

1. 맞아, 그런데 과도한 건 아니야.
2. 음, 난 백화점 가는 걸 좋아해.
3. 난 노트북 사기를 원해. 왜냐하면 난 오직 데스크탑만 있거든.
4. 또한 나는 새로운 휴대폰을 사고 싶어. 내 일을 위해서 최신의 것을 사용하는 게 좋거든.
5. 그래서 난 지금 돈을 저축해. 왜냐하면 지금은 내가 그것들을 살 여력이 없거든.

1. Yes, but not too much.
2. Well, I like to go to a department store.
3. I want to buy a laptop. Because I only have a desktop.
4. Also I would like to buy a new mobile phone. I should use a state of the art one for my work.
5. So, I save some money now. Because I can't afford those items at the moment.

Let's speak
How many days do you go shopping?

35강

Memorizing — 암기한 것을 크고 정확하게 말해보세요.

실제 외국인과 또는 친구와 대화한다고 상상하며 우리말로 쓰인 표현을 지금까지 배운 것을 사용하여 영어로 큰 소리로 정확하게 발음하여 말합니다.

> Teacher: Do you like to go shopping?
> Student: 난 정말 쇼핑하는 걸 사랑해.
> Teacher: How many days do you go shopping a month?
> Student: 난 한 달에 10번 이상 쇼핑을 가는데.
> Teacher: You seem crazy about shopping.

확인문제

1. 아래의 빈칸에 들어갈 적절한 단어를 보기에서 고르시오.

    > How many days do you ( ) shopping?

    ① 답이 없음(또는 모두 해당) ② go
    ③ do ④ look

2. 아래의 문장에서 kind의 쓰임이 다른 문장을 하나 고르시오.
    ① I am a kind person.
    ② What kind of items do you want to buy?
    ③ I am not the kind of person to do things like that.
    ④ I have all kinds of stamps in my room.

3. 괄호 속 단어와 바꾸어 사용해도 문장의 전체적인 의미가 비슷한 것을 고르시오.

    > I go shopping (more than) 10 times a month.

    ① more less ② less than
    ③ over ④ below

4. 다음 질문을 듣고 그 대답으로 가장 적절한 것을 고르시오.
    ① I really love shopping. ② I have a lot of shops.
    ③ I go through the shop every day. ④ I will stand in the rear of the shop.

Writing — 수업 후 영작 한마디

넌 영어공부에 열광하는구나.

Let's speak
Why don't you move out?

36강

복습문제

1. 괄호 안 단어와 바꾸어 사용해도 문장의 전체적인 의미가 비슷한 것을 고르시오.

   > You seem (crazy) about shopping.

   ① mad
   ② insane
   ③ foolish
   ④ idiot

2. 다음 질문을 듣고 그 대답으로 가장 적절한 것을 고르시오.
   ① I go shopping more than 10 times a month.
   ② You seem crazy about shopping.
   ③ I want to buy something very expensive.
   ④ I don't have to take care of your daughter.

어휘학습

wedding	결혼, 조례	rich	부유한, 풍부한
endure	견디다, 참다	economy	경제
anniversary	기념일	divorce	이혼, 분리, 단절
habit	버릇, 습관	bear	곰, (무게)지탱하다, (책임)지다, 견디다
society	사회		
side	쪽, 편, 면	suffer	시달리다, 고통 받다
into	~안으로	fight	싸우다, 전투하다

Dialogue 대화

이번 시간 대화 주제는 "Why don't you move out? 당신은 이사 가는 것이 어떻습니까?" 입니다. 이 표현이 어떻게 쓰이는지 대화를 통해 함께 살펴보겠습니다.

이번에도 역시 두 사람이 대화를 하고 있습니다. 대화 속 질문에 대한 여러분들만의 대답을 생각해 보세요.

Teacher: I can't stand my mother anymore.
Student: What do you mean by that?
Teacher: I have an argument with mom every day.
Student: Why don't you move out?
Teacher: I can't afford it.

Let's speak
Why don't you move out?

대화에 사용되는 표현들을 좀 더 자세히 살펴봅시다.
- **stand** 참다, 서다
  * 동의어: endure 인내하다 bear 견디다
- **suffer** 겪다
- **have an argument with** ~와 언쟁하다
  * argument와 비슷한 표현들: quarrel 말다툼, fight 싸움
- **move out** 이사 나가다 <-> **move in** 이사 오다
- **move out of** ~에서 이사 나가다 <-> **move into** ~로 이사 오다
- **can + afford + to + 동사원형** ~할 여유가 있다.
- **why don't you + 동사원형** ~하는 게 어때?, ~하지 그래?

imagination: 주어진 질문에 대한 대답을 상상해 보세요.

> Q: About what do you argue with parents (a wife, a friend)?
> 너는 무엇에 대해 부모님(아내, 친구)과 논쟁하니?

대답에 사용되는 다양한 표현들을 살펴볼까요?
- I <u>argue with</u> a wife (parents, a friend) <u>about (for, regarding, because of)</u> +
  * about, for, regarding 모두 '무엇에 대해서'란 의미를 지니며 because of를 통해서 다툼의 원인을 말 할 수도 있습니다.
  a wedding anniversary 결혼기념일
  my habit in bed 내 잠버릇
  getting married 결혼하는 것
  my bad habit 나의 나쁜 습관
  our society 우리의 사회
  our economy 우리의 경제

> Q: Why don't you move out (divorce, break up)? 너 이사(이혼, 헤어짐)하는 건 어때?

대답에 사용되는 다양한 표현들을 살펴볼까요?
- First of all, I can't afford it now. I am not rich and I don't have a good job. However, I want to get a new house and move in with my family if I have some money. Perhaps, I might have a chance to do so next year. Because

Let's speak
Why don't you move out?

36강

I plan to have a side job. Sometimes, I have an argument with my wife because of the side job. But I don't have any choice now.

* first of all 우선, 첫째로
* can't afford ~할 여유가 없다
* rich 부유한
* however 그러나
* move in 이사 오다, 이사 들어가다

첫째로, 나는 지금 그것을 할 여유가 없다. 나는 부유하지 않고 좋은 직장도 없다. 그러나 나는 만일 내가 돈이 있다면 새집을 갖고 싶고 내 가족과 함께 (새집으로) 이사하고 싶다. 아마도 나는 내년에는 그렇게 할 기회가 있을지 모른다. 왜냐하면 나는 부업을 가질 계획이기 때문이다. 때때로 그 부업 때문에 나는 내 아내와 말다툼을 한다. 그러나 나는 지금 다른 선택권이 없다.

Practice   연습해 봅시다.

1. 난 친구와 나의 나쁜 습관 때문에 다퉈.
2. 우선, 난 지금은 그럴 여력이 없어. 난 부자도 아니고 좋은 직업도 없어.
3. 그런데 난 나의 가족과 새로운 집을 구해서 이사하고 싶어. 내가 돈이 있다면.
4. 어쩌면 내년에 그렇게 할 수 있는 기회가 있을지도 몰라. 왜냐하면 내가 부업을 가질 계획이거든.
5. 때때로 나의 부인과 부업 때문에 다퉈. 그렇지만 난 지금 다른 선택이 없어.

1. I argue with my friend for my bad habit.
2. First of all, I can't afford it now. I am not rich and I don't have a good job.
3. However, I want to get a new house and move in with my family. If I have some money.
4. Perhaps, I might have a chance to do so next year. Because I plan to have a side job.
5. Sometimes, I have an argument with my wife because of the side job. But I don't have any choice now.

Let's speak
Why don't you move out?

36강

Memorizing — 암기한 것을 크고 정확하게 말해보세요.

실제 외국인과 또는 친구와 대화한다고 상상하며 우리말로 쓰인 표현을 지금까지 배운 것을 사용하여 영어로 큰 소리로 정확하게 발음하여 말합니다.

Teacher: 난 더 이상 나의 엄마를 참지 못하겠어.
Student: What do you mean by that?
Teacher: 난 엄마랑 매일 말다툼을 하고 있어.
Student: Why don't you move out?
Teacher: 난 그럴 여력이 없어.

확인문제

1. 아래의 빈칸에 들어갈 적절한 단어가 아닌 것을 고르시오.

   I can't stand my mother ( ).

   ① 답이 없음(또는 모두 해당)   ② any longer
   ③ no more   ④ anymore

2. 아래의 문장에서 stand의 쓰임이 다른 문장을 하나 고르시오.
   ① I can't stand my mother any more.
   ② I will be standing over there.
   ③ I am not going to stand your bad behavior.
   ④ I don't want to stand this situation any longer.

3. 괄호 속 단어와 바꾸어 사용해도 문장의 전체적인 의미가 비슷한 것을 고르시오.

   I have an (argument) with mom every day.

   ① discussion   ② debate
   ③ dispute   ④ fight

4. 다음 질문을 듣고 그 대답으로 가장 적절한 것을 고르시오.
   ① I can't afford it.   ② I don't leave the country right away.
   ③ I will move the chair beside you.   ④ I can't move due to the broken legs.

Writing — 수업 후 영작 한마디

난 더 이상 나의 엄마를 참지 못할 것 같다.

Let's speak
Why do you want to learn English?

37강

복습문제

1. 아래의 문장에서 move의 쓰임이 다른 문장을 하나 고르시오.
   ① Why don't you move out?
   ② I would like to hear a moving story.
   ③ I am going to move into the dormitory.
   ④ I have to save some money to move in a new house.

2. 다음 질문을 듣고 그 대답으로 가장 적절한 것을 고르시오.
   ① I can't stand my mother anymore.
   ② I don't need to argue with your parents.
   ③ I have an argument with mom every day.
   ④ Sometimes, I argue with my teacher.

어휘학습

confidence	자신, 신뢰, 확신	gain	(필요한 것)얻다, 쌓다
experience	경험, 경험하다	western	서양의
vocabulary	어휘, 용어	especially	특히, 유달리
memorize	암기하다	acquire	(노력으로)습득하다, 획득하다
self	본 모습, 자아, 이기		
grammar	문법	culture	문화
foreign	외국의		

Dialogue 대화

이번 시간 대화 주제는 "Why do you want to learn English? 당신은 왜 영어를 배우길 원합니까?"입니다. 이 표현이 어떻게 쓰이는지 대화를 통해 함께 살펴보겠습니다.

이번에도 역시 두 사람이 대화를 하고 있습니다. 대화 속 질문에 대한 여러분들만의 대답을 생각해 보세요.

Teacher: Why do you want to learn English?
Student: Because I need it to get a job. I can do it better than others. Besides, I want to talk to and make Western friends.

Let's speak
Why do you want to learn English?

대화에 사용되는 표현들을 좀 더 자세히 살펴봅시다.
- **get a job** 일을 얻다
  * 동의어: obtain 얻다, gain 얻다, acquire 획득하다
- **better than** ~보다 잘(더)
- **besides** ~외에도, 게다가 / **beside** ~곁에
- **make a friend** 친구를 만들다
  make foreign friends 외국 친구들을 사귀다.

imagination: 주어진 질문에 대한 대답을 상상해 보세요.

> Q: What do you have to do for your English? 너의 영어를 위해서 무엇을 해야만 하니?

대답에 사용되는 다양한 표현들을 살펴볼까요?
- **I have to +** learn English grammar more 영어 문법을 더 배워야만 한다
  practice speaking in English 영어로 말하기 연습하다
  memorize many vocabularies 많은 어휘들을 외우다
  think in English 영어로 생각하다
- **I should +** make foreign friends 외국 친구들을 만들어야 한다
  experience another culture 다른 문화를 경험하다
  have self-confidence 자신감을 갖다

> Q: Why do you want English? 왜 너는 영어를 원하니?

대답에 사용되는 다양한 표현들을 살펴볼까요?
- I don't need to speak English in my home. But I have to speak it in my company. Especially when I have a meeting with my boss. I want to get promoted and a good salary by myself. I should learn English harder than now if I want to adapt to the circumstances of the company.
  * especially 특별히
  * get promoted 승진하다
  * by myself 내 스스로
  * harder than ~보다 더 열심히
  * adapt to ~에 적응하다
  * circumstances 환경

Let's speak
Why do you want to learn English?

37강

나는 집에서는 영어로 말할 필요가 없다. 그러나 나는 회사에선 영어로 말해야 한다. 특히 나의 상사와 회의를 할 때가 그렇다. 나는 승진하고 싶고 좋은 연봉을 내 힘으로 얻고 싶다. 나는 영어를 지금보다 더 열심히 배워야 한다. 만일 내가 회사의 환경에 적응하고 싶어 한다면.

Practice   연습해 봅시다.

1. 난 영어 문법을 더 배워야 해
2. 난 자신감을 가지는 게 좋아
3. 내 집 안에서는 영어로 말할 필요가 없어. 그러나 회사에서는 영어로 말해야 해.
4. 특히 사장과 회의를 할 때. 난 내 힘으로 승진해서 많은 봉급을 받길 원하거든.
5. 난 지금보다 더 영어를 열심히 배워야 해. 내가 회사 환경에 적응하길 원한다면.

1. I have to learn English grammar more.
2. I should have self-confidence.
3. I don't need to speak English in my home. But I have to speak it in my company.
4. Especially when I have a meeting with my boss. I want to get promoted and a good salary by myself.
5. I should learn English harder than now. If I want to adapt to the circumstances of the company.

Memorizing   암기한 것을 크고 정확하게 말해보세요.

실제 외국인과 또는 친구와 대화한다고 상상하며 우리말로 쓰인 표현을 지금까지 배운 것을 사용하여 영어로 큰 소리로 정확하게 발음하여 말합니다.

Teacher: Why do you want to learn English?
Student: 내가 직업을 구해야 하기 때문에 그래. 난 다른 이들보다 그걸 더 잘 할 수 있어. 게다가, 난 서양인들과 대화하면서 그들을 나의 친구로 만들길 원해.

Let's speak
Why do you want to learn English?

37강

확인문제

1. 아래의 빈칸에 들어갈 적절한 단어를 고르시오.

   I can do it better than ( ).

   ① 답이 없음(또는 모두 해당)   ② another
   ③ other   ④ others

2. 아래의 문장에서 besides의 쓰임이 다른 문장을 하나 고르시오.
   ① I'm going to stand beside you.
   ② Besides, I want to talk to and make Western friends.
   ③ I will sit in the bench beside her.
   ④ I will build a store beside the river.

3. 괄호 속 단어와 바꾸어 사용해도 문장의 전체적인 의미가 비슷한 것을 고르시오.

   (Why do) you want to learn English?

   ① How come   ② What brings
   ③ When do   ④ Where come

4. 다음 질문을 듣고 그 대답으로 가장 적절하지 않은 것을 고르시오.
   ① Because I need it to get a job.
   ② I can do it better than others.
   ③ I want to talk to and make Western friends.
   ④ Because I don't like to study English no more.

Writing 수업 후 영작 한마디

난 외국인 친구들을 만들길 희망한다.

Let's speak
Why are you late?

38강

복습문제

1. 괄호 안 단어와 바꾸어 사용해도 문장의 전체적인 의미가 비슷한 것을 고르시오.

   Why do you want to (learn) English?

   ① copy ② have
   ③ study ④ get

2. 다음 질문을 듣고 그 대답으로 가장 적절하지 않은 것을 고르시오.
   ① I can't fall in love with him. ② I like to study it.
   ③ I am just trying to learn it these days. ④ No, I like Japanese much more.

어휘학습

apologize	사과하다	Friday	금요일
nowadays	요즘에는	asleep	잠이 든, 자고 있는
traffic	교통량, 차량	anyway	어쨌든
dentist	치과의사	treatment	치료, 처리, 대우
forgive	용서하다	left	왼쪽의, 떠났다(leave의 과거)
excuse	변명, 이유, 용서하다		

Dialogue 대화

이번 시간 대화 주제는 "Why are you late? 당신은 왜 늦나요?"입니다. 이 표현이 어떻게 쓰이는지 대화를 통해 함께 살펴보겠습니다.

이번에도 역시 두 사람이 대화를 하고 있습니다. 대화 속 질문에 대한 여러분들만의 대답을 생각해 보세요.

Student: I am late. I have no excuse.
Teacher: Why are you late these days?
Student: I have something to do every Friday.
Teacher: Ah. Why don't you change the schedule?
Student: You are right. I should do so.

Let's speak
Why are you late?

대화에 사용되는 표현들을 좀 더 자세히 살펴봅시다.
- excuse 변명
- forgive me 나를 용서해주세요,
- excuse me 나를 용서해주세요, 죄송합니다, 실례합니다.
- these days (= nowadays) 요즘
- right 오른쪽(↔left), 옳은 / right 권리
- have something(nothing) to ~할 것이 있다.(없다)
- do so 그렇게 하다

imagination: 주어진 질문에 대한 대답을 상상해 보세요.

Q: Why are you late these days? 너는 요즘 왜 늦니?

대답에 사용되는 다양한 표현들을 살펴볼까요?
- **I am sorry. + I get up late** 미안해. 난 늦게 일어난다
  I have lots of work 나는 일이 많다
  I miss a bus 나는 버스를 놓치다
  fall asleep in the subway 전철에서 잠들다
  I have much traffic 나는 교통량이 너무 많다. 즉 길이 밀리다
- **I am sorry + Please, excuse me** 미안해. 나 좀 용서해줘
  Please, forgive me 제발 나를 용서해주세요
  Please, understand me 제발 나를 이해해주세요
  Please, give me one more chance 제발 한 번 더 기회를 주세요
  * 우리말 '한번만 눈감아 주세요'라는 표현으로도 사용할 수 있습니다.
  I apologize to you. 나는 너에게 사과한다.

Q: Can you change the schedule for me?

대답에 사용되는 다양한 표현들을 살펴볼까요?
- **Please, understand me. I cannot change the schedule. Because I have to go to the dentist every morning. I need to get treatment for two months. However, I try to talk to my dentist if I can change the time. But I am not sure about it. Anyway, I am so sorry about it. I cannot do anything for you.**
  * go to the dentist. 치과에 가다
  * get treatment 치료를 받다
  * anyway 어쨌든

Let's speak
Why are you late?

38강

저 좀 이해해주세요. 나는 일정을 바꿀 수 없어요. 왜냐하면 나는 매일 아침에 치과에 가야만 해요. 나는 두 달 동안 치료를 받아야 해요. 그러나 나는 내 치과의사에게 이야기하려고 노력합니다. 내가 그 시간을 변경할 수 있는지. 그러나 나는 그것에 대해 확실하진 않아요. 어쨌든, 나는 그것에 대해 미안합니다. 당신을 위해 어느 것도 할 수 없네요.

Practice 연습해 봅시다.

1. 죄송합니다. 제가 버스를 놓쳤어요.
2. 정말 미안. 용서해줘
3. 저 좀 이해해주세요. 일정을 바꿀 수 없어요. 왜냐하면 제가 매일 아침에 치과엘 가야해요.
4. 두 달 동안 치료를 받아야 하거든요. 하지만 치과의사와 이야기를 해볼게요. 제가 시간을 바꿀 수 있는지.
5. 그런데 그게 확신은 없어요. 어쨌든, 그것이 죄송해요. 제가 당신을 위해 해줄 수 있는 게 없네요.

1. I am sorry. I miss a bus.
2. I am so sorry. Please, forgive me.
3. Please, understand me. I cannot change the schedule. Because I have to go to the dentist every morning.
4. I need to get treatment for two months. However, I will try to talk to my dentist if I can change the time.
5. But I am not sure about it. Anyway, I am so sorry about it. I cannot do anything for you.

Memorizing 암기한 것을 크고 정확하게 말해보세요.

실제 외국인과 또는 친구와 대화한다고 상상하며 우리말로 쓰인 표현을 지금까지 배운 것을 사용하여 영어로 큰 소리로 정확하게 발음하여 말합니다.

Student: 늦었습니다. 변명할 수 없네요.
Teacher: Why are you late these days?
Student: 전 매주 금요일에 해야 할 것이 있어서 그래요.
Teacher: Ah. Why don't you change the schedule?
Student: 말씀이 맞네요. 그렇게 해야겠습니다.

Let's speak
Why are you late?

38강

확인문제

1. 아래의 빈칸에 들어갈 적절한 단어를 고르시오.

   > Why ( ) you late?

   ① 답이 없음(또는 모두 해당)　　② are
   ③ did　　　　　　　　　　　　④ could

2. 아래의 문장에서 right의 쓰임이 다른 문장을 하나 고르시오.
   ① You are right.
   ② You should find the right answer.
   ③ You will need to put your right hand up.
   ④ You must go to the right way.

3. 괄호 속 단어와 바꾸어 사용해도 문장의 전체적인 의미가 비슷한 것을 고르시오.

   > (Why don't) you change the schedule?

   ① must　　　　　　　　　　　② have to
   ③ need to　　　　　　　　　　④ should

4. 다음 질문을 듣고 그 대답으로 가장 적절한 것을 고르시오.
   ① Because I have something to do every morning.
   ② Because I don't have to work harder than before.
   ③ Because I have to discuss some issues in the early morning.
   ④ Because I should deal with many duties after work.

Writing　　수업 후 영작 한마디

난 그를 아주 빨리 찾아야 한다

Let's speak
Where do you go?

39강

복습문제

1. 아래의 문장에서 right의 쓰임이 다른 문장을 하나 고르시오.
   ① You will find the building on your right.
   ② You have a right to deny.
   ③ You should turn right at the shop.
   ④ I feel sick to my right foot.

2. 다음 질문을 듣고 그 대답으로 가장 적절한 것을 고르시오.
   ① I usually work until night.
   ② I don't want to be late to come back home.
   ③ I am not going to be late again.
   ④ Lately I am.

어휘학습

police	경찰	police station	경찰서
post	우편(물)	transfer	옮기다, 갈아타다
station	역, 정거장	off	~떨어진, ~제거된
crossroads	네거리, 십자로, 교차로	most	최대의, 가장 많은
gas station	주유소	area	지역
fire station	소방서	gas	기체, 가스
town	작은 도시, 마을, 읍	among	~의 가운데에, ~에 둘러싸인
direction	방향	post office	우체국
hall	현관, 복도	road	도로, 길
along	~을 따라		

Dialogue 대화

이번 시간 대화 주제는 "Where do you go? 당신은 어디에 가십니까?"입니다. 이 표현이 어떻게 쓰이는지 대화를 통해 함께 살펴보겠습니다.

이번에도 역시 두 사람이 대화를 하고 있습니다. 대화 속 질문에 대한 여러분들만의 대답을 생각해 보세요.

Student: Excuse me. Are you a stranger?
Teacher: No, I live here. Do you need help?
Student: Yes, I need your help. I don't know the way to go.
Teacher: Where do you go?
Student: I must go to the post office.

Let's speak
Where do you go?

대화에 사용되는 표현들을 좀 더 자세히 살펴봅시다.
- **post office** 우체국
- **city hall** 시청
- **gas station** 주유소
  * 여기서 gas는 우리가 보통 생각하는 '가스'가 아니라 gasoline입니다.
- **police station** 경찰서, **fire station** 소방서, **telephone office** 전화국
- **get lost** 길을 잃다
- **find a direction** 방향을 찾다 / **find a way** 길을 찾다
- **on my way to** ~로 가는 중인
  * I am on my way to the post office. 나는 우체국에 가는 중입니다.

imagination: 주어진 질문에 대한 대답을 상상해 보세요.

> Q: When do you get lost? 너는 언제 길을 잃으니?

대답에 사용되는 다양한 표현들을 살펴볼까요?
- **(I get lost) When + I am drunk** 내가 취할 때
  I am dead drunk 나는 만취해 있다
  I am in another country 나는 다른 나라에 있다
  I am in another town 나는 다른 동네에 있다
  I am not in a familiar area 나는 익숙한 지역에 있지 않다

> Q: How do you go to your home from Seoul Station?
> 너는 집에서 서울역까지 어떻게 가니?

대답에 사용되는 다양한 표현들을 살펴볼까요?
- Most of all, I have to choose among the subway, a bus and a taxi to take. I walk to a bus station near Seoul Station and get on a bus for the city hall. I get off the bus at the city hall and transfer to the bus number 10. After three stops, I get it off. I take a walk along the road to the first crossroads for about 10 minutes. Then, I can see my house on my left.
  * most of all 무엇보다도
  * among ~중에서 (3개 이상의 것들 가운데)
  * near 근처에
  * get on ~을 타다 / get off 내리다

Let's speak
Where do you go?

39강

* transfer to ~으로 갈아타다 (버스나, 전철, 비행기 등 교통수단에서)
* along ~을 따라
* on my left 내 왼편에

무엇보다도, 나는 전철이나 버스, 그리고 택시 중에 탈것을 택해야 한다. 나는 서울역 근처 버스정거장으로 걸어가서 시청 가는 버스를 탄다. 나는 시청에서 내려서 10번 버스로 갈아탄다. 3 정거장 후에 나는 내린다. 나는 약 10분 정도 첫 번째 교차로까지 길을 따라 걷는다. 그런 다음 나는 왼쪽에 내 집을 볼 수 있다.

Practice 연습해 봅시다.

1. 내가 다른 동네에 있을 때
2. 무엇보다도, 지하철과 버스, 택시 중에서 탈 것을 골라야 해요.
3. 서울역 근처의 버스 정류장으로 걸어가서 시청으로 가는 버스를 탑니다.
4. 시청에서 버스를 내려 버스 10번으로 갈아탑니다. 3정거장 후, 버스를 내려요
5. 길을 따라 첫 네거리까지 약 10분 걸어요. 그러면 왼쪽에 내 집을 볼 수 있어요

1. When I am in another town.
2. Most of all, I have to choose among the subway, a bus and a taxi to take.
3. I walk to a bus station near Seoul Station and get on a bus for the city hall.
4. I get off the bus at the city hall and transfer bus number 10. After three stops, I get it off.
5. I take a walk along the road to the first crossroads for about 10 minutes. Then, I can see my house on my left.

Memorizing 암기한 것을 크고 정확하게 말해보세요.

실제 외국인과 또는 친구와 대화한다고 상상하며 우리말로 쓰인 표현을 지금까지 배운 것을 사용하여 영어로 큰 소리로 정확하게 발음하여 말합니다.

Student: 실례합니다. 여긴 처음 오셨나요?
Teacher: No, I live here. Do you need help?
Student: 네, 당신의 도움이 필요합니다. 제가 가야 할 길을 모르겠어요.
Teacher: Where do you go?
Student: 전 우체국에 가야만 합니다.

Let's speak
Where do you go?

39강

확인문제

1. 아래의 빈칸에 들어갈 적절한 단어를 고르시오.

   > Which ( ) do you go?

   ① 답이 없음(또는 모두 해당) ② one
   ③ kind ④ way

2. 아래의 문장에서 which의 쓰임이 다른 문장을 하나 고르시오.
   ① Which country do you want to visit?
   ② Which color do you prefer?
   ③ Which do you like the most?
   ④ Which clothes do you like to try on?

3. 괄호 속 단어와 바꾸어 사용해도 문장의 전체적인 의미가 비슷한 것을 고르시오.

   > Do you need (help)?

   ① call ② me
   ③ a hand ④ foot

4. 다음 질문을 듣고 그 대답으로 가장 적절한 것을 고르시오.
   ① Yes, I would like to find the way easily.
   ② No, I won't look for the way by myself.
   ③ Yes, I am good at finding the right way.
   ④ No, I don't find out the answer easily.

Writing   수업 후 영작 한마디

난 집에 가는 길을 모르겠다

Let's speak
How long do you sleep?

40강

복습문제

1. 주어진 문장과 같은 의미가 아닌 것을 고르시오.

   > Do you need help?

   ① Can I help you?
   ② Are you ok?
   ③ May I help you?
   ④ Are you looking for someone?

2. 다음 질문을 듣고 그 대답으로 가장 적절한 것을 고르시오.
   ① Just I ask some people about the right directions.
   ② I try to talk about the news in a nice way.
   ③ Normally I try not to lose myself.
   ④ I will never ask it of you.

어휘학습

example	보기, 예시
during	~동안
sufficient	충분한
adequate	적당한, 적절한
early	일찍, 이른
dream	꿈(꾸다)
guy	녀석, 사람, 놈, 남자

Dialogue 대화

이번 시간 대화 주제는 "How long do you sleep? 당신은 얼마나 오래 잠을 잡니까?"입니다. 이 표현이 어떻게 쓰이는지 대화를 통해 함께 살펴보겠습니다.

이번에도 역시 두 사람이 대화를 하고 있습니다. 대화 속 질문에 대한 여러분들만의 대답을 생각해 보세요.

Teacher: You look tired. Are you sleepy?
Student: A little bit.
Teacher: How long do you sleep?
Student: About 5 hours a day.
Teacher: Why don't you get more sleep? You should be in bed more.
Student: But I don't have enough time.

Let's speak
How long do you sleep?

40강

대화에 사용되는 표현들을 좀 더 자세히 살펴봅시다.
- **look** 보이다 (객관적인) / **seem** 보이다 (주관적인 생각)
- **look like / seem like** ~처럼 보이다
  * 날씨가 구름이 있어서 비가 올 것 같아 보일 때
  It looks like that it will rain soon 곧 비가 올 것처럼 보인다.
  * 지난 일이 마치 어제 일처럼 느껴질 때
  It seems like it was only yesterday that I graduated from high school.
  내가 고등학교를 졸업한 것이 마치 어제인 것처럼 보인다.
- **how long** 기간 / **how much** 양, 정도 / **how often** 빈도
- **how many** 수량 / **how far** 거리 / **how old** 나이
- **enough** 충분한
  * 동의어 sufficient, adequate

imagination: 주어진 질문에 대한 대답을 상상해 보세요.

> Q: Why don't you sleep enough? 너는 충분히 잠자는 게 어떠니?

대답에 사용되는 다양한 표현들을 살펴볼까요?
- I sleep enough. But sometimes I don't sleep enough. Because I have to play with my kids or often work until late in the company. So, I used to sleep more time during the weekend. But now I try to go to bed early every day.
  * work until late 늦게까지 일하다
  * used to ~하곤 했다. (과거의 습관)
  * during the weekend 주말 동안에
  * go to bed 자러 가다.
  나는 충분히 잔다. 그러나 때때로 나는 충분히 자지 못한다. 왜냐하면 나는 나의 아이들과 함께 놀아야 하거나 또는 종종 늦게까지 회사에서 일해야 한다. 그래서 나는 주말 동안 더 많이 잠자곤 했다. 그러나 지금 나는 아침에 일찍 일어나려고 노력한다.

> Q: What do you usually dream of?

대답에 사용되는 다양한 표현들을 살펴볼까요?
- I used to dream of something bad. For example, I kill myself or lose my way home and so on. These days, I dream of a kind of a nice dream. Because I go

Let's speak
How long do you sleep?

out with a handsome guy. I go for a drive and have a good time with him in my dream. I am so delighted.

* dream of ~에 대한 꿈을 꾸다
* for example 예를 들어
* lose my way 나의 길을 잃다
* a kind of 일종의
* go out with ~와 외출하다, ~와 데이트하다
* go for a drive 드라이브를 가다
* delighted 기쁜 - 기쁘다는 동사 delight에 ed가 붙어서 형용사가 되었습니다.

나는 어떤 나쁜 꿈을 꾸곤 했다. 예를 들면, 자살하거나 또는 집에 오는 길을 잃어버리는 등등의 꿈이다. 요새 나는 일종의 좋은 꿈을 꾼다. 왜냐하면 나는 멋진 남자와 데이트 하기 때문이다. 나는 그와 함께 드라이브를 가고 좋은 시간을 꿈속에서 갖는다. 나는 매우 기쁘다.

Practice 연습해 봅시다.

1. 난 충분히 자. 그러나 때때로 그렇지 못해. 왜냐하면 난 아이들과 놀아주거나 혹은 종종 회사에서 늦게까지 일해야 하거든.
2. 그래서 난 주말에 더 많은 시간을 자곤 했어. 그런데 지금은 매일 일찍 잠자리에 들려고 노력해.
3. 난 보통 어떤 나쁜 꿈을 꾸곤 했어. 예를 들어, 자살한다거나 집으로 가는 길을 잃거나, 기타 그런 것 말야.
4. 요즘은 일종의 좋은 꿈을 꿔. 왜냐하면 내가 잘생긴 남자와 데이트를 하거든.
5. 내 꿈속에서 난 그와 함께 드라이브를 가서 좋은 시간을 보내지. 난 참 기뻐.

1. I sleep enough. But sometimes I don't sleep enough. Because I have to play with my kids or often work until late in the company.
2. So, I used to sleep more time during the weekends. But now I try to go to bed early every day.
3. I used to dream of something bad. For example, I kill myself or lose my way home and so on.
4. These days, I dream of a kind of a nice dream. Because I go out with a handsome guy.
5. I go for a drive and have a good time with him in my dream. I am so delighted.

Let's speak
How long do you sleep?

40강

Memorizing   암기한 것을 크고 정확하게 말해보세요.

실제 외국인과 또는 친구와 대화한다고 상상하며 우리말로 쓰인 표현을 지금까지 배운 것을 사용하여 영어로 큰 소리로 정확하게 발음하여 말합니다.

> Teacher: You look tired. Are you sleepy?
> Student: 약간
> Teacher: How long do you sleep?
> Student: 하루에 약 5시간
> Teacher: Why don't you get more sleep? You should be in bed more.
> Student: 그런데 내가 충분한 시간이 없어.

확인문제

1. 아래의 빈칸에 들어갈 적절한 단어를 고르시오.

   > How ( ) do you sleep?

   ① 답이 없음(또는 모두 해당)   ② much
   ③ well   ④ long

2. 아래의 문장에서 about의 쓰임이 다른 문장을 하나 고르시오.
   ① I sleep about 5 hours a day.   ② I don't want to talk about myself.
   ③ I will not ask her about yesterday.   ④ I must feel angry about her.

3. 괄호 속 단어와 바꾸어 사용해도 문장의 전체적인 의미가 비슷한 것을 고르시오.

   > What time do you (go to bed)?

   ① get up   ② wake up
   ③ sleep   ④ sleep up

4. 다음 질문을 듣고 그 대답으로 가장 적절한 것을 고르시오.
   ① I don't have enough time to sleep.
   ② To be honest, I sleep all day and night.
   ③ Honestly, I go to sleep at midnight.
   ④ I will need to buy a new bed soon.

Writing   수업 후 영작 한마디

난 잠잘 수 있는 약 1시간이 있다.

Review 3
1인칭 실전 복습

41강

여러분 반갑습니다. 오늘은 1인칭 실전강의 24편부터 40편까지 배운 내용들을 복습해보도록 하겠습니다.

Review 실제로 대화한다 생각하고 연습해 봅시다.

1. 난 한 부서를 책임지고 있어.
2. 난 약 5분간 커피 시간을 가져
3. 거울에서 내 얼굴을 볼 때
4. 난 마음이 열려 있어
5. 난 아무 조리법도 알지 못해
6. 내가 아무것도 할 게 없을 때
7. 왜냐하면 난 배우들을 직접 보고 싶기 때문이야
8. 내가 여자 친구와 헤어질 때
9. 다른 학생을 따라 잡을 수 없을 때
10. 응, 난 지루하고 피곤하다고 느껴
11. 난 내 아파트에 만족해
12. 난 일 년에 3천 만원 받아
13. 응, 왜냐하면 내가 이 회사에 적응을 하지 못하기 때문이야.
14. 그래서 난 지금 돈을 저축해. 왜냐하면 지금은 내가 그것들을 살 여력이 없거든.
15. 그런데 난 나의 가족과 새로운 집을 구해서 이사하고 싶어. 내가 돈이 있다면.
16. 난 지금보다 더 영어를 열심히 배워야 해. 내가 회사 환경에 적응하길 원한다면.
17. 저 좀 이해해주세요. 일정을 바꿀 수 없어요. 왜냐하면 제가 매일 아침에 치과엘 가야 해요.
18. 시청에서 버스를 내려 버스 10번으로 갈아탑니다. 3정거장 후, 버스를 내려요
19. 난 충분히 자. 그러나 때때로 그렇지 못해. 왜냐하면 난 아이들과 놀아주거나 혹은 종종 회사에서 늦게까지 일해야 하거든.
20. 난 보통 어떤 나쁜 꿈을 꾸곤 했어. 예를 들어, 자살한다거나 집으로 가는 길을 잃거나, 기타 그런 것 말야.

Review 3
1인칭 실전 복습

1. I am in charge of a department.
2. I have a coffee break for about 5 minutes.
3. When I look my face in a mirror.
4. I am open minded.
5. I don't know any recipe.
6. When I have nothing to do.
7. Because I would like to see actors face to face.
8. When I break up with a girlfriend.
9. When I can't catch up with other students.
10. Yes, I feel bored and tired.
11. I am satisfied with my apartment.
12. I earn thirty million won a(per) year.
13. Yes, because I can't adapt to this company.
14. So, I save some money now. Because I can't afford those items at the moment.
15. However, I want to get a new house and move in with my family if I have some money.
16. I should learn English harder than now if I want to adapt to the circumstances of the company.
17. Please, understand me. I cannot change the schedule. Because I have to go to the dentist every morning.
18. I get off the bus at the city hall and transfer to the bus number 10. After three stops, I get it off.
19. I sleep enough. But sometimes I don't sleep enough. Because I have to play with my kids or often work until late in the company.
20. I used to dream of something bad. For example, I kill myself or lose my way home and so on.

1인칭 기초발음

영정필 영어가 말로 필요한 사람들

발음 학습 개요

1강

1. 글로비쉬 Globish: Global (전세계) 과 English (영어) 의 합성어

프랑스인으로 IBM의 부사장을 지낸 장 폴 네리에르가 제안했으며, 비영어권 사람들도 쉽게 사용할 수 있는 간단한 영어를 지칭합니다. 약 1500개 단어 정도로 문법과 같은 형식보다는 의미전달에 주안점을 두는 것이 특색이며, 영어가 모국어가 아닌 사람들이 좀 더 편하게 영어를 배우고 사용할 수 있는 데에 초점을 둡니다.

원어민처럼 또는 원어민에 가까운 발음을 하는 것은 아주 어릴 때부터 영어를 밀접하게 사용하는 경우에만 가능하며 사실 성인들에게 있어서는 매우 어려운 일입니다. 또 원어민들도 발음이 크게 이상하지 않는 한, 비영어권의 사람이 사용하는 영어의 대부분은 이해를 합니다. 때문에 성인에게 있어서는 완벽한 발음을 익히기 위해 많은 시간을 사용하는 것 보다는, 의미전달에 방해되지 않는 정도의 발음을 익히는 것이 필요합니다.

2. 알파벳 (모음과 자음)

발음학습을 위한 가장 기초는 알파벳의 음가를 익히는 일이 될 것입니다.

영어에서는 모음이 5가지 (a, e, i, o, u) 이며 나머지는 자음으로 구분을 합니다. 자음은 음가가 크게 변화하지 않지만 모음은 어떤 자음과 함께 있느냐, 어느 모음과 함께 있느냐에 따라 음가가 달라지기도 합니다. 그래서 자음도 중요하지만 모음을 잘 발음하실 수 있도록 배워야 하겠습니다.

인터넷 강의에서 들으실 수 있는 원어민의 알파벳 자음을 들으시면서 따라해 보겠습니다.

A	B	C	D	E	F	G	H	I	J	K	L	M
a	b	c	d	e	f	g	h	i	j	k	l	m
[eɪ]	[biː]	[siː]	[diː]	[iː]	[ɛf]	[dʒiː]	[eɪtʃ]	[aɪ]	[dʒeɪ]	[keɪ]	[ɛl]	[ɛm]

N	O	P	Q	R	S	T	U	V	W	X	Y	Z
n	o	p	q	r	s	t	u	v	w	x	y	z
[ɛn]	[oʊ]	[piː]	[kjuː]	[aː]	[ɛs]	[tiː]	[juː]	[viː]	[ˈdʌblju]	[ɛks]	[waɪ]	[zɛd/ziː]

알파벳 대문자와 소문자 아래에 [ ]로 혹은 // 로 표시된 사이의 글자들은 각각 자음과 모음의 발음기호입니다. 처음 보는 단어를 어떻게 발음해야 할지 모를 때, 정확한 발음을 위해서 이 발음기호를 잘 확인하시고 발음기호대로 소리 내시면 됩니다.

발음 학습 개요

3. **악센트, 인토네이션, 연음**

   악센트는 단어에 주어지는 강세 즉 어디를 힘주어 발음할 것인지를 표시해주는 것입니다. 이 악센트는 모음에만 주어지며 단어의 첫 음절에 강세가 가장 많이 옵니다.

   인토네이션은 문장에 주어지는 강세입니다. 즉 단어처럼 문장을 읽을 때도 문장의 종류와 주요 단어에 따라 힘을 줘서 발음해야 하는 부분이 있습니다. 같은 문장이라 하더라도 인토네이션에 따라 전달하고자 하는 의미가 달라질 수도 있습니다. 효과적인 인토네이션 학습을 위해서는 원어민의 말을 많이 듣고 따라하는 것이 필수입니다.

   원어민의 말을 듣고 따라하려고 하는데 이것도 쉽지는 않습니다. 그 이유 중 하나는 '연음'이라 할 수 있습니다. 우리말에서도 연음현상이 있는 것처럼 영어도 단어와 단어가 문장 속에서 발음될 때 단어의 끝소리와 그 다음 단어의 첫소리가 이어서 소리 나게 됩니다.

   예) I want to have a cup of coffee.

   위의 예문을 발음하면 '아이 원트 투 해브 어 컵 오브 커피'이지만 실제로는 'want'와 'to'가 이어져서 한 단어처럼 들리며, 'have' 와 'a' 도 한 단어처럼, 'cup'과 'of'도 마치 한 단어처럼 발음하게 됩니다.

모음기호와 읽기

2강

알파벳 모음을 어떻게 정확하게 발음하게 되는지 세세하게 배우도록 하겠습니다.
모음은 단모음, 장모음, 이중모음으로 구분합니다.
영어발음기호 아래에는 우리말 소리에 해당하는 음가를 표시했습니다. 우리말 음가는 영어 모음발음에 가까운 소리를 적어 놓은 것이며 항상 같은 소리로 들리거나 발음되지는 않습니다. 예를 들어 'Good'은 굿이라고 발음하지만 원어민에 더 가까운 발음은 [u]에 해당되는 소리를 '우'와 '으' 사이가 되겠습니다.

이제 동영상 강의를 통해서 원어민의 발음을 들어보고, 큰 소리로 따라서 발음해보겠습니다.

1. 단모음
짧게 발음되는 모음

[i]	[u]	[ʌ]	[a]	[ə]	[e]	[æ]
이	우(으)	어(아)	아(어)	어	에	애
hit	put	cup	hot	away	met	cat
sitting	could	luck	rock	cinema	bet	black

2. 장모음
'아, 에, 이, 오, 우'에 해당되는 모음들이 길게 발음되는 경우가 있습니다.

[i:]	[u:]	[a:]	[ɔ:]	[ɜ:]
이~	우~	아~	오~	어~ㄹ
see	blue	arm	call	turn
heat	food	father	four	learn

3. 이중모음
이중모음은 모음이 두개이상 들어가 있기에 조금 어렵게 느껴질 수도 있지만 아래 도표와 원어민의 발음을 직접 들어보시면 금방 익힐 수 있습니다.

[iə]	[ʊə]	[ai]	[ɔi]	[əʊ]/[ou]	[eə]	[aʊ]	[ei]
이어	우어	아이	오이	오우	에어	아우	에이
near	pure	five	boy	go	where	now	say
here	tourist	eye	join	home	air	out	eight

자음기호와 읽기

3강

자음은 크게 무성음과 유성음으로 나뉩니다. 무성음은 성대가 울리지 않으며 소리가 나는 음을 말하고 유성음은 성대의 떨리며 소리가 나는 음을 말합니다. 모음도 유성음, 무성음으로 구분하자면 유성음에 해당됩니다. 이제부터 원어민의 발음을 듣고 모음과 자음 발음 연습을 할 때 목에 손을 대고 떨림이 있는지 없는지 한번 확인해보세요.

1. 무성음
숨을 턱 내 뱉듯이, 성대의 떨림이 없는 말

[p]	[t]	[tʃ]	[k]	[f]	[θ]	[s]	[ʃ]	[h]
프	트	츠	크	프	쓰	스	슈	ㅎ
Pet	Tea	Check	Cat	Find	Think	Sun	She	How
Map	Getting	Church	Back	If	Both	Miss	Crash	Hello

2. 유성음
숨을 거의 내 뱉지 않고, 성대의 떨림이 있는 말

[b]	[d]	[dʒ]	[g]	[v]	[ð]	[z]	[ʒ]
브	드	즈	그	브	드	즈	쥬
Bad	Did	Just	Give	Voice	This	Zoo	Pleasure
Lab	Lady	Large	Flag	Five	Mother	Lazy	Vision

[m]	[n]	[ŋ]	[l]	[r]	[w]	[j]
음	은	응	러	르	워	여
Man	No	Sing	Leg	Red	Wet	Yes
Lemon	Ten	Finger	Little	Try	Window	Yellow

주의해야 할 발음(1)

4강

1. P 와 F
둘 다 무성음으로 P는 입술을 옆게 벌리면서 가볍게 숨을 뱉으며 우리말의 [ㅍ]의 발음을 합니다. F는 윗입술과 아랫입술의 사이로 숨을 내 뱉으면서 우리말의 [ㅍ] 발음.
조금 더 쉬운 방법은 P를 발음할 때는 윗입술과 아랫입술이 닿았다가 터뜨리듯이 소리를 내고, F는 윗니와 아랫입술이 닿았다가 떨어지면서 발음하시면 되겠습니다.

2. Th[θ] 와 Th[ð]
[θ]는 무성음으로 윗니와 아랫니를 혀의 앞부분에 살짝 대고 우리말의 [ㅆ]를 발음합니다.
[ð]는 유성음으로 우리말의 [ㄷ]를 발음합니다.

3. R 과 L
둘 다 유성음으로 R은 혀를 입안으로 말면서 [아~ㄹ]하듯이 우리말의 [ㄹ]소리를 냅니다.
L은 혀가 윗니에 가까운 입천장에 닿으며 우리말 [ㄹ]로 발음 연습을 합니다.

[p]	[f]	[θ]	[ð]	[r]	[l]
파	퐈	쓰/스	드	르	러
Pine	Fine	Theme	Then	Rose	Lose
Pull	Full	Month	These	Rack	Lack
Piano	Fiance	Thank	That	Really	Leave
Paper	Fame	Fifth	Though	Rise	Life
People	Fear	Thick	Them	Work	Walk
Paint	Face	Three	The	Boater	Bottle

주의해야 할 발음(2)

5강

1. **B 와 V**
   둘 다 유성음으로 B는 위와 아래의 입술을 굳게 다물었다가 입술을 떼면서 우리말의 [ㅂ] 발음을 합니다. V는 윗니를 아랫입술의 안쪽에 살짝 닿았다가 떨어지면서 우리말의 [ㅂ] 발음하시면 되겠습니다.

2. **[ʤ] 와 [z]**
   둘 다 유성음으로 [ʤ] 와 [z]는 우리말의 [즈]와 거의 흡사한데 다만 [z]발음은 혀가 입천장에 약간의 차이로 닿지 않은 채 입 안에서 공기의 흐름이 있으며 울림이 납니다.

3. **[s] 과 [ʃ]**
   둘 다 무성음으로 [s]는 우리말의 [ㅅ] 소리와 거의 비슷하고 [ʃ]는 우리말의 [쉬, 슈]와 비슷합니다.

[b]	[v]	[ʤ]	[z]	[s]	[ʃ]
브	븨	즈	즤	스	쉬
Berry	Very	Range	Lazy	Sea	She
Best	Vest	Jeep	Zebra	Sue	Shoe
Base	Vase	Jealous	Zealous	Sell	Shell
Cube	Curve	Jesus	Zero	Sow	Show
Ban	Van	Judge	Zoo	Vaccine	Ocean
Boil	Voice	Joy	Zip	Sun	Motion

1인칭 기초문법

영정필
영어가
정말로
필요한 사람들

8품사 - 명사

1강

▶ **개념**
명사란 일반적으로 사물의 이름을 나타내는 말이며, 기능상으로 주어, 목적어, 보어 그리고 전치사의 목적어 등으로 사용되어서 문장의 재료에 속합니다.

▶ **종류와 용법**
명사는 크게 셀 수 있는 명사와 셀 수 없는 명사로 구분합니다.

1. 셀 수 없는 명사
셀 수 없기 때문에 복수의 형태가 없으며, 단수취급을 하며 고유명사, 추상명사로 구분되기도 합니다.

(가) 고유명사 (Proper Noun): 특정한 사람, 장소, 사물의 명칭을 일컬으며 항상 대문자로 시작합니다.
예: Daniel (사람이름), Seoul (서울), Kimchi (김치) 등

(나) 추상명사 (Abstract Noun): 형태가 없는 것을 일컫습니다.
예: Love (사랑), Attraction (매력), Energy (에너지) 등

2. 셀 수 있는 명사
셀 수 있기 때문에 단수와 복수형이 존재하며 복수형은 보통명사 뒤에 ~s(또는 ~es)를 붙여서 나타냅니다. 셀 수 있는 명사는 보통명사와 집합명사로 구분할 수 있습니다.

(가) 보통명사 (Common Noun): 특정한 형체를 갖는 어떤 사람이나 물건을 일컫습니다.
예: Tree (나무), Man (남자), Dog (개) 등

(나) 집합명사 (Collective Noun): 사람, 물건의 집합체를 일컫습니다.
예: Rock(바위), Family(가족), Navy(해군) 등

▶ **중요사항**

1. 셀 수 있는 명사의 복수형
명사들 중에는 그 수를 셀 수 있는 명사가 있습니다. 이러한 셀 수 있는 명사는 그 수가 두 개 이상일 때 사용되는 복수형태가 따로 존재하기에 꼭 알아둘 필요가 있습니다.

(가) 가장 많은 유형으로 명사(동사)의 뒤에 **~s**를 붙입니다.
예: boys, girls, books, dogs 등

8품사 - 명사

(나) 끝이 **s, x, ch, sh로** 끝나는 명사(동사) 경우는 그 끝에 **~es**를 붙입니다.
예: classes, axes, watches, fishes 등

(다) 끝이 **y로 끝나고 그 y의 앞에 자음이** 있는 경우만 그 끝을 **~ies**로 바꿉니다.
예: flies(날다), duties(의무들) 등
* y 앞에 모음이 있는 경우는 ~s를 붙입니다.
예: plays(놀다), toys(장난감들) 등

(라) 끝이 **f, fe로** 끝나는 경우는 그 끝을 **~ves**로 바꿉니다.
예: wives(부인들), thieves(도둑들), knives(칼들) 등

(마) 끝이 **o로 끝나는 경우 그 o앞이 자음일** 경우만 그 끝에 **~es**를 붙입니다.
예: potatoes(감자들), heroes(영웅들) 등
*o앞에 모음이 있는 경우는 ~s를 붙인다.

(바) 몇 개의 명사는 위의 규칙들과 상관없이 그 복수형이 따로 정해져 있습니다. 이렇게 **규칙 없이 변화하는** 형태의 단어들은 꼭 암기해야 합니다.
예: man(단수) -> men(복수), woman(단수) -> women(복수)
tooth(단수) -> teeth(복수), person(단수) -> people(복수) 등

(사) 몇 개의 명사는 **단수와 복수형이 같다.**
예: deer(사슴), sheep(양) 등

2. 관사
관사는 명사 앞에 위치하여 그 명사의 의미를 한정하거나 규정합니다. 소유격을 나타내는 대명사는 관사와 함께 쓸 수 없습니다.

(가) 부정관사: 셀 수 있는 명사의 단수형 앞에 놓이며 특별히 정해지지 않은 막연한 것을 가리키거나 처음 그것에 대해 말할 때 **a또는 an**을 사용합니다.
a: 발음이 자음으로 시작되는 명사에 사용
an: 발음이 모음으로 시작되는 명사에 사용
예: I have **a** tree.
I have **an** apple.

(나) 정관사: 이미 언급된 말, 또는 누구나 알만한 특정한 대상을 가리키며 단수, 복수 명사에 모두 **the**를 붙이게 됩니다.

8품사 - 명사

예: I have **a** tree. I will give you **the** tree.
나는 나무 한 그루가 있어. 나는 그 나무를 너에게 줄 거야.
I have **trees** and **the trees** will be yours soon.
나는 나무들이 있고 그 나무들은 곧 너의 것이 될 것이다.

3. 주격, 목적격, 소유격
문장 속에서 명사나 대명사의 다른 말에 대한 관계를 '격'이라 하며, 주격, 목적격, 소유격이 있습니다.

(가) 주격: 문장에서 주어역할을 하며 우리말 표현의 '은, 는, 이, 가'로 해석됩니다.

(나) 목적격: 문장에서 목적어 역할을 하며 '을, 를, ~에게'로 해석됩니다.
예: I like you. 나는 너를 좋아한다.

(다) 소유격: 문장에서 무엇을 소유하는 역할을 하며 그 해석은 '~의'로 합니다. 사람이나 동물의 소유격은 해당명사에 **['s]**를 넣어 표현하며, s로 끝나는 복수명사에 대해서는 **[']**을 붙여 표현합니다. 무생물인 경우에는 단어와 단어 사이에 **[of]**를 넣어 표현합니다.
예: I have my father's book. (나는 내 아버지의 책을 가지고 있다.)

8품사 - 대명사

2강

▶ **개념**

대명사란 명사를 대신해서 사용되는 것으로 문장 안에서 명사처럼 주어, 목적어, 보어 및 전치사의 목적어 역할을 합니다.

▶ **종류와 용법**

1. 인칭 대명사

인칭 대명사는 사람이나 사물을 지칭하는 것으로 1인칭, 2인칭, 3인칭이 있고 각각 단수와 복수형태가 존재합니다. 또한 명사처럼 주격, 소유격, 목적격 등이 있습니다.

주격 (은,는,이,가)	목적격 (을,를,~에게)	소유격 (~의)	소유대명사 (~의 것)	재귀대명사 (~자신)
I (나)	me	my	mine	myself
You (너)	you	your	yours	yourself
He (그)	him	his	his	himself
She (그녀)	her	her	hers	herself
It (그것)	it	its		itself
We (우리)	us	our	ours	ourselves
You (너희들)	you	your	yours	yourselves
They (그들)	them	their	theirs	themselves

소유격은 '누구의'라는 의미를 나타낼 때 사용합니다. 때문에 뒤에 사람이나 사물 등의 명사가 와야 합니다. 소유대명사는 '누구의 것'인지를 알려줍니다. 소유대명사 뒤에는 다른 명사나 대명사가 오지 않습니다. 두 격의 차이를 예문을 통해 확인하겠습니다.

소유격	소유대명사

Q: Whose umbrella is it?
   그것은 누구의 우산입니까?
A: It is **my** umbrella. (o)
   그것은 **저의** 우산입니다.
	Q: Whose umbrella is it?
	   그것은 누구의 우산입니까?
	A: It is **mine. (o)**
	   그것은 **제 것**입니다.
	   It is mine umbrella. (x)

8품사 - 대명사

재귀대명사는 자기 자신을 가리키는 것으로 문장 속에서 '스스로' 또는 '자신'을 강조할 때, 또는 문장 속 주어와 목적어가 같은 대상일 경우 목적어에 재귀대명사를 사용합니다.

> 예: I did my homework by **myself**. 나는 **혼자서(스스로)** 내 숙제를 했다.

이때 재귀대명사는 전치사 by와 함께 쓰여서 스스로 했음을 강조하기에 by와 함께 생략되어도 문장이 어색하지 않습니다. 그러나 동사의 목적어로 재귀대명사가 쓰일 경우에는 생략할 수 없습니다.

> 예: I have to protect **myself**. 나는 **나 자신을** 지켜야 한다.

▶ 비인칭주어 it

It은 '그것'을 의미할 때도 사용되지만, 날씨, 날짜, 요일, 시간, 거리 등을 표현하는 문장에서 별도의 뜻이 없는 주어로 사용되는 것을 비인칭 주어라고 합니다.

> It is very hot today. 오늘 날이 무척 덥네요. (날씨)
> It is already 5 o'clock. 벌써 5시입니다. (시간)
> It is about 10 kilometers from here to school. 여기서 학교까지는 10km입니다. (거리)
> It is very dark outside. 밖이 매우 어둡습니다. (명암)

2. 의문대명사

대명사의 역할을 하는 의문사로 뒤에 명사가 오면 의문형용사가 되기도 합니다.

(가) what 무엇
  예: What is that? 저것은 무엇입니까?

(나) Who 누구
  예: Who is that? 저 사람은 누구입니까?

(다) Whose 누구의 (뒤에 대상을 나타내는 명사가 옵니다. 그래서 의문형용사로 쓰입니다.)
  예: Whose apple is that? 저것은 누구의 사과입니까?

(라) Whom 누구를
  예: Whom do you love? 당신은 누구를 사랑합니까?

(마) Which 어느 것
  예: Which do you prefer? 어느 것을 좋아합니까?

8품사 - 대명사

3. 지시대명사

무엇을 가리킬 때 사용하는 대명사로, 혼자 쓰이지 않고 명사 앞에 쓰이면서 지시형용사가 됩니다.

(가) **This** 이것: 단수인 대상을 가리키거나, 단수 명사 앞에 옵니다.
   예: This is my teacher. 이 분은 제 선생님입니다.
   This person is my teacher. 이 분은 제 선생님입니다.

(나) **These** 이것들: 복수인 대상을 가리키거나 복수 명사 앞에 옵니다.
   예: These are all good. 이것들은 다 좋습니다.
   These people are all good. 이 사람들은 다 착합니다.

(다) **That** 저것: 단수인 대상을 가리키거나, 단수 명사 앞에 옵니다.
   예: That is my teacher. 저 분은 제 선생님입니다.
   That person is my teacher. 저 분은 제 선생님입니다.

(라) **Those** 저것들: 복수인 대상을 가리키거나 복수 명사 앞에 옵니다.
   예: Those are all good. 저것들은 다 좋습니다.
   Those people are all good. 저 사람들은 다 착합니다.

4. 관계대명사

관계대명사에는 who, whose, whom, which, that, what이 있는데, 두 개의 문장을 한 문장으로 엮을 때 사용합니다. 앞에 위치할 문장의 한 단어(사람이나 동물 또는 사물)를 관계대명사가 가리키게 되며 뒤에 따라오는 문장에서 그 관계대명사가 주어나 또는 목적어의 역할을 하며, 때로는 소유격의 의미로 쓰이기도 합니다. 이때 앞 문장에서 관계대명사가 가리키는 대상(사람이나 동물 또는 사물)을 선행사라고 부릅니다. 단 what의 경우는 what 자체가 선행사이면서 관계대명사가 되기에 별도의 선행사가 필요 없습니다. 예문을 통해 확인해보겠습니다.

> I don't know **what** you mean. 나는 네가 의미하는 것을 모르겠다.
> A <u>person</u> **who** does not like you is me. 너를 좋아하지 않는 사람은 나다,
> A <u>person</u> **whom** you keep up with is so clever. 네가 따라 잡으려고 하는 사람은 아주 영리하다.
> These are <u>the things</u> **which** you told me to buy. 이것들은 네가 사라고 했던 것이다.

위의 예문에서 굵은 글씨는 관계대명사이며, 밑줄이 쳐진 단어는 관계대명사가 가리는 대상인 선행사입니다.

8품사 - 대명사

5. 부정 대명사

구체적이지 않은, 막연한 사람이나 사물, 수량을 나타내는 대명사로 some, any, one, other, another, each, either, both, neither, all, none 등이 있습니다.

부정 대명사에 아셔야 하는 것은 some과 any는 사용이나 의미에서 매우 비슷하지만 some은 주로 긍정문에서 사용하고, any는 부정문과 의문문, 그리고 조건문에 주로 사용된다는 점입니다.

또 우리말에서 하나, 다른 하나, 나머지 등의 표현처럼 영어에서도 같은 표현들이 있는데 차례대로 살펴보겠습니다.

(가) one (하나) 과 the other (다른 나머지 하나)
   어떤 대상이 두 개가 있을 때 '하나'와 '다른 나머지 하나'의 뜻으로 사용합니다.
   I have two books. <u>One</u> is for me and <u>the other</u> is for you.
   나는 책이 두 권 있어. 하나는 내거고, 다른 하나는 네 거야.

(나) one (하나), another(다른 하나), the other (나머지 하나)
   어떤 대상이 셋 일 때, 먼저 고르는 것은 one으로 지칭하고, 남은 것 중 막연히 다른 것을 가리킬 때 another를 쓰며, 나머지 하나를 the other로 표현합니다.
   I have three dogs: <u>one</u> is black; <u>another</u> is white; and <u>the other</u> is grey.
   나는 세 마리의 개들이 있어. 하나는 검정이고, 다른 하나는 희고, 나머지 하나는 회색이야.

(다) some (어떤 것), others (다른 것들), the others (나머지 것들)
   여러 무리의 대상에 대해서 '어떤 것들' 혹은 '어떤 사람들'이라고 말할 때 '어떤 것들'과 '나머지 것들'로 구분하고자 할 때 some과 the others를 사용하며, '어떤 것들'과 막연히 '다른 어떤 것들'을 언급할 때는 some과 others를 사용합니다. 또 '어떤 것들'과 막연히 '다른 것들'과 '나머지 것들'로 언급할 때는 some과 others와 the others를 사용합니다.

   There are many students. Some are from Korea, others are from Japan, and the others are from China. 많은 학생들이 있다. 몇몇은 한국 출신이고, 다른 몇몇은 일본사람이며, 나머지는 중국 출신이다.

자, 그럼 지금까지 배운 내용들로 아래의 대화문을 읽고 무슨 내용인지 파악해 보세요.

> A: We have ten apples. I am going to give you one. I am going to give your friend another. I am going to give your mom others.
> B: What are you going to do with the others?
> A: I am going to keep other apples with me.

8품사 - 동사

3강

▶ **개념**

동사는 문장에서 동작이나 상태를 나타내는 말로써 Be동사, 일반 동사, 조동사의 3가지 유형이 존재합니다.

▶ **종류와 용법**

1. Be 동사

1인칭 단수주어 I 와 함께 사용되는 am, 2인칭 및 복수인칭에 사용되는 are, 3인칭 단수 주어와 어울리는 is가 있습니다. 이러한 be동사들이 조동사와 함께 쓰이거나 원형으로 쓰일 때는 주어의 인칭과 상관없이 be를 사용합니다.

예: I am a boy. 나는 소년이다.
    You are a teacher. 너는 선생님이다.
    It is a desk. 그것은 책상이다.
    He is going to be a doctor. 그는 의사가 될 예정이다.

Be동사의 과거형은 주어가 단수일 때는 was, 복수일 때는 were가 됩니다.

2. 일반동사

우리가 알고 있는 대부분의 동사는 일반동사로서 'be동사'와 '조동사'를 제외한 나머지의 모든 동사를 일컫습니다. 이러한 일반동사는 목적어 없이도 쓸 수 있는 자동사와 목적어가 있어야 하는 타동사로 구분합니다. 또 하나의 동사가 자동사로 쓰이기도 하고 타동사로 쓰이기도 하니 동사의 쓰임에 대해서 잘 알아둬야 합니다.

(가) 자동사

자동사는 목적어가 없어도 되는 동사를 지칭합니다. 고로, 주어 + 동사의 형태만으로도 완벽한 하나의 문장을 만들 수 있습니다.

예: I go. 나는 간다.
    I think. 나는 생각한다,
    You know. 너는 안다.

(나) 타동사

어떤 동사는 완벽한 문장을 이루기 위해 목적어가 와야만 합니다. 이렇게 목적어를 필요로 하는 동사를 타동사라고 부릅니다. 여기에는 능동태와 수동태의 두 가지 형태가 있습니다.

예: I see him. 나는 그를 본다.
    He teaches me. 그는 나를 가르친다.

8품사 - 동사

자동사의 경우 목적어 역할을 하는 단어를 받기 위해 동사 뒤에 전치사가 오게 됩니다. 즉 주어 + 자동사 + 전치사 + 목적어 순의 문장이 만들어 지기도 합니다. 그러나 타동사는 전치사 없이 바로 타동사 뒤에 목적어가 오게 됩니다. 즉 일반동사 뒤에 전치사가 있느냐, 없느냐로 자동사와 타동사를 구분할 수도 있습니다.

(다) 능동태와 수동태
능동태와 수동태는 문장에서 주체와 주체의 행위/동작과의 관계에서 구분되는 표현들입니다. 가령 '내가 무엇을 한다'는 문장은 주체가 그러한 행동을 하는 것이기에 능동태로 분류되며, '무엇은 나로 인해 행해진다.'라고 바꾸어 말할 수 있습니다. 이때는 '무엇'이라고 하는 주체가 그러한 행동을 하는 것이 아니고, 나로 인해 행해지는 것이기에 수동태로 분류합니다. 영어에서는 이렇게 능동태문장을 수동태로 바꿔서 표현하는 몇 가지 규칙들이 있습니다.

> 능동태: He teaches me. 그는 나를 가르친다.
> 수동태: I am taught by him. 나는 그에게 가르침을 받는다.

위의 예문에서 보듯이 능동태의 문장이 수동태로 바뀌게 될 때 능동태의 주어와 목적어의 위치가 수동태 문장에서 바뀌게 되며 능동태 문장의 동사는 수동태문장에서 'be동사+과거분사' 형태로 바뀌게 됩니다. 또한 누구에 의해서 그렇게 되어졌는지를 알려주는 전치사 by가 수동태문장에서 사용되기도 합니다.

3. 조동사
조동사는 다른 동사를 돕는 역할을 하며 다음과 같은 종류가 있습니다.

(가) will "~할 것이다."
의지 또는 미래를 표현하는 조동사입니다.
예: I will go home. 나는 집에 갈 것이다.
미래를 표현하는 것으로 'be going to + 동사원형'의 표현도 있으며, 이 표현은 미래의 계획이나 예정된 일들에 대해서 말할 때 사용합니다.

(나) would "~했을 것이다"
will의 과거형으로 과거의 습관이나, 추측, 공손한 표현, 가정법 등에 사용됩니다.
예: Would you like something to drink? 마실 것 좀 드릴까요? (공손한 표현)
After lunch I would take a coffee break. 점심 후에 차 마실 시간을 가질 것입니다.(또는 문맥에 따라 과거의 습관이나 가정법으로 이해될 수도 있습니다.)

8품사 - 동사

(다) shall "~해야겠다, ~하지 않을래?"
권유, 단순미래, 의지, 법률과 규칙을 표현하며 shall의 과거형인 should는 "~해야 한다."는 의미로 많이 사용됩니다.
예: Shall we dance? 춤 추실래요? (권유)
　　You should study harder. 너는 공부를 더 열심히 해야겠다. (권유)

(라) can "~할 수 있다."
가능성 또는 허락을 표현합니다. 과거형은 could나 was(were) able to + 동사원형을 사용합니다.
예: Can you speak English? 영어를 말 할 줄 아십니까?
　　You can go. 너는 가도 좋다.

(마) could "~할 수 있었다."
can의 과거형으로 과거에 무엇을 할 수 있었다는 뜻으로 사용되며 공손한 표현 및 가정법으로도 많이 사용됩니다.
예: Could you help me, please? 저를 좀 도와주실 수 있나요? (공손한 표현)
　　공손한 표현으로 사용할 때는 would와 바꿔서 사용할 수 있습니다.

(바) must "~해야 한다."
의무나 확실한 추측을 표현할 때 사용합니다. 의무를 나타내는 표현으로는 'have to+동사원형', 'ought to+동사원형', 'be supposed to+동사원형' 등이 있습니다.
예: We must eat to live. 사람은 살기위해 먹어야 한다.

(사) may "~일지도 모른다, ~해도 좋다"
추측 및 허가의 표현으로 사용됩니다. 허가의 표현 can과 바꿔서도 사용 가능합니다.
예: You may go home. 너는 집에 가도 된다. (허가)
　　It may be true. 사실일지도 모른다. (추측)

(아) might "~일지도 모른다."
may의 과거형으로 약한 추측을 할 때 또는 가정법에 사용됩니다.
예: It might be raining soon. 곧 비가 올지도 모르겠어. (약한 추측)

(자) have와 do
have는 완료형의 문장에서 사용이 되며, do는 일반동사가 쓰인 문장의 의문문과 부정문에서 조동사로서 사용이 됩니다.

8품사 - 동사

3강

4. 동사의 시제
동사의 시제는 크게 현재형, 과거형, 미래형으로 구분됩니다. 각각의 시제들은 진행과 완료, 능동태과 수동태 형태를 갖기도 하는데, 이는 좀 더 세밀한 시제를 표현하고자 할 때 사용이 됩니다.

(가) 현재형
매일 하는 것(습관), 불변의 진리를 표현할 때 사용이 됩니다.
예: The sun rises in the east and sets in the west. 태양은 동쪽에서 뜨고, 서쪽에서 진다. 태양이 뜨고 지는 것은 불변의 진리이며 매일 일어나는 일이기도 합니다. 그래서 현재형으로 씁니다.

(나) 과거형
현재형의 동사에 보통 ~ed를 붙이게 되며, 불규칙적으로 변하는 동사들도 있으니 시제변화에 주의해야 합니다. 과거형은 이미 있었던, 했던 일들을 나타내고자 할 때 사용이 됩니다.
예: The sun rose at 5 o'clock this morning. 태양은 오늘 아침 5시에 떴다.

(다) 미래형
미래동사는 일반동사와 조동사를 합하여 표현하는 것이 일반적입니다. 그러나 미래를 알려주는 표현과 함께 쓰이는 'be동사 + 일반동사 + ~ing'형태도 미래를 표현할 수 있습니다.
예: I will go to school tomorrow. 나는 내일 학교에 갈 것이다.
 = I am going to school tomorrow.

(라) 진행형
'be동사 + 일반동사 + ~ing'형태로 그 뜻은 "~을 하고 있다"입니다. 그리고 미래를 나타내는 표현과 함께 쓰여서 가까운 미래를 나타내기도 합니다.
예: I am going home. 나는 집에 가고 있다.
 She is doing her homework. 그녀는 숙제를 하고 있다.

(마) 완료형
동사의 과거분사형과 조동사 have가 결합하여 완료형의 문장을 만듭니다. 과거완료, 현재완료, 미래완료 등의 표현법이 있습니다. 또한 다른 조동사들과의 결합으로 다른 의미로 쓰이기도 합니다.
예: I have lived in Australia for two years.
 나는 호주에서 2년 동안 살아왔다. (현재완료)
 You must have lived in Australia.
 너는 호주에서 살았던 것이 틀림없다. (과거사실에 대한 확실한 추측)

8품사 - 전치사

4강

▶ **개념**

전치사는 우리말의 조사(~로, ~에, ~와, 등)같은 쓰임새로 명사와 대명사의 관계를 적절히 하기 위해 사용이 됩니다. 각각의 전치사만으로도 전달되는 의미가 있지만, 동사, 형용사, 명사 등과 함께 쓰여서 새로운 의미를 갖기도 합니다. 특히 동사와 함께 쓰이는 전치사를 숙어와 같이 이해하고 사용해야 합니다.

▶ **종류와 용법**

1. **시간을 타나내는 전치사**

    (가) in: 비교적 긴 시간을 나타내는 표현과 어울립니다. 예를 들면, 달, 년, 계절, 하루의 일정부분을 표현할 때 'in' 을 사용합니다.
    예: 달 - in July (7월에), in September (9월에)
    년 - in 1985 (1985년에), in 1999 (1999년에)
    계절 - in summer (여름에), in the summer of 69 (1969년도 여름에)
    하루의 부분 - in the morning (아침에), in the afternoon (오후에), in the evening (저녁에)

    (나) in, within
    예: in a minute (일분 안에, 잠시), within three weeks (3주 이내에) 등

    (다) at: 짧은 시간의 한 부분을 말하며, 몇 시, 몇 분, 정오, 자정 등에 사용됩니다.
    예: at night (밤에), at 9 o'clock (9시에), at Christmas (성탄절에), at noon (정오에), at midnight (자정에)

    (라) on: 일정한 때를 나타내며, 날짜, 요일에 사용됩니다.
    예: on the Lord's day (주일에), on Sunday (일요일에), on the 25th of December (12월 15일에), on my birthday (내 생일에) 등

    (마) until (=till): 어떤 상황이나 동작의 계속됨을 나타낼 때 사용합니다.
    예: until tomorrow (내일까지)
    You have to come to school until this Friday. 너는 이번 금요일까지 학교에 와야 한다. 상황이나 동작의 지속을 나타내는 until을 사용해서 금요일까지 계속 학교에 나가야 함을 의미합니다.

    (바) by: 어떤 상황이나 동작이 완료되는 또는 완료되어야 하는 시점을 나타낼 때 사용합니다.
    예: by Monday
    Please submit your assignment by this Friday. 이번 금요일 까지 과제를 제출하시오. 상황이나 동작이 완료되는 (또는 완료되어야 하는) 표현인 by를 사용해서 이번 주 금요일

8품사 - 전치사

까지가 과제를 제출해야 함을 의미하며, 과제가 그때까지만 완료되면 되는 것이기에 일찍 과제를 제출해도 되는, 예를 들어 목요일에 과제를 제출해도 되는 상황이기도 합니다.

(사) before/after/during: '~전에', '~후에', '~중에'라는 뜻을 갖습니다.
예: before school (방과 전), after school (방과 후), during school (방과 중)

(아) from/to: '~부터', '~까지'라는 뜻을 갖습니다.
예: from Monday to Sunday (월요일부터 일요일까지)

(자) for: '~동안'의 뜻을 갖습니다.
예: for three weeks (3주 동안)

(차) since: '~이래로부터 지금까지'의 뜻을 갖습니다.
예: since Monday (월요일 이후로 지금까지)

2. **장소를 나타내는 전치사**
   (가) at: 좁은 장소를 나타냅니다.
   예: She sits at(on) the desk. (책상에)
   Open your books at page 10. (페이지 10을)
   I stay at my father's house. (아버지 집에)
   Look at the top of the page. (페이지 제일 위를)

   (나) in: 넓은 장소를 나타냅니다.
   예: We sit in the room. (방 안에)
   I see a house in the picture. (사진 속에)
   There are fish in the river. (강 속에)
   I have to stay in bed. (침대에)

   (다) on: 특정 물건의 '~위에'를 나타냅니다.
   예: The map lies on the desk. (책상 위에)
   The photo hangs on the wall. (벽에)
   He lives on a farm. (농장에)

   (라) 기타: over(~위에, ~이상), under (~아래), above (~위쪽에), below (~아래쪽에), up (~위쪽으로), down (~아래쪽으로), into (~안쪽으로), out of (~밖으로), before (~전에), behind (~뒤에), by (~옆에), around (~주변에) 등

8품사 - 접속사

5강

▶ **개념**
접속사는 문장에서 단어와 단어, 구와 구, 절과 절을 연결하는 역할을 합니다.

▶ **종류와 용법**

1. **등위접속사**
    단어와 단어, 구와 구, 절과 절을 대등한 관계로 연결하는 역할로 and (그리고), but (그러나), or (또는), for (왜냐하면), so (그래서, 그러므로) 등이 있습니다.
    예: I have a book **and** a note. 나는 책과 노트가 있다.
    You go inside **and** I go outside. 네가 안으로 가고 내가 밖으로 간다.
    He is old, **but** he is smart. 그는 노인이지만, 영리하다.
    I am sick **so** I will stay at home. 나는 아프다. 그래서 집에 있을 거다.
    You will win, **for** you are good at it. 너는 이길 것이다. 왜냐하면 너는 잘 하니까.

2. **종속접속사**
    하나의 문장에 속하는 다른 하나의 문장(명사와 부사 역할을 하는)을 연결하는 역할로, that, if, whether, before, after, since, while, until, when 등이 있습니다.
    예: I think **that** you are smart. 나는 네가 똑똑하다고 생각한다.
    I am sure **that** you will win. 나는 네가 이길 거라고 확신한다.
    I wonder **if** you go there. 나는 네가 거기에 갈 것인지 궁금하다.
    We must get up **before** the sun rises. 해가 뜨기 전에 우리는 일어나야 한다.
    I will go home **when** he falls asleep. 나는 그가 잠들어 있을 때 집에 갈 것이다.

3. **주의해야 할 접속사 표현**
    앞서 다룬 등위접속사와 종속접속사 이외에 회화나 일상생활에서 종종 사용되는 표현들인데 그 의미가 헷갈릴 수 있기에, 예문을 통해 확실한 의미를 배워보겠습니다.

    (가) both A and B (A 와 B 둘 다)
    She is **both** young **and** pretty. 그녀는 젊고 예쁘다.

    (나) not A but B (A가 아니라 B)
    She is not a doctor but a nurse. 그녀는 의사가 아니라 간호사이다.

    (다) not only A but also B (A 뿐만 아니라 B 역시) -> B를 강조
    He can speak not only English but also French. 그녀는 영어뿐만 아니라 불어도 말 할 수 있다.

8품사 - 접속사

(라) either A or B (A 또는 B 중 하나)
　　Either he or she will help you. 그 또는 그녀 둘 중 하나가 너를 도와 줄 것이다.

(마) neither A nor B (A 와 B 둘 다 아닌)
　　Neither you nor I don't know her. 너와 나 둘 다 그녀를 모른다.

(바) so that (~하기 위해서)
　　He had to run so that he might arrive in time. 그는 제 시간에 도착하기 위하여 뛰어야만 했다.

8품사 - 부사

6강

▶ **개념**
부사는 형용사, 동사, 부사를 꾸미는 역할을 합니다. 형용사와 함께 영어의 다양한 표현을 가능케 합니다.

▶ **종류와 용법**

1. 일반부사
일반부사는 대다수의 부사들을 말하며 양, 정도, 상태, 시간, 빈도, 장소 등을 나타냅니다.
예: She is very pretty. 그녀는 매우 예쁘다. (양, 정도를 나타냄)
　　I run fast. 나는 빠르게 달린다. (상태를 나타냄)
　　I must go home now. 나는 지금 집에 가야 한다. (시간을 나타냄)
　　We often go out. 우리는 종종 외식을 합니다. (빈도를 나타냄)
　　Look at there. 저기를 봐. (장소를 나타냄)

2. 의문부사
부사의 역할을 하는 의문사로 when, how, why, where 등이 있습니다.
예: When do you want to start? 당신은 언제 시작하기 원합니까?
　　Where do you want to go? 당신은 어디로 가고 싶습니까?
　　Why do you want to go? 당신은 왜 가고 싶어 합니까?
　　How do you want to have it? 당신은 그것을 어떻게 갖고 싶습니까?

3. 관계부사
관계부사는 접속사와 부사가 함께 사용되는 것과 같은 역할을 하며 when, how, why, where 과 같은 의문사들이 동일하게 관계부사로 사용이 됩니다.
예: This is (the time) when the summer time starts. 지금은 여름이 시작하는 때입니다.
　　This is (the place) where we met. 이곳은 우리가 만났던 곳이다.
　　This is (the reason) why I missed the class. 이것이 내가 그 수업을 그리워 했던 이유다.
　　This is the way I live. 또는 This is how we live. 이것이 내가 사는 방식이다.

When, where, why는 괄호 안에 있는 선행사와 함께 쓰이면 선행사를 생략하고 말해도 됩니다. 그러나 how는 선행사 the way와 함께 쓰일 수 없습니다. 즉 '어떻게 하는 방식/방법'이라고 표현 할 때는 the way나 how 둘 중 하나만 사용해야 합니다.

8품사 - 부사

4. 문장에서 부사 위치와 용법

(가) 동사의 앞 또는 뒤에 위치하여 동사를 꾸며 줍니다.
예: He works hard. 그는 열심히 일한다.
He honestly likes you. 그는 진실하게 너를 좋아한다.

위의 예문에서, 첫 번째 문장의 부사 hard 는 동사 work 뒤에 위치해서 동사를 꾸며주고 있으며, 두 번째 문장의 부사 honestly는 동사 like 앞에 위치해서 동사를 꾸며주고 있습니다. 즉 부사는 동사의 뒤에서도, 또는 앞에서도 위치하여 동사를 꾸며 줍니다.

(나) 형용사의 앞에 위치하여 형용사를 꾸며 줍니다.
예: It is pretty hot today. 오늘은 아주 덥다.

pretty는 형용사와 부사로 사용이 가능하며, 각각의 경우 뜻이 다르게 쓰입니다. 형용사로는 '예쁜'이란 뜻이 되며, 부사로는 '아주, 매우'등의 뜻이 됩니다. 위의 예문에서는 pretty가 부사로서 형용사인 hot을 꾸며 주고 있습니다.

(다) 다른 부사(또는 부사구, 부사절)의 앞에 와서 부사를 꾸며 줍니다.
예: It was raining very hard. 비가 아주 거세게 내리고 있었다. (very가 hard를 꾸며줌)
He comes home just at 6. 그는 집에 딱 6시에 온다. (just가 부사구 at 6를 꾸며줌)

5. 부사의 형태

부사는 보통 형용사에 '~ly'를 붙여 만들 수 있습니다.
예: easy 쉬운 (형용사) -> easily 쉽게 (부사)
quick 빠른 (형용사) -> quickly 빠르게 (부사)
fortunate 운이 좋은 (형용사) -> fortunated 다행스럽게도 (부사)

6. 형용사에 ~ly가 붙으면 뜻이 다르게 되는 부사

보통은 형용사 뒤에 ly가 오게 되면 같은 뜻의 부사가 되는데, 이번에는 형용사에 ly가 되어 뜻이 다르게 변하는 부사에 대해서 살펴보겠습니다.
예: high 높은 (형용사) -> highly 매우 (부사)
near 가까운 (형용사) -> nearly 거의 (부사)
hard 어려운, 딱딱한 (형용사) -> hardly 거의 ~이 아니다 (부사)
late 늦은 (형용사) -> lately 최근에 (부사)

위에 살펴본 형용사 high, near, hard, late 은 그 자체가 같은 의미의 부사 high (높게), near (가까이에), hard (열심히), late (늦게) 로도 쓰입니다.

8품사 - 형용사

7강

▶ 개념
형용사는 사람이나 사물의 성질이나 상태를 나타내는 말로서 주어나 목적어의 상태를 설명하는 보어의 역할과 명사와 대명사를 꾸며주는 역할을 합니다.

▶ 종류와 용법

1. 고유형용사
고유명사에서 만들어진 형용사를 말하며 Korean, American, English 등이 되겠습니다.

2. 기술형용사
명사의 상태 또는 특징을 부가적으로 설명하는 역할을 합니다.
　　예: pretty (예쁜), cute (귀여운), sad (슬픈), happy (행복한) 등

3. 수량형용사
수 또는 양을 표현하는 형용사들도 있습니다.
　　예: much (많은), some (어떤, 몇), any (어떤, 몇), enough (충분한), little (거의 없는), few (거의 없는), more (더), all (모든) 등과 구체적인 수를 표현하는 one (하나의), two (둘의)와 first (첫 번째의), second (두 번째의) 등이 있습니다.

4. 지시형용사
어떠한 것을 가리키는 형용사로서 특정물체를 가리키는 것과 불특정한 것을 가리키는 것으로 구분됩니다.
　　예: 특정한 것 - this (이), that (저), such (그런), the same (같은), the (그) 등
　　　　불특정한 것 - any (어떤, 몇), some (어떤, 몇), other (다른), another (또 다른), a/an (어떤, 한) 등

5. 배분형용사
각각을 구분 짓는 명사를 꾸미는 형용사를 말합니다.
　　예: each (각각, 모든), every (모든), either (어느 한 쪽의), neither (~도 아닌)

6. 의문형용사
형용사의 역할을 하는 의문사로 what, which, whose 가 있습니다.
　　예: Which language do you want to learn? 당신은 어떤 언어를 배우기 원합니까?

8품사 - 형용사

7. 관계형용사
관계형용사는 접속사와 형용사가 함께 사용되는 것과 같은 역할을 하며 what, which, whose 같은 의문사들이 있습니다.
예: You speak English **which** I don't understand.
예문에서 which는 관계대명사이면서 동시에 뒤에 문장을 이끌어서 선행사인 English를 꾸며 줍니다. 그래서 위 예문을 관계대명사 형용사절 이라고도 설명할 수 있겠습니다.

8. 용법
(가) 형용사의 서술용법
형용사가 동사와 함께 사용이 되어 한 문장에서 서술어로서의 의미를 갖는 것을 말합니다.
예: I am pretty. 나는 예쁘다.
    I will make you happy. 나는 당신을 행복하게 해주겠습니다.
형용사가 Be 동사와 함께 사용되어 우리말에 해당하는 '~이다'로 해석되는 서술어가 되었으며, make라는 동사와 함께 형용사가 사용되어, 목적어인 you를 '행복하게 만들다'는 서술어가 됩니다.

(나) 관사
관사는 정관사 the와 부정관사 a/an이 있으며, '하나의'라는 기본 뜻을 갖습니다. 정관사는 누구나 알 수 있는 명사, 또는 특정한 의미를 부여하고자 하는 셀 수 있는 명사 앞에 붙이며, 부정관사는 일반적으로 셀 수 있는 명사 앞에 사용합니다. 그러나 정관사 the는 이미 앞에서 한번 나온 명사를 후에 다시 말하는 경우, 복수 또는 셀 수 없는 것이라 하더라도 붙여서 사용할 수 있습니다.
예: I am a boy. 나는 소년입니다. (나는 한명이기에 명사 boy 앞에 a가 사용됨)
    You are an amazing girl. 너는 놀라운 소녀이다.
    I am the man you are looking for. 나는 네가 찾고 있는 그 사람이다.

(다) 비교급
형용사와 부사는 다른 무엇과 비교를 나타낼 때 원급, 비교급, 최상급의 3가지로 비교를 할 수 있습니다. 원급은 형용사, 부사의 원래 모습 그 자체를 말하며, 비교급은 보통 형용사, 부사의 원급형태에 er을 붙여서, 최상급은 원급에 est를 붙입니다. 또한 최상급은 정관사 the와 함께 쓰입니다. 그러나 이렇게 규칙적으로 변하지 않는 비교급, 최상급도 있으니 주의해서 사용해야 합니다.
예: 규칙변화

원급	비교급	최상급
old (나이 든)	older (더 나이 든)	the oldest (가장 나이 든)
young (어린)	younger (더 어린)	the youngest (가장 어린)

8품사 - 형용사

예: 불규칙 변화

원급	비교급	최상급
good (좋은)	better (더 좋은)	the best (가장 좋은)
bad (나쁜)	worse (더 나쁜)	the worst (가장 나쁜)

(라) 문장에서 형용사의 위치
일반적으로 명사의 바로 앞에 위치하고, 또 ~thing, ~one, ~body의 단어들 뒤에 위치하기도 합니다.
예: I have a beautiful flower. 나는 아름다운 꽃 한 송이를 갖고 있다.
I have something beautiful for you. 나는 너를 위해 아름다운 어떤 것을 갖고 있다.

8품사 - 감탄사 및 문장의 4요소

▶ **감탄사의 개념**
감탄사는 기쁨, 놀람, 슬픔, 감탄 등의 여러 가지 감정을 나타내는 말을 일컫습니다.

▶ **종류와 용법**

1. **Oh, Bravo, Oops, Wow, 등 보통 문장의 제일 처음에 위치합니다.**
   예: Oops! I did it again. 앗! 그걸 또 해버렸네.
   　　Oh, my God! 오, 하나님!

2. **What으로 시작되는 감탄문**
   [What + a/an + 부사/형용사 + 명사 + 주어 + 동사]의 순서로 된 문장으로, 주어와 동사는 생략이 가능합니다.
   예: She is very pretty girl. 그녀는 매우 예쁜 소녀이다.
   　　-> What a pretty girl (she is)! 정말 예쁜 소녀다!

3. **How로 시작되는 감탄문**
   [How + 부사/형용사 + 주어 + 동사]의 순서로 된 문장으로, 주어와 동사는 생략이 가능합니다.
   예: This doll is very pretty. 이 인형은 정말 예쁘다.
   　　-> How pretty (this doll is)! 정말 예쁜 인형이다!

▶ **문장 4요소의 개념**
하나의 문장을 이루기 위하여 필요로 하는 구성요소들로서, 주어와 술어 (또는 동사), 목적어와 보어가 있습니다.

▶ **종류와 용법**
1. **주어**
   문장의 제일 처음에 위치하게 되는 문장의 주체로써, 주어가 될 수 있는 낱말은 명사, 대명사, 명사의 역할을 하는 '구'와 '절' 입니다.
   예: I am a boy. -> 주어: 대명사
   예: Love is pain. -> 주어: 명사
   예: Loving you is so hard. -> 주어: 명사의 역할을 하는 동명사
   예: To love you is pain. -> 주어: 명사의 역할을 하는 부정사

8품사 - 감탄사 및 문장의 4요소

2. 동사
문장의 주체인 주어부분의 행동이나 서술을 담당하는 역할을 하며, 이미 배운 8품사의 동사를 말합니다. 동사는 주어의 앞, 뒤에 항상 위치합니다.

  예: I am a boy. -> 동사: Be동사
  예: I love you. -> 동사: 일반동사
  예: I will love you. -> 동사: 조동사 + 일반동사
  예: I will be loving you. -> 동사: 조동사 + Be동사 + 일반동사
  예: I will have been loving you. -> 동사: 조동사 + 완료동사 + Be동사 +일반동사

3. 목적어
동사가 나타내는 동작의 대상이 되는 말입니다. 목적어는 동사의 뒤에 위치하게 되며, 목적어가 될 수 있는 낱말은 명사, 대명사, 명사 역할을 하는 '구'와 '절' 입니다.

  예: I love you. -> 목적어: 목적어가 사람, 동물인 경우
  예: I love it. -> 목적어: 목적어가 사물인 경우

4. 보어
동사만으로는 그 뜻이 불충분하여 동사의 뜻을 보충함으로써 목적어나 주어의 의미를 설명하는 역할을 합니다. 보어는 보통 목적어 자리나 혹은 그 뒤에 오며 보어가 될 수 있는 낱말은 명사, 형용사가 포함이 됩니다.

  예: I am a boy. -> 보어: 동사 Am의 역할을 보충해 주며 주어와 동격입니다.
  예: It makes me happy. -> 보어: 목적어 me를 설명하는 역할을 합니다.

문장의 종류

9강

▶ **개념**

영어로 된 문장은 그 의미와 사용에 따라서 평서문, 의문문, 명령문, 감탄문, 기원문으로 나눌 수 있습니다.

▶ **종류와 용법**

1. 평서문

주어 + 동사 의 순서로 이루어지는 문장을 말합니다.
   예: I am a boy.(나는 소년입니다.) I don't have money.(나는 돈이 없습니다.)

2. 부정문

부정의 뜻을 말하고자 할 때는 not, do를 사용하는데, 그 법칙이 있습니다.
Not의 사용 예: I am not a boy. -> Be 동사 뒤에 온다.
              I do not have money. -> 일반동사의 부정은 Do 동사를 같이 쓴다.
              I did not want it. -> Do 동사의 과거형이며, 일반동사의 앞에 온다.
              I will not want it. -> 조동사의 뒤에 온다.
              He does not want it. -> 주어가 3인칭 단수, Do의 형태가 바뀐다.

3. 의문문

'의문사 + Be, 조동사, Do, Did + 주어 + 일반동사' 순서로 문장이 이루어집니다.

(가) Be동사의 의문문: Be동사 + 주어 의 순서로 의문문이 만들어집니다.
   예: Are you a boy? -> 평서문: You are a boy.

(나) 일반동사의 의문문: Do(Does, Did) 를 추가하여 의문문으로 만듭니다. 문장의 순서는 Do동사 + 주어 + 일반동사 입니다.
   예: Do you know me? -> 평서문: You know me.

(다) 조동사의 의문문: 일반동사의 의문문과 같이 조동사를 추가하여 만듭니다.
   예: Will you go there? -> 평서문: You will go there.

(라) 의문사가 있는 의문문: 위에 본 3가지의 의문문 유형에 의문사를 추가하여 만듭니다.
   예: Do you know that? -> 일반동사의 의문문
      What do you know that? -> 위의 의문문에 의문사를 추가한 경우
      Can you help me? -> 조동사의 의문문
      How can you help me? -> 위의 의문문에 의문사를 추가한 경우

문장의 종류

(마) 간접의문문: 의문문이 문장의 일부로 되어 있는 형태로, 두 개의 문장에서 앞부분은 의문문, 뒷 부분은 평서문의 어순을 갖습니다.
예: Do you think that I will win the game?
-> 뒷 문장의 어순은 평서문과 같이 주어 + 동사 의 순서로 해야 합니다.

(바) 부가의문문: 평서문 뒤에 짧게 의문의 형태를 붙인 문장입니다.
예: It is right, isn't it? -> 앞 문장이 긍정이면 뒤에는 부정으로 됩니다.
You don't like him, do you? -> 앞 문장이 부정이면 뒤는 긍정으로.
You go to school, don't you?

4. 명령문
명령을 하는 문장은 대개 문장의 처음이 동사로 시작됩니다. 그러나 상대를 지적하여 명령할 때 앞에 You 를 넣어도 괜찮습니다.
예: Do your homework. (숙제를 해라.) You go there. (너는 거기에 가라.)

5. 감탄문
감탄을 나타내는 문장으로 보통 What, How의 의문사로 문장을 시작합니다.
예: What a beautiful day it is~! -> 문장의 순서가 조금 다릅니다.
-> What + (a,an) + 형용사 + 명사 + 주어 + 동사 의 순서를 따릅니다.
-> How + 형용사, 부사 + 주어 + 동사 의 순서이다.

6. 기원문
기원을 나타내는 문장으로 성경에서 자주 볼 수 있는 표현입니다.
예: May you live long. (오래 살게 하소서.)

구와 절, 의문사

10강

▶ **개념**

두 개 이상의 단어가 모여 하나의 품사와 같은 역할을 하는 단위를 '구(Phrase)'라고 합니다. 구는 보통 전치사 + 명사 또는 대명사, [To + 동사원형] (부정사라 하기도 함)으로 이루어 집니다. '절(Clause)'은 주어 + 동사로 하나의 문장을 말합니다. 두 개 이상의 문장이 있을 때 하나의 문장이 다른 하나의 문장을 꾸미거나 보충하는 역할을 하는데, 이러한 역할을 하는 문장을 '절'이라 합니다.

▶ **종류와 용법**

1. 구

전치사 + 명사(대명사), To부정사가 있는데, 부정사는 문장에서 [~하기 위해,] [~하는 것] 등으로 해석됩니다.

(가) 전치사 + 명사(대명사)
예: I go to school in the morning. (아침에) -> 부사의 역할
Food on the table is mine. (테이블 위에 있는) -> 형용사의 역할

(나) To 부정사
예: To love you is hard. (너를 사랑하는 것은) -> 주어의 역할
I need you to do it for me. (나를 위해 그것을 하는 것을) -> 목적어 역할

2. 절

하나의 문장(주어 + 동사)을 말하며, 문장 속에 여러 개가 올 수 있습니다.
예: He is a teacher and I am a student.
-> And 접속사로 이어진 두 개의 절
This is what I want to tell you.
I think that you are kind.

3. 의문사

의문사는 의문대명사, 의문형용사, 의문부사의 3가지를 말하고 그러한 의문사의 역할 중, 앞의 문장과 뒤의 문장을 연결해주는 접속사와 같은 관계사의 역할이 있으며 이는 관계 대명사, 관계부사, 관계형용사의 3가지 종류가 있습니다.

(가) 관계대명사
who(누구), whom(who 의 목적격), whose(who 의 소유격), which('~것'으로 선행사 필요), what('~것'으로 선행사 불필요), that(which 와 what 와 같은 용도로 사용하나 그 앞에 전치사를 둘 수 없습니다.)

구와 절, 의문사

예: He is the boy who has the book. / He is the boy whom you love.
This man whose wife is young is my friend.
This is the house in which I lived.
He gave me what I wanted. (=He gave me that I wanted.)

(나) 관계부사
when(언제), where(어디에), why(왜), how(얼마나, 어떻게), that(위의 모두를 대신 함)
예: Tell me (the time) when the summer time will start.
This is (the place) where we met.
This is (the reason) why I missed the class.
This is (the way) how I live.

(다) 관계형용사: what(어떤), which(어느)가 뒤의 명사를 꾸며 형용사 역할을 하는 경우
예: I don't know what words I should say.
Take which books you want to have.

(라) whoever(누구일지라도), whomever(누구에게라도), whatever(무엇일지라도), whichever(어느 것 일지라도)의 뜻을 갖는 단어를 활용하여 다양한 관계사 문장을 만들 수 있습니다.

(마) 의문부사, 의문대명사, 의문형용사는 일반적으로 우리가 아는 의문사의 뜻을 그대로 사용하고 의문문에서 사용이 됩니다.

부정사, 분사, 동명사

11강

▶ 개념

1. 부정사
　'to + 동사 원형'의 형태를 부정사라고 하며 '명사, 형용사, 부사'의 자리에서 사용됩니다. 부정사는 동명사에 비해 미래 지향적 성격을 갖습니다.

2. 동명사
　동사 + ~ing 형태의 단어로서 현재분사와 모습이 같으며 문장에서 명사의 의미로 쓰입니다.

3. 분사
　현재분사와 과거분사의 형태가 있으며 형용사처럼 꾸며주는 역할, 보어와 같이 서술을 도와주는 역할을 합니다.

▶ 종류와 용법

1. 부정사
　부정사의 용법은 명사적, 형용사적, 부사적 용법으로 나뉩니다.

　(가) 명사적 용법: 명사의 역할로 문장에서 주어, 목적어, 보어의 역할을 합니다.
　　예: To work hard is the best way to success. (주어로 사용)
　　* 진주어와 가주어: 문장에서 단어의 위치상 주어여야하나 그것은 가짜 주어이고 진짜 주어는 뒤에 있습니다.
　　예: It is difficult for us to persuade North Korea.

　(나) 형용사적 용법: 형용사의 역할로 문장에서 명사 수식, 서술의 역할을 합니다.
　　예: We are to be married next week. (형용사의 서술적 용법으로 사용)
　　　　I have many books to read. (형용사의 한정적 용법으로 앞의 명사를 꾸며준다)

　(다) 부사적 용법: 부사의 역할로 문장에서 형용사와 부사, 동사를 수식하는 역할을 합니다.
　　예: He was old enough to understand. (부사를 꾸며준다)
　　　　I am glad to have you back. (형용사를 꾸며준다

2. 동명사
　명사의 역할을 하며 문장에서 주어, 목적어, 보어의 역할을 합니다.
　(가) 현재분사: 동사 + ing 형태로 동명사와 같은 형태입니다.

부정사, 분사, 동명사

예: running water (뒤의 명사를 꾸며주는 역할)
　　Those people running in the yard are my family. (뒤에서 앞의 명사를 꾸며줌)
　　= Those people (who are) running in the yard are my family.
　　　(관계사+be 동사가 생략)
　　I am sorry to have kept you waiting. (목적어의 보어로 사용)

(나) 과거분사: 동사 + ed 형태입니다.
　예: boiled water (끓인 물) / boiling water (끓고 있는 물)
　　There are kids brought up in your country.
　　= There are kids (who are) brought up(생략).
　　Do you have your picture taken? (목적어의 보어로 사용되었다)
　* 사물주어에는 ~ing 형, 사람주어일 경우에는 ~ed 형의 분사를 사용합니다.
　　예: interesting/interested, exciting/excited, amazing/amazed, attracting/attracted 등

동사의 시제와 변화

12강

▶ **개념**

동사의 시제란 문장에서의 사건 또는 상황의 발생 시각을 나타내는 것으로서 현재, 과거, 미래의 3가지를 기본시제라 하고, 이 3가지에 진행형과 완료형, 완료진행이 추가되어 총 12가지가 있습니다.

▶ **종류와 용법**

1. 현재형

우리가 아는 보통의 동사는 모두 현재형에 속한다. 매일 하는 것, 아주 오래 전의 일 등을 나타낼 때 사용합니다.
   예: love, like, see, have, do 등

2. 과거형

현재형의 동사에 보통 ~ed를 붙이게 되면 과거형으로 바꿀 수 있다. 그 사용은 과거에 했던 것을 나타내고자 할 때 사용이 됩니다.
   예: loved, liked, killed 등 -> 그 끝에 ~ed를 붙이는 규칙변화동사
      saw, had, did, taught 등 -> 불규칙변화동사

3. 미래형

미래형동사는 일반동사와 조동사를 합하여 표현하는 것이 일반적이다. 그러나 'Be 동사 + 일반동사 + ~ing' 형태로도 미래를 표현할 수 있습니다.
   예: will do (~을 할 것이다.), shall teach (가르칠 것이다.), am going (갈 것이다.) 등

4. 진행형

'Be동사 + 일반동사 + ~ing' 형태로써 그 뜻은 '~을 하고 있다'로 해석이 된다. 또한 가까운 미래를 나타내는 의미도 갖고 있으니 유념해야 합니다.
   예: I am going home. 나는 집에 가고 있다.
      She is doing homework. 그녀는 숙제를 하고 있다.

5. 완료형

동사의 과거 분사와 조동사 have가 결합하여 완료형의 문장을 만들며, 과거완료, 현재완료, 미래완료 등의 표현법이 있습니다. 또한 다른 조동사들과의 결합으로 새로운 표현을 만듭니다.
   예: 현재완료, 과거완료, 미래완료, 현재완료진행, 과거완료진행, 미래완료진행 등

동사의 시제와 변화

12강

6. 현재형의 용법

(가) 세월의 흐름에 관련 없이 항상 일정한 진리, 사실, 명언이나 격언을 말할 때 현재형으로 표현합니다.
예: The earth moves around the sun. 지구는 태양의 주위를 움직인다.

(나) 최근 자주 발생하는 반복적인 것을 표현할 때 사용합니다.
예: I get up late these days. 나는 요즘 늦게 일어난다.

(다) 현재의 나의 상태나 상황, 있는 그대로의 사실을 표현할 때 사용합니다.
예: I like you. 나는 너를 좋아한다.
I am stupid. 나는 바보다.

(라) 항상 일어나는 미래의 일을 나타낼 때 사용합니다.
예: The bus always starts to go at 6 PM. 그 버스는 항상 6시에 출발한다.

7. 과거형의 용법

(가) 과거의 상태나 상황, 그때의 사실을 표현할 때 사용합니다.
예: We all had apples. 우리는 모두 사과를 먹었다.

(나) 과거에 자주 발생했던 반복적인 것을 표현할 때 사용합니다.
예: I often got up late at that time. 나는 그때 당시에 종종 늦게 일어났다.

8. 미래형

미래형은 미래의 뜻을 가지는 조동사(will, shall) 또는 관련 어구를 사용하여 표현하며 그 외에 미래를 나타내는 다음과 같은 표현들도 있습니다.

(가) **Be going to + 동사원형**: '~할 것이다'. '~할 예정이다'의 뜻으로 will 과 뜻이 비슷하지만 보통 be going to + 동사원형은 계획이나 예정된 일들에 대해 사용하며, will은 즉흥적으로 무엇을 하려할 때 사용합니다.
예: I am going to get away from him. 나는 그 사람으로부터 도망갈 것입니다.
 (미리 계획 또는 예정)
He will follow them. 그는 그 사람들을 따라갈 것입니다.

(나) **Be about to + 동사원형**: '막 ~을 하려고 하다.' 라는 뜻으로 가장 가까운 미래를 나타내기도 합니다.
예: I am about to leave the office. 나는 막 사무실을 떠나려고 했다.

동사의 시제와 변화

12강

(다) Be + ~ing: 진행형으로써, 보통 미래를 나타내는 표현과 함께 쓰여서 가까운 미래를 표현합니다.
예: I am leaving the office in half an hour. 나는 30분 이내로 퇴근할 것입니다.

▶ **시제의 종류**
동사는 3가지로 그 유형이 바뀝니다. 원형은 동사 그 자체의 모습을 말하며 현재시제를 표현하고자 할 때 원형을 사용하시면 된답니다. 과거형은 과거시제를 표현할 때 사용하고, 과거분사는 완료 또는 완료진행형을 표현할 때 사용합니다. 그 형태를 보면, 대개의 경우 원형 + ~ed가 과거형과 과거분사 형으로 되는 규칙변화 동사가 많으나, 불규칙적으로 변화하는 동사도 상당수 있습니다.

1. 원형, 과거형과 과거분사의 변화가 동일한 유형

터지다	던지다	지불하다	자르다	치다, 때리다
burst	cast	cost	cut	hit
burst	cast	cost	cut	hit
burst	cast	cost	cut	hit

2. 과거형과 과거분사의 변화가 동일한 유형

가져오다	사다	싸우다	생각하다	찾다
bring	buy	fight	think	seek
brought	bought	fought	thought	sought
brought	bought	fought	thought	sought

3. 원형, 과거형과 과거분사가 각각 다른 유형

시작하다	마시다	수영하다	노래하다	잠기다
begin	drink	swim	sing	sink
began	drank	swam	sang	sank
begun	drunk	swum	sung	sunk

동사의 시제와 변화

4. 동사의 형태 구분방법
　1번과 2번의 경우 그 동사의 형태가 같기 때문에 원형, 과거형, 과거분사형의 구분이 어려울 수 있습니다. 일반적으로 동사의 원형이 들어갈 자리와 과거, 분사형태가 들어갈 자리의 판단은 문장에서의 조동사, 특수어구, 숙어를 보고 판단해야 합니다. 예를 들어, be going to 뒤에는 항상 원형만 옵니다.

3인칭 주어와 수동태

13강

▶ 개념

주어가 3인칭일 경우에는 우리가 이전에 배웠던 동사의 사용 시 하나의 변화가 더해집니다. 일명 [3인칭 단수형]이라고 불리는 것으로 주어가 3인칭이고, 그 수가 하나인 단수인 경우에 그 주어의 뒤에 위치하게 되는 동사(현재형)에는 s(es)를 붙여서 사용해야 합니다. 주의할 것은 주어가 복수일 때는 원래의 동사를 사용한다는 것입니다.

▶ 종류와 용법

1. **3인칭 동사**
   현재형에만 3인칭 단수 주어를 따라 단수 동사가 사용되며, 다른 시제는 인칭에 따른 동사의 변화가 없습니다.

   (가) 규칙변화 동사: 거의 대부분의 동사가 그 동사의 뒤에 s를 붙입니다. 그러나 동사의 끝이 -o, -s, -ch, -sh, -x 로 끝나는 동사는 뒤에 -es를 붙입니다. 또 동사의 끝이 자음 + -y로 끝나는 동사는 y를 i로 고치고 es를 붙입니다.
   예: She talks a lot. 그녀는 말을 많이 한다.
       He goes to church. 그는 교회에 다닌다.
       He studies English. 그는 영어를 공부한다.

   (나) 불규칙변화 동사: 모든 동사가 다 위의 규칙에 따라 변하지는 않습니다. 그러므로 불규칙적으로 변하는 동사에 대해서 따로 암기를 해야 합니다.
   예: have -> has (3인칭 단수 동사)

2. **3인칭 주어**
   1인칭인 'I' 와 2인칭인 'You', 3인칭 복수주어 'We, They, These, Those' 등, 그리고 그 외 모든 복수 주어들을 제외한 형태의 주어가 3인칭 주어에 해당됩니다.
   예: He is handsome. 그는 잘생겼다. (3인칭대명사 He를 주어로 사용)
       This(that) is your desk. 이것(저것)은 너의 책상이다. (지시대명사를 주어로 사용)
       There(here) is our home. 거기(여기)가 우리 집이다. (장소대명사를 주어로 사용)
       What I am telling you is I need more gas. 내가 너에게 말하고 있는 것은 나는 가스가 더 필요하다는 것이다.
       (관계대명사 What이 이끄는 '절'을 주어로 만들어 사용)
       The movie is so interesting. 그 영화는 매우 흥미롭다. (일반명사를 주어로 사용)

3인칭 주어와 수동태

3. It 주어

(가) 지시대명사: '그것'으로 해석하며 일반적인 대명사와 같은 방식으로 사용합니다.
예: I don't like it. 나는 그것을 좋아하지 않는다.

(나) 비인칭주어 : 날씨, 요일, 시간, 명암, 거리 등을 나타낼 때 그 문장의 주어로 사용됩니다.
예: It is hot outside. 밖이 덥다. (날씨)
It is Sunday. 오늘은 일요일이다. (요일)
It is 7:30. 지금은 7시 30분이다. (시간)
It is so far. 너무 멀다. (거리)

(다) It ~ that 강조구문 : 주어 'it'과 절을 이끄는 'that' 사이에 특정 내용을 넣어 그 내용을 강조하고자 할 때 사용합니다.
예: It was you that we saw in the park. 공원에서 본 누군가는 너였다. ('너'가 강조 됨)

(라) 가주어 역할: 주어가 너무 길어질 경우 이의 내용을 대신하는 it이 주어자리에 오고, 원래 주어인 긴 문장 또는 구는 뒤로 보내집니다.
예: It is sure that he goes to the college. 그가 그 대학에 가는 것은 확실하다.

4. 수동태

문장에서의 주어가 직접 어떤 행동을 하는 것(능동)인지 또는 하게끔 당하는 것(수동)인지를 결정하는 것으로 사물주어는 대개 주어가 직접 행위를 할 수 없기에 수동태형을 사용합니다.

(가) 수동태: [Be동사 + 과거분사]의 형태를 취합니다.
예: It is used by him. 그것은 그에 의해 사용된다.

(나) 행위자: 수동태 문장에서 행위자를 나타낼 때는 [by + 목적어]로 표현합니다.
예: The song was sung by me. 그 노래는 내가 불렀다. ('by me'로 내가 했음을 나타냄)

(다) 의인법: 실제 사물주어이지만 수동형을 사용하지 않고 인격화 하여 능동태를 사용하여 나타낼 수도 있습니다.
예: The dog said that he is not a liar. 그 개가 그는 거짓말쟁이가 아니라고 말했다.

(라) 자동사: 동사 중에는 목적어가 필요 없고 또 그 자체에 수동의 의미를 갖는 동사(자동사)들이 있습니다. 이러한 자동사들은 능동으로 쓰이지만 우리말의 수동태와 비슷한 의미를 지니기에 수동태로 바꿀 필요가 없습니다.
예: The picture looks so beautiful. 그 그림은 너무 아름다워 보인다.

완료와 진행시제

14강

▶ **개념**

동사의 시제는 크게 3가지로 - 현재시제, 과거시제, 미래시제- 구분되며, 이 기본 3 시제와 진행형, 완료형의 2가지 유형과 그리고 이들을 모두 응용한 7가지를 더하여 총 12가지의 시제가 있습니다. 이 시제들은 좀 더 세밀한 시간을 표현하고자 할 때 사용이 됩니다.

▶ **종류와 용법**

1. **12가지 시제**

   다른 시제들은 그 의미가 명확히 구분되어지지만 완료형과 완료진행형은 조금 구분이 어렵게 느껴질 수 도 있습니다. 완료 진행형 시제는 완료형과 비슷한 뜻으로 해석이 되는 것 같으면서도, 주어가 특정한 동작이나 상태를 일정 시간동안 지속하고 있었음을 강조하기 위해 구별해서 사용하는 형태입니다.

   (1)현재형: I do my homework. 나는 숙제를 한다.
   (2)현재 진행형: I am doing my homework. 나는 숙제를 하고 있다.
   (3)현재 완료형: I have done my homework. 나는 숙제를 마쳤다.
   (4)현재 완료진행형: I have been doing my homework. 나는 숙제 계속(쭉) 하고 있었다.

   (5)과거형: I did my homework. 나는 숙제를 했다.
   (6)과거 진행형: I was doing my homework. 나는 숙제를 하고 있었다.
   (7)과거 완료형: I had done my homework. 나는 숙제를 마쳤었다.
   (8)과거 완료진행형: I had been doing my homework. 나는 숙제를 계속 하고 있었었다.

   (9) 미래형: I will(shall) do my homework. 나는 숙제를 할 것이다
   (10) 미래 진행형: I will(shall) be doing my homework. 나는 숙제를 하고 있을 것이다.
   (11) 미래 완료형: I will(shall) have done my homework. 나는 숙제를 다 끝냈을 것이다.
   (12) 미래 완료진행형: I will(shall) have been doing my homework.
         나는 숙제를 계속 하고 있었을 것이다.

2. **다양한 조동사와 함께 쓰이는 중요한 완료형 표현**

   (가) should have + 과거분사: "~했어야 했다."
         과거의 어떤 일을 했어야 했는데 그러지 못해서 아쉬움이 남는 경우에 사용합니다.
         예: I should have studied English hard. 나는 영어공부를 열심히 했어야 했다.
              (그런데 그러지 못했다.)
         * shall have + 과거분사는 미래완료를 나타내어 'should have + 과거분사' 와는 전혀 다른 의미로 사용됩니다.

완료와 진행시제

(나) **might have + 과거분사**: "~했었을지도 모른다."
　　과거에 어떤 것을 했는지 안 했는지 잘 알지 못할 때, 그랬을 지도 모른다고 추측하는 표현을 나타냅니다. 또한 가정법 If와 함께 사용해서 과거의 있었던 사건을 반대로 가정하는 표현으로도 사용됩니다.
　　예: I might have passed the exam if I had studied English hard enough.
　　　　영어공부를 열심히 했더라면 나는 시험을 통과 했었을지도 모른다.
　　* may have + 과거분사와 might 의 차이는 말하는 시점과 추측의 정도에 따라 다릅니다.

(다) **must have + 과거분사**: "~했었음에 틀림없다."
　　과거에 어떤 일을 했을 것으로 생각하는 강한 추측을 나타낼 때 사용합니다.
　　예: I must have lost my mind for a while that I had lost the file.
　　　　그 파일을 분실한걸 보면 나는 잠시 제 정신이 아니었던 게 틀림없다.

(라) **would have + 과거분사**: "~했었을 것이다."
　　가정법 If와 함께 사용해서 과거의 있었던 사건을 반대로 가정하는 표현으로 사용됩니다. 즉 무엇을 했었을 것 같지만 하지 않았음을 나타냅니다.
　　예: I would have saved all money if I had won the lottery.
　　　　내가 복권에 당첨이 됐다면 나는 모든 금액을 저축했을 것이다.
　　* will have + 과거분사는 미래완료를 나타내어 위와는 전혀 다른 의미입니다.

(마) **could have + 과거분사** : "~했었을 수도 있다."
　　무엇을 했었을 수도 있지만 못했다는 표현으로 'would'나 'might'처럼 가정법에서 사용될 수 있습니다.
　　예: I could have passed the exam if I had studied hard enough.
　　　　영어공부를 열심히 했더라면 나는 시험을 통과했었을 수도 있었다.
　　* can have + 과거분사와 could 의 차이는 말하는 시점과 확률의 정도에 따라 다릅니다.

(바) **cannot have + 과거분사**: "~했을 리가 없다."
　　'must have + 과거분사'가 과거 있었던 일에 대한 강한 확신/추측을 나타내는 표현이라면, 'cannot have + 과거분사'는 그랬을 리가 없다는 의미로, 강한 부정의 확신을 나타냅니다.

감탄사 및 문장의 4요소

15강

▶ **개념**

가정법에서 사용되는 If는 어떠한 조건아래에서의 가정을 이야기 하는 것으로 실제로 일어날 수 있는 일, 이론적으로는 일어날 수 있는 일, 상상 속에서 일어날 수 있는 일로 구분하며 크게 3가지 용법이 있습니다.

▶ **종류와 용법**

1. 일어날 가능성이 있는 상황을 가정

앞으로 또는 현재 있을 수 있는 상황을 가정하고자 할 때 If가 포함된 문장의 동사는 현재시제로, 주절의 동사는 미래시제를 써서 표현합니다.

> 예: If I am fine with my health tomorrow, I will visit your home.
> 내가 내일 몸이 괜찮다면 너의 집에 가겠다.

2. 이론적으로 일어날 가능성의 상황을 가정

앞 문장은 과거 또는 미래시제, 뒷 문장은 과거시제로 앞, 뒤 문장에 조동사 would, could, might 를 사용하여 표현합니다.

> 예: If you should be in time, I would join in the group.
> 네가 제 시각에 온다면 내가 그룹에 참가하겠다. (미래상황을 가정)

위의 예문은 실제로는 제 시각에 올 수 없다는 즉 미래에 일어날 가능성이 적은 상황을 가정한 표현입니다.

아래 문장처럼 if 절에 'were'라는 과거시제를 사용하고, 주절에는 'would+동사원형'을 사용해서 현재상황을 반대로 가정하기도 합니다.

> 예: If I were you, I wouldn't do such a stupid mistake.
> 내가 너였더라면 그런 바보 같은 실수는 하지 않을 거다.
> If I found the right way, I might arrive the place earlier.
> 내가 올바른 길을 찾았다면, 나는 더 일찍 장소에 도착했을 것이다.
> If I could, I would do it. 내가 할 수 있다면 내가 할 텐데. (실제 할 수 없음을 말함)
> If I would, I could do it. 내가 한다면 할 수 있을 텐데. (실제 할 생각이 없음)

3. 일어날 가능성이 없는 상황의 가정법

과거의 이미 있었던 상황을 반대로 가정하고 싶을 때, If가 포함된 문장의 동사는 과거완료시제로, 주절의 동사는 'would/could/might + have + 과거분사'로 써서 표현합니다.

> 예: If I had studied harder, I could have passed the exam.
> 내가 공부를 더 열심히 했었더라면, 나는 시험에 합격했을지도 모른다.
> (결국은 과거에 열심히 하지 않았었고, 그래서 시험에 불합격했다는 뜻)

감탄사 및 문장의 4요소

15강

If I had not been ill, I would have gone to school.
내가 아프지 않았다면, 나는 학교에 갔었을 것이다.
(과거 그 때에 아팠었고, 그래서 학교를 가지 않았었음을 의미함)

4. wish 구문

가정법을 나타내는 'if'가 없이도 어떤 상황을 가정하는 표현이 있는데 그 중 하나가 바로 wish를 이용한 표현입니다.

(가) 'wish + 주어 + 과거시제'
wish 이후에 오는 문장에서 동사가 과거시제로 사용되는 것은 wish동사의 시제와 같은 시제의 상황을 가정하기 때문입니다.
예: I wish I treated you more. 나는 너를 대접하면 좋겠다.
'wish' 다음에 오는 문장에서 동사가 과거시제 'treated'로 사용되었지만, wish가 현재시제이므로 지금 현재 나는 너를 대접할 수 있는 상황이 안 될 때 "지금 너를 대접했으면 좋겠다." 라는 소망을 말하는 것이 됩니다.
만일 "I wished I treated you more."라고 말한다면 이는 "과거에 너를 대접 했으면 하고 나는 과거에 바랬었다."라는 표현이 됩니다.

(나) 'wish + 주어 + had + 과거분사'
예: I wish I had treated you more.
위의 예문은 "내가 과거에 너를 더 대접 했으면 하고 지금 소망한다."는 의미가 됩니다. 위의 예문을 "I wished I had treated you more."로, 즉 wish를 과거형을 바꿔서 표현하면 의미가 어떻게 변할 까요? 바로 "훨씬 더 과거에 너를 더 대접 했었으면 하고 과거에 내가 소망했다." 라는 표현이 되겠습니다.

그럼 아래 예문은 어떤 의미인지 파악해 볼까요?

I wish I had gone with you further. 너랑 더 멀리 함께 갔어야 했는데.
즉 과거에 함께 더 가지를 못한 것에 대해 지금 원망이 섞인 어조로 말하고 있는 것입니다.

5. As if 문장

as if 는 [마치 ~ 처럼]로 해석합니다. 아래의 예문을 통해 어떻게 사용되는지 알아보겠습니다.
예: I dance as if I learned how to dance.
나는 마치 춤추는 것을 배웠던 것처럼 춤을 춘다.
My friend talked as if he had seen everything.
나의 친구는 마치 과거에 자기가 다 본 것처럼 이야기 했다.

1인칭 해설집

영어가 정말로 필요한 사람들

1인칭 해설집

입문 1강

■ 확인문제

1. 정답 4번
보기 4번은 보아서 미안하다 라는 뜻으로 문제의 답으로는 적절하지 않습니다.

2. 정답 1번
보기 2번은 일반적으로 사용하지 않는 말이며, 보기 3,4번은 만나서 슬프다는 뜻으로 적절하지 않습니다.

3. 정답 2번
보기 2번의 단어는 그 품사가 명사이고 나머지는 모두 형용사입니다.

입문 2강

■ 복습문제

1. 정답 3번
주어진 문장은 상대와의 인사말로써 보기 3번의 대답이 적절합니다. 보기 1,2번은 나의 이름을 말하는 것이며 보기 4번은 [나의 기쁨입니다.]라는 뜻으로 보통 [천만에요]의 뜻으로 사용이 됩니다.

2. 정답 3번
보기 3번의 단어는 그 뜻이 '슬픈'의 형용사로서 [부정]의 의미이지만 나머지 단어는 모두 기쁨을 나타내는 [긍정]의 의미입니다.

■ 확인문제

1. 정답 2번
보기 2번의 표현은 누군가 처음 만났을 때 사용하는 표현이기는 하나 안부를 묻는 표현은 아니며 [만나서 반갑다], [처음 뵙겠습니다]정도의 의미로 사용이 됩니다. 하지만 이 역시 요즘은 자주 사용되지 않는 표현이며 영국에서 주로 사용되는 격식 있는 표현입니다.

2. 정답 2번
질문은 상대의 안부를 묻는 질문으로 그 대답에서 보기 2번이 적절하지 않습니다. 보기 2번은 [당신은 훌륭합니다] 정도의 해석입니다.

3. 정답 4번
보기 4번은 명사이고 나머지 보기의 단어는 모두 대명사입니다.

1인칭 해설집

입문 3강

복습문제

1. 정답 2번
주어진 문장은 상대의 안부 또는 일의 진행 정도를 묻는 질문으로서 보기 2번 [지금까지는 아주 좋아]가 적절한 대답이 될 수 있습니다. 보기 1은 이름, 보기 3은 누군가를 만난 것이 반갑다는 인사말, 보기 4는 감사하다는 표현입니다.

2. 정답 4번
보기 4번을 제외한 단어들은 모두 일(날)을 구분하는 시간을 나타내지만 보기 4번은 [시간]이라는 뜻의 포괄적인 단어로 구분이 됩니다.

확인문제

1. 정답 2번
보기 2번의 표현은 상대의 직업을 묻는 표현입니다.

2. 정답 4번
주어진 문장은 자신의 이름을 밝히고 상대의 이름을 묻는 것으로 보기 4번은 문법적으로 맞으나, 그 해석이 [나는 박을 부르고 있다] 또는 [나는 박에게 전화하고 있다]로 되어 정답이 됩니다.

3. 정답 3번
보기 3번의 단어의 품사는 명사이며 나머지 보기는 모두 동사입니다.

입문 4강

복습문제

1. 정답 1번
주어진 문장은 상대의 이름을 우회적으로 묻는 정중한 표현으로 보기 1번이 적절한 대답이 될 수 있습니다.

2. 정답 2번
보기 2번은 사람의 이름을 나타내는 고유명사이지만 나머지 단어들은 모두 동사입니다.

확인문제

1. 정답 1번
보기 1번은 상대의 직업을 묻는 표현이 아닌 상대가 학생으로 짐작되어 물어보는 표현이거나 혹은 단순하게 상대가 학생인지 물어보는 표현입니다.

1인칭 해설집

2. 정답 3번
주어진 문장은 상대의 직업을 물어보는 표현으로 보기 3은 상대가 나의 안부를 물었을 때나 사용할 수 있는 대답의 표현입니다.

3. 정답 4번
보기 4번 단어의 품사는 동사이고 나머지 보기들의 품사는 모두 명사입니다. 보기 1번의 단어는 동사로도 사용이 가능합니다.

입문 5강

■ 복습문제

1. 정답 3번
주어진 문장은 상대의 생계수단, 즉 직업을 묻는 질문으로 보기 3번이 적절한 대답이 될 수 있습니다. 보기 1은 [나는 나의 일을 한다], 보기 2는 [나는 여기에 산다], 보기 4는 [난 그의 아버지이다]의 뜻입니다.

2. 정답 4번
모두 인칭대명사로서 보기 4번은 인칭대명사 중 소유격, 목적격으로 사용이 될 수 있습니다. 보기의 나머지는 모두 주격입니다.

■ 확인문제

1. 정답 2번
보기 2번은 사람의 나이를 물어보는 것이 아닌 사물에 관한 것으로 주어 it을 통해 알 수 있습니다.

2. 정답 4번
주어진 문장은 상대의 나이를 물어도 되는지에 대한 허락, 즉 상대의 나이를 우회적으로 묻는 표현으로서 보기 4번의 해석은 [난 나이가 없다]로 적절한 문장이 될 수 없습니다.

3. 정답 1번
보기 1번의 단어는 품사가 형용사이며 나머지 보기의 단어는 모두 명사입니다.

1인칭 해설집

입문 6강

복습문제

1. 정답 4번
주어진 문장은 상대의 나이를 묻는 질문으로 보기 4번이 적절합니다. 보기 1은 [난 괜찮다], 보기 2는 [난 2개가 있다], 보기 3은 [난 아버지이다]의 뜻입니다.

2. 정답 4번
보기 4번은 명사로서 [나이]라는 뜻이지만 나머지 보기는 모두 형용사입니다.

확인문제

1. 정답 3번
상대방의 거주지를 묻는 질문에 보기 3번은 사용할 수 없습니다. 보기 3은 상대가 가는 곳을 묻는 질문입니다.

2. 정답 4번
주어진 문장은 상대의 사는 곳을 물어보는 질문으로 보기 4번의 대답은 [나는 혼자 산다]의 뜻으로 질문에 어울리지 않는 대답입니다.

3. 정답 2번
보기 2번의 단어는 동사 또는 형용사로서 나머지 보기는 모두 명사입니다.

입문 7강

복습문제

1. 정답 1번
주어진 문장은 상대의 집의 위치를 묻는 질문으로 보기 1번이 적절한 대답입니다. 보기 2는 [그것은 집에 있다], 보기 3은 [그것은 나의 것이 아니다], 보기 4는 [그것은 널 위한 것이다]의 뜻입니다.

2. 정답 2번
보기 2번만이 명사, 형용사이고 나머지는 모두 전치사입니다.

확인문제

1. 정답 1번
보기 1번 문장은 [넌 무엇을 하길 원하느냐?]의 상대의 소망, 꿈 등을 묻는 질문으로 올바른 문장이 아닙니다.

1인칭 해설집

2. 정답 3번
주어진 문장은 여가시간에 무엇을 하는지에 대한 질문, 즉 취미활동에 대한 질문으로서 보기 3번은 취미로서 늘 또는 자주 하는 것이 아닌, 언젠가 할 것이다라는 의지, 미래를 나타내는 문장입니다.

3. 정답 2번
보기 2번은 형용사이고 나머지 보기들은 모두 명사입니다.

입문 8강

복습문제

1. 정답 3번
주어진 문장은 [너는 무엇을 원하니?]의 뜻으로 보기 3번이 적절한 대답이 될 수 있습니다. 보기 1은 [난 음악을 듣는다], 보기 2는 [이것은 널 위한 거다], 보기 4는 [난 집에 간다]의 뜻입니다.

2. 정답 4번
보기 4번은 인칭대명사의 주격, 목적격이지만 나머지 보기는 모두 형용사이거나 형용사처럼 사용이 가능한 소유격입니다.

확인문제

1. 정답 4번
주어진 문장은 [당신은 괜찮으세요?]의 의미로 보기 4번은 문법적으로 잘못되었습니다. 아무런 의미가 없는 부정형 조동사 don't 뒤에 형용사를 두는 것은 문법적으로 전혀 옳지 않습니다. I am not good 으로 하셔야 합니다.

2. 정답 1번
주어진 문장은 [넌 수업에 참석할 예정이니?]의 의미로 보기 1번에서는 be동사와 일반동사가 동시에 사용이 되었습니다. be동사와 일반동사가 동시에 사용되는 경우는 수동태, 진행형의 경우에 가능하며 그럴 땐 일반동사가 과거분사형이거나 진행형으로 되어야 합니다. 하지만 보기는 그렇지 않고 단순한 동사를 두 개 사용하였기에 틀렸습니다.

3. 정답 2번
주어진 문장은 [당신은 한국 출신인가요?]의 의미로 보기 2번은 적절한 대답이 될 수 없습니다. 사람의 출신은 일평생 변하지 않는 사실로서 늘 현재형으로 사용이 되어야 합니다. 하지만 보기는 will 조동사를 사용하여 부적절한 의미를 만들었기에 잘못되었습니다.

1인칭 해설집

입문 9강

복습문제

1. 정답 4번
주어진 문장은 [당신 괜찮아요?]의 의미로 보기 1은 [난 괜찮아요], 보기 2는 [난 괜찮지 않아요], 보기 3은 [난 아주 좋아요]의 의미로 적절하지만 보기 4는 문법적으로 틀린 문장으로 don't를 am not 으로 고쳐야 합니다.

2. 정답 2번
주어진 문장은 상대의 출신을 묻는 질문으로 보기 2번은 [네 나는 그럴거에요]의 대답으로 전혀 어울리지 않습니다.

3. 주어진 문장은 [넌 그것을 다시 시작할 예정이니?]로 보기 2는 [나는 아직 모르겠어], 보기 3은 [난 그러고 싶어], 보기 4는 [난 그러길 바라]의 의미로 적절하지만 보기 1은 해석이 되지 않는 문법적 오류로서 조동사 will 뒤에는 항상 동사의 원형이 와야 합니다.

확인문제

1. 정답 1번
보기 1번은 평서문의 형태로서 평서문은 그 어순이 주어+동사가 되어야 합니다. 보기 4번은 영어회화에서 굉장히 자주 사용되는 문장으로 [나는 아무 생각이 없다]가 직역으로 아무것도 모르는 경우에 사용합니다.

2. 정답 3번
주어진 영어질문에 적절한 대답을 찾는 문제로서 보기 3번은 주어진 질문과 관련이 없는 대답입니다. 보기 2번에서 사용된 at all은 [전혀]라는 의미로 주로 부정의 문장에서 자주 사용됩니다.

3. 정답 1번
보기 1번에서 조동사 뒤에 과거형 동사인 did가 사용이 되었습니다. 조동사의 뒤에는 항상 동사의 원형만 올 수 있으며 과거형이 왔기에 올바르지 않은 문장입니다.

4. 정답 3번
주어진 문장은 [넌 책이 있니?]의 의미로 보기 1은 one을 사용하여 한 권 있음을 말하며, 보기 4는 [물론이다]는 의미로 역시 있음을 나타냅니다. 보기 3번은 문법은 올바르나 주어진 문장에 적절하지 않은 대답입니다.

5. 정답 2번
주어진 문장은 [넌 그것을 이해하지 못하니?]의 의미로 보기 2번에서 no로 시작하는 문장이

1인칭 해설집

그 뒤에 콤마가 찍힌 경우, 이는 문장이 계속 이어짐을 나타내는 것으로 그 뒤에 오는 문장은 항상 부정문이 되어야 합니다. 하지만 보기 2는 긍정문이기 때문에 문법적으로 틀렸습니다.

6. 정답 2번
주어진 문장은 [넌 그것을 사용하길 원하니?]의 의미로 보기 2번에서 일반동사 (want)가 사용된 문장의 부정형은 단순히 not만 넣으면 되는 것이 아니라 일반동사의 부정에 사용되는 부정조동사 do(때론 does, did, done)를 사용해야 합니다.

입문 10강

복습문제

1. 정답 3번
보기 3번에서 사용된 대동사(의미를 대신하는 동사) do는 앞에 한번 언급된 동사의 의미를 대신하는 역할로서 이를 앞 문장의 동사로 바꿔보면 I look like my father. 이 됨을 알 수 있습니다. 이를 해석하면 [나는 나의 아버지를 닮았다] 로 이는 질문과 전혀 맞지 않는 대답이 되기에 정답입니다.

2. 정답 2번
부정의 대답을 할 경우에 no와 함께 부정을 나타내는 조동사 do와 not을 함께 사용하여야 합니다. 보기 2번은 부정의 no가 사용되었지만 뒤의 문장은 긍정으로 되어 있기에 틀렸습니다.

3. 정답 3번
주어진 질문은 [너는 나에 대해서 생각하니?]라는 의미로서 보기 3번은 주어진 질문에 적절하지 않은 대답인 [때때로 나는 나에 대해 생각한다]가 왔기에 틀렸습니다.
보기 1은 [그래, 나는 항상 너를 생각해]
보기 2는 [아니, 난 결코 너를 생각하지 않아]
보기 4는 [난 심지어 지금도 너를 생각하고 있어]의 뜻입니다.
think 동사는 그 뒤에 전치사를 두어 [~을 생각하다]의 의미로 사용이 됩니다.

확인문제

1. 정답 4번
주어진 문장은 [내게 그 이야기를 말해줄 수 있니?]의 의미로 보기 4번은 sure라는 말을 해 놓고 그 뒤에는 I can't를 써 이중의 의미를 사용하였기에 올바른 의미가 될 수 없습니다. 보기 3번의 why not?은 [왜 안되겠어?]의 의미로 해석이 됩니다.

1인칭 해설집

2. 정답 2번
주어진 문장은 [내 말이 들리니?]의 의미로 보기 2번에서 hear 동사 뒤에 to전치사가 사용이 되었습니다만, 이는 잘못된 표현입니다. 동사 hear는 그 뒤에 전치사를 두지 않고 바로 목적어(you)를 두어야 하는 동사입니다. 이와는 반대로 listen은 그 뒤에 전치사 to를 둡니다.

3. 정답 2번
주어진 문장은 [넌 그것을 볼 수 없니?]의 의미로 보기 2번에서 조동사 can't 뒤에 동사의 원형이 와야 하는데 원형이 아닌 진행형 동사 looking이 와서 틀렸습니다.

4. 정답 2번
주어진 문장은 [내가 그것을 봐도 되니?]의 의미로 보기 2번에서 주어가 2인칭 주어 you이므로 부정을 나타내는 do동사의 형태는 단순히 do not이어야 합니다. 보기의 does not은 주어가 3인칭 단수일 때 사용을 하여야 합니다. 보기 4번은 [여기 있어]의 의미로 같은 의미의 말로 Here it is. Hear is goes. Here they are.(복수일 때 사용)등이 있습니다.

5. 정답 2번
주어진 문장은 [집에 가도 되나요?]의 의미로 보기 2번은 문법적으로는 올바르나 주어진 문장에서 can 조동사가 사용이 되었는데 대답은 don't가 사용이 되어 다소 어울리지 않는다 할 수 있습니다. can 조동사는 [허락], [가능성, 확률]을 나타내는 단어로 you can't로 하게 되면 [너는 못 가]의 의미가 되지만 you don't 하게 되면 [넌 안가]의 의미가 됩니다.

6. 정답 3번
주어진 문장은 [제가 퇴근해도 될까요?]의 의미로 보기 3번은 [네가 만약 원하지 않는다면]의 의미로서 전혀 어울리지 않습니다. 보기 4번은 [좋을 대로]의 의미로 회화에서 자주 사용되는 표현입니다.

입문 11강

복습문제

1. 정답 3번
주어진 문장의 해석은 [넌 내게 진실을 말해줄 수 있니?]라는 의미로 이에 대한 적절한 대답이 될 수 없는 것은 3번입니다. 언뜻 보았을 때 그 의미가 맞는 것으로 보이기 쉽습니다만, 문법적으로 틀린 경우로서 조동사 will의 뒤에는 항상 동사의 원형이 와야 하는데 동사 대신 able의 형용사가 왔기 때문에 틀렸습니다.

2. 정답 3번
주어진 문장의 의미는 [네가 그 가족을 보살필 수 있니?]로 보기 1번에서 사용된 표현 [look forward to + 명사]는 '~을 기대하다, ~을 고대하다'의 의미로 그 해석이 [네, 난 그것을 기대하고 있어요.]가 됨으로 적절한 대답이 될 수 있습니다. 하지만 보기 3번에서

1인칭 해설집

사용된 숙어 look for는 ~을 '찾다'의 의미로 [문제 없어요. 내가 그것을 찾을 거에요.]로 해석이 되어 적절한 대답이 될 수 없습니다.

3. 정답 4번
주어진 문장은 [내가 그것을 볼 수 있니?]의 의미로 보기 1은 [왜 안되겠어?], 보기 2는 [해봐] 또는 [봐], 보기 3번은 [여기 있어]의 의미로 모두 적절한 대답이 될 수 있습니다만, 보기 4번은 [너는 안돼]의 의미로 의미는 통하는 것 같으나 문법적으로 틀렸습니다. 주어진 문장에서 can 조동사가 사용이 되었으므로 you can't가 되어야 올바른 답이 될 수 있습니다.

확인문제

1. 정답 3번
주어진 문장은 [아침 먹을 거니?]의 의미로 보기 3번은 [난 그게 없어]의 의미로 전혀 의미가 연결되지 않는 문장으로 올바르지 않습니다.

2. 정답 4번
주어진 문장은 [넌 택시를 타지 않을 거니?]의 의미로 보기 4번의 문장은 [난 안 갈래.]의 의미로 주어진 문장의 대답으로 적절하지 않습니다.

3. 정답 1번
주어진 문장은 [넌 나랑 대화하지 않을 거니?]의 의미로 보기 1번은 문장의 의미는 맞을 수 있으나 문법적으로 잘못되었습니다. 문장의 전체를 부정하는 단어 never은 not과 마찬가지로 조동사, be동사 뒤, 일반동사 앞에 위치하여야 합니다.

4. 정답 4번
주어진 문장은 [넌 숙제를 할거니?]의 의미로 보기 4번은 [난 말하지 않는다]의 의미로 주어진 문장과 전혀 어울리지 않습니다. 보기 1번은 [난 할 필요가 없어], 보기 2번은 [난 원치 않는다], 보기 3번은 [난 하지 않아도 된다]의 의미입니다.

5. 정답 4번
주어진 문장은 [날 기다리지 않을 거니?]의 의미로 보기 4번에서 조동사 must가 사용되었는데 그 뒤에 동사의 원형이 오지 않고 진행형 동사가 와서 문법적으로 잘못 되었습니다.

입문 12강

복습문제

1. 정답 3번
주어진 문장은 [제게 호의를 베풀어 주시겠어요?]의 의미로 보기 1은 [난 그럴 시간이 없어요], 보기 2는 [난 원하지 않아요], 보기 3은 [난 그런 것 하지 않아요]의 의미로 상황에 따라

1인칭 해설집

적절하게 사용될 수 있지만 보기 4는 [난 할 필요가 없다]는 어떤 상황에서도 어울리지 않는 말로 적절하지 않습니다.

2. 정답 4번
주어진 문장은 [당신은 옷을 사지 않을 건가요?]의 의미로 take동사가 [사다]의 의미로 사용이 되었습니다. 보기 1은[전 돈이 충분치 않아요], 보기 2는 [난 그걸 사지 않을래요], 보기 3은 [전 그냥 입어본 거에요]로 모두 적절한 표현이 될 수 있습니다만, 보기 4는 [내가 널 거기에 데려다 주겠다]의 의미로서 take동사가 [데려가다]의 의미로 사용이 되어 전혀 어울리지 않습니다.

3. 정답 2번
주어진 문장은 [당신은 나에게 그렇게 이야기 할거에요?]의 의미로 보기 1은 [다신 그러지 않겠습니다], 보기 3은 [난 언제나 그렇게 이야기를 해], 보기 4는 [내가 그렇게 이야기하지 않도록 노력할게]의 의미로 적절하지만 보기 2는 [내가 네게 그것을 이야기해줄게]로 적절하지 않습니다.

확인문제

1. 정답 3번
주어진 문장은 [마실 것 좀 드릴까요?]의 의미로 보기 3번도 그 의미는 통할 수 있습니다만, 주어진 나머지 보기에 비하여 가장 부적절한 대답으로 정답입니다.

2. 주어진 문장은 [제게 호의를 베풀어 주시겠습니까?]의 의미로 보기 4번은 적절하지 않은 대답입니다. 보기 1은 [물론, 나 시간 많아], 보기 2는 [내가 기꺼이 그걸 해 줄게]의 의미로 be willing to + 동사원형은 [~을 기꺼이 하다]의 의미입니다. 보기 3은 [미안, 난 그만큼 시간이 충분히 없어]의 의미입니다.

3. 정답 3번
주어진 문장은 [제게 기회를 한번 주시겠어요?]의 의미로 보기 3번은 상황에 따라서 사용이 가능하지만 주어진 나머지의 보기와 비교했을 때 가장 부적절한 대답입니다. 보기 4번에서 사용한 did 동사는 do의 과거형으로 이 문장에서 do 동사는 주어진 문장에서 사용된 동사 give의 의미를 대신하는 역할(대동사)을 합니다.

4. 정답 1번
주어진 문장은 [저를 태워주실 수 있나요?]의 의미로 보기 1번은 [나는 말을 타지 못한다.]의 의미로 어울리지 않는 말입니다. 보기 2는 [난 운전을 전혀 못해], 보기 3은 [알았어, 내가 집에 데려다 줄게], 보기 4는 [정말 그러고 싶은데, 난 할 수 없어]의 의미입니다.

5. 정답 4번
주어진 문장은 [제가 도와드릴까요?]의 의미로 보기 4번은 [내가 도울게요]의 의미로 부적절합니다.

1인칭 해설집

6. 정답 3번
주어진 문장은 [제가 이 길로 가는 게 좋을까요?]의 의미로 보기 3번은 [그러길 난 희망한다]의 의미로 가장 부적절한 대답입니다. 보기 2번에서 사용된 had better + 동사원형은 [~하는 게 좋다]의 의미이며 보기 4번에서 사용된 would rather + 동사원형은 [~하는 게 더 낫겠다]의 의미입니다.

7. 정답 2번
주어진 문장은 [제가 조언을 구해야 할까요?]의 의미로 보기 2번은 [너에게 해줄 충고가 없어]의 의미로 주어진 질문에 적절한 대답이 될 수 없습니다. 보기 1은 [네가 그렇게 하고 싶다면], 보기 3은 [그것에 대해 해줄 말이 없어], 보기 4는 [아무것도 할 말이 없어]의 의미입니다.

8. 주어진 문장은 [제 소개를 해도 될까요?]의 의미로 보기 1은 [뒤로 가], 보기 2,3은 [계속 해] 보기 4는 [좋아]입니다.

입문 13강

복습문제

1. 정답 3번
주어진 문장은 [당신은 무엇을 좀 마시겠습니까?]의 공손한 표현으로 보기 1은 [네, 난 커피를 마실게요], 보기 2는 [전 약간의 물을 부탁 드릴게요], 보기 4는 [굉장히 감사합니다만, 사양하겠습니다]의 의미로 적절하나 보기 3은 [저는 무엇인가를 마시고 싶습니다]의 의미로 전혀 어울리지 않습니다.

2. 정답 1번
주어진 문장은 [저를 좀 태워주시겠어요?]의 공손한 문장으로서 보기 2는 [전 차 운전을 전혀 못해요], 보기 4번은 [그러고 싶지만 그러나 못해요]의 의미로 적절하지만 보기 1은 [난 말을 타지 못한다]의 의미로 사용되어 적절하지 않습니다.

3. 정답 1번
주어진 문장은 [내가 걸쳐 입을 것을 좀 가져다 주실래요?]의 의미로 보기 2는 [내가 너에게 몇 가지 옷을 보내겠다], 보기 3은 [그것을 누군가 할 수 있게 하겠다], 보기 4는 [내 겉옷을 벗어서 너에게 주겠다.]의 의미로 보기 1은 [내가 네게 선풍기를 가져다 주겠다]의 의미로 전혀 어울리지 않습니다.

1인칭 해설집

확인문제

1. 정답 2번
주어진 문장은 [년 무엇을 원하니?]의 의미로 보기 2번은 문법적으로는 오류가 없으나 yes를 사용하였기에 틀렸습니다. what으로 시작하는 의문문은 yes or no로 대답을 하게 되면 굉장히 대화가 어색해지기에 사용해서는 안됩니다. 보기 3의 go abroad는 [해외로 가다]의 의미입니다.

2. 정답 4번
주어진 문장은 [년 왜 늦니?]의 의미로 때에 따라서는 [왜 늦었니?]의 의미로도 사용이 됩니다. 보기 4번은 사용된 단어가 부적절합니다. 문장의 시제는 현재형인데 사용된 단어 yesterday는 과거를 나타내는 단어입니다. 보기 2번은 [왜냐하면 난 학교라 가는 길을 잃어버렸기 때문이다]이고 보기 3번은 [교통체증 때문이다]의 의미입니다.

3. 정답 3번
주어진 문장은 [년 어떻게 날 도와줄래?]의 의미로 보기 3번이 주어진 문장에서 가장 어울릴 것 같지 않은 문장으로 정답이 되겠습니다. 보기 1은 [내가 너를 위해 너의 짐을 옮겨줄게], 보기 2는 [내가 목적지까지 널 태워줄게], 보기 4는 [오늘 밤까지 너의 일을 내가 처리할게]의 의미입니다.

4. 정답 3번
주어진 문장은 [당신은 누구와 대화하길 원하나요?]의 의미로 보기 3번은 주어진 보기 중에서 가장 적절하지 않은 대답으로 정답입니다. 보기 1은 [난 김선생님과 대화해야 합니다], 보기 2는 [난 당신과 대화할 필요가 있습니다], 보기 4는 [난 당신의 사장님과 대화할 것입니다]의 의미입니다.

5. 정답 1번
주어진 문장은 [년 저것에 관해 어떻게 생각하니?]의 의미로 보기 1번이 가장 어울리지 않는 대답으로 정답입니다. 보기 2는 [그것에 관해 말 할 것이 없다], 보기 3은 [그것에 관해 아무것도 모른다], 보기 4는 [그것에 관해 아무 생각이 없다]의 의미입니다.

6. 정답 4번
주어진 문장은 [년 어느 것을 사용하길 원하니?]의 의미로 보기 4번은 [난 어떤 것을 사용하겠다]의 의미로 의미가 전혀 어울리지 않습니다. 보기 1은 [난 이것을 사용하겠다], 보기 2는 [난 저것을 사용하겠다], 보기 3은 [난 모든 것을 사용하겠다]의 의미입니다.

7. 정답 3번
주어진 문장은 [언제 수업을 끝낼 수 있니?]의 의미로 보기 3번은 문법적으로 문장의 중간에 to를 없애야 완전한 문장이 되어 잘못되었습니다. 보기 1은 [난 그것을 곧 알아낼 수 있을 거야], 보기 2는 [내가 몇 분 후에 말해줄 수 있을 거야], 보기 4는 [너에게 지금 바로 말해줄 수 없어]의 의미입니다.

1인칭 해설집

8. 정답 1번
주어진 문장은 [넌 어디서 나랑 만날래?]의 의미로 보기 1번은 주어진 문장에서의 시제와 일치하지 않아서 잘못되었습니다. met은 meet의 과거형 동사입니다. 보기 2는 [정문 앞에서 만나려고], 보기 3은 [곧 너에게 알려줄게], 보기 4는 [아직 결정하지를 못했어]의 의미입니다.

입문 14강

복습문제

1. 정답 2번
주어진 문장은 [나에게 무엇을 원하니?]의 의미로 보기 1은 [난 너의 나무를 원해], 보기 3은 [난 해외로 가길 원해], 보기 4는 [난 네가 날 따라오길 원해]로 모두 상황에 따라 적절한 답이 될 수 있습니다만, 보기 2번은 what으로 시작하는 질문에 올 수 없는 유형의 대답으로 no를 쓰지 않아야 합니다.

2. 정답 3번
주어진 문장은 [넌 언제 수업을 끝낼 수 있니?]의 의미로 보기 1은 [난 그것에 대해 곧 알게 될 거야], 보기 2는 [내가 몇 분 뒤에 말해줄 수 있을 거야], 보기 4는 [너에게 지금 당장은 말해줄 수 없어]의 의미로 적절하지만 보기 3은 [난 그것에게 다시 말할 수 없어]의 의미로 it이 잘못 사용되었습니다.

3. 정답 1번
주어진 문장은 [넌 어디에서 만날래?]의 의미로 보기 2는 [난 널 정문 앞에서 볼 예정이다], 보기 3은 [그것에 대해 곧 알려주겠다], 보기 4는 [난 아직 결정하지 않았다]의 의미로 적절하지만 보기 1은 [난 널 너의 집에서 만났다]의 의미로 과거시제가 사용되어 적절하지 않습니다.

실전 1강

확인문제

1. 정답 3번
영작 어순은 다음과 같습니다. 주어(명사격)+동사(동사)+목적어와 보어(구, 절, 명사격 등) 해당 어순에 따라 제대로 영작된 문장은 3번입니다.

2. 정답 4번
주어진 문장의 단어 TV는 명사로서 보기 4번의 단어 watch는 명사일 때 그 의미가 '손목에 차는 [시계]'의 뜻을 갖습니다.

1인칭 해설집

3. 정답 3번
질문 : Do you like to watch movies?
보기 1은 yes가 사용이 되었음에도 그 뒤의 문장은 부정문이 사용되어 문법적으로 잘못되었습니다. 보기 2, 4번은 주어진 질문에 적절하지 않은 대답입니다.

실전2강

복습문제

1. 정답 3번
영어로 된 문장을 만들 때 항상 처음에 생각하셔야 할 것은 문장이 의문문(질문하는 것)인지 아닌지 입니다. 의문문이 아닌 경우에는 항상 문장을 만들 때 [주어]가 문장의 가장 앞에 와야 하고 그 다음이 [동사]가 와야 합니다. 그리고 [동사] 뒤에는 동사와 어울리고 또 주어진 문장에서 사용된 의미를 갖는 영어단어가 나와야 합니다. 이를 우리는 [목적어]라고 하구요. 우리말 문장에서 주어지지 않은 영어단어가 들어간 문장(보기 1번, 2번, 4번)은 틀린 문장이 되고 또한 해당 어순에 따라 제대로 영작된 문장은 3번입니다.

2. 정답 3번
질문 : What do you like to do?
주어진 질문은 [무엇]을 좋아하는지에 대한 질문으로 그 대답은 yes or no가 아닌 구체적인 항목이 나와야 합니다. 보기 1은 yes로 시작하여 적절하지 않고, 보기 2, 4번은 적절한 대답이 아닙니다.

확인문제

1. 정답 2번
보기 1은 be동사와 일반동사가 함께 사용되어 틀렸으며 보기 3번에서 God 앞에는 관사를 넣으면 안됩니다. 보기 4번 역시 be동사와 일반동사가 부사를 사이에 두고 함께 사용이 되어 잘못되었습니다. be동사가 일반동사와 함께 사용이 되는 경우는 [진행형 시제], [수동태]의 2가지 경우가 있습니다.

2. 정답 2번
주어진 문장의 단어 until은 그 품사가 전치사입니다. 보기에서 전치사로 사용이 되는 단어는 2번입니다.

3. 정답 1번
질문 : Do you go to church?
주어진 질문은 do로 시작하는 의문문으로서 do로 시작하는 의문문은 일반적으로 그 대답이 yes or no로 시작되어야 합니다. 하지만 yes or no는 이어지는 대답의 해석에 따라 생략되어도 상관이 없습니다. 보기 2, 3, 4번은 모두 그 의미가 주어진 질문에 전혀 어울리지 않습니다.

1인칭 해설집

실전 3강

복습문제

1. 정답 4번
요일을 나타내는 단어 앞에는 항상 on을 사용합니다.

2. 정답 2번
질문 : What do you do on Sunday?
주어진 질문은 보통 주말에 무엇을 하는지에 대한 질문으로서 이러한 현재시제의 질문에는 현재시제로 대답을 해야 합니다. 또한 무엇을 하는지에 대한 질문이기 때문에 그 대답은 yes or no로 대답을 할 수 있는 성격의 질문이 아닙니다.

확인문제

1. 정답 1번
'일하다'의 의미를 갖는 동사를 찾는 문제입니다.

2. 정답 4번
보기 1은 일반동사가 없기 때문에 Are you a student?가 되어야 합니다. 보기 2는 work동사가 들어가야 합니다. 보기 3은 satisfy가 아닌 satisfied가 되어야 합니다.

3. 정답 2번
질문 : Do you work there?
주어진 질문은 [당신은 거기에서 일하나요?]로서, 보기 1은 [나는 마케팅 회사에서 일한다]로 적절한 대답이 아니고, 보기 3은 [아니오, 나는 아닙니다]로 해석은 맞는 듯 합니다만, 올바른 문장은 I don't work가 되어야 합니다. 보기 4번은 [물론 저는 학생입니다]로 적절한 대답이 아닙니다.

실전 4강

복습문제

1. 정답 4번
be satisfied with에 관한 질문으로 자주 사용되는 숙어는 항상 하나의 단어처럼 기억을 해 두시길 바랍니다.

2. 정답 3번
질문 : Are you satisfied with your job?
보기 1은 [난 그것을 이해하지 않는다], 보기 2는 [난 거기에서 일하지 않을 거다], 보기 4는 [난 요즘 일하지 않는다]로 모두 부적절한 대답입니다.

1인칭 해설집

확인문제

1. 정답 2번
[be동사+형용사]는 서술적 용법으로서 그 해석은 [형용사의 의미 + ~이다]로 됩니다. 형용사의 형태 중에서 ~ed와 ~ing의 차이는 ~ed는 [~하게 되는], ~ing[~하는]으로 보통 해석이 됩니다. 이러한 문제는 해석을 통해서 아는 것보다 해당 표현을 자주 사용함으로써 암기하고 있는 것이 더욱 효과적입니다.

2. 정답 1번
보기 2번에서는 marry to 가 아니라 marry만 사용되어야 하며, 보기 3은 married가, 보기 4는 love him으로 되어야 합니다.

3. 정답 2번
like to는 [~하는 걸 좋아하다]의 의미로 문장에서의 의미상 보기 2번 [~하는 걸 원하다]와 유사하게 사용이 될 수 있습니다.

4. 정답 1번
질문 : Are you married?
be동사로 시작하는 의문문이고 그 해석이 [당신은 결혼을 하셨나요?]입니다. 보기 2번은 문법적으로 I do 가 아닌 I am으로 되어야 올바르고, 보기 3은 [나는 그것을 하려고 노력 중입니다]로 언뜻 맞는 듯 하지만, 질문 자체가 했는지 아닌지를 물어보는 것이기에 100% 적절한 대답은 아닙니다. 보기 4번은 [나는 확실하지 않다]로 부적절한 대답입니다.

실전 5강

복습문제

1. 정답 1번
marry 동사는 그 뒤에 전치사를 사용하지 않고 바로 목적어를 둡니다.

2. 정답 3번
질문 : Do you want to marry him?
주어진 질문은 [당신은 그와 결혼하길 원하나요?]로 보기 1은 [나는 집에 갑니다], 보기 2는 [네, 난 당신의 부인입니다], 보기 4는 [네, 난 혼자입니다.]로 모두 부적절한 대답입니다.

확인문제

1. 정답 3번
[빈도, 횟수]를 나타내는 표현은 how often입니다.

1인칭 해설집

2. 정답 1번
보기 2번에서 good 대신 well이 사용되어야 하며 이때 well은 [부사]로 앞의 동사를 수식합니다. 보기 3번은 부가 의문문으로서 앞의 문장이 현재시제이고 일반동사가 사용이 되었기에 뒤의 의문문 형태는 don't you가 되어야 합니다. 보기 4번에서 to be honest가 되어야 합니다.

3. 정답 2번
주어진 문장의 밑줄 친 부분은 [솔직히, 정직히]의 의미로 문장에서 부사의 역할을 합니다. 이와 유사한 의미를 가진 부사는 보기에서 2번 really입니다.

4. 정답 1번
질문 : Do you dance well?
질문은 [당신은 춤을 잘 춥니까?]의 의미로 보기 2는 [어쩌면 한 달에 한번], 보기 3은 [맞아, 난 그것을 많이 즐겨], 보기 4는 [넌 장난하는 게 틀림없다]의 의미입니다.

실전 6강

복습문제

1. 정답 4번
문장 앞 또는 뒤에서 단독으로 사용할 수 있는 품사는 부사, 즉 보기 4번입니다.

2. 정답 3번
문장 : What do you do on weekends?
질문은 일반적으로 자주 하는 것에 관한 질문으로서 보기 1과 4번은 과거형의 의미이기에 올바르지 않습니다. 보기 2번은 적절한 대답이 될 수도 있습니다만, 이보다 보기 3번이 더욱 적절하게 사용될 수 있습니다.

확인문제

1. 정답 3번
보기 1번이 사용되려면 어디를 가는지 문장에서 알 수 없어야 하지만, 이미 home이라고 나왔기에 들어갈 수 없습니다. 보기 2, 4번은 의미상 전혀 맞지 않습니다.

2. 정답 2번
보기 1번은 What do you mean이 되어야 하며, 보기 3번은 Do you get...이 되어야 하고, 보기 4번은 sometime에서 단어 뒤에 s가 붙어야 합니다. 보기 2번의 on foot은 [걸어서, 도보로]의 의미로 이는 by foot으로 사용하여도 의미가 통합니다. 하지만 대개의 경우 on foot이 문법적으로 옳다고 알려져 있으니 참고하시길 바랍니다.

1인칭 해설집

3. 정답 4번
take 동사가 교통수단을 나타내는 단어와 함께 사용될 경우 [~을 타다]의 의미로 사용이 됩니다. 이는 해당 교통수단을 이용하는 것에 속하기 때문에 보기 4번의 use를 사용하여도 그 의미가 통합니다. 하지만 use는 정확하게는 ~을 타는 것을 말하는 것이 아니라 단순히 어떤 교통수단을 이용한다는 의미이기에 이를 사용할 때 구분을 하여야 하겠습니다.

4. 정답 1번
질문 : Do you take a bus often?
보기 2번은 [나 역시 버스를 탈 수 있어], 보기 3번은 [어쩌면 네가 맞아], 보기 4번은 [응, 내가 너의 버스기사야]의 의미입니다. 보기 1번은 [자주는 아니야, 정말 많이는 아니야] 정도의 의미로 해석됩니다.

실전 7강

복습문제

1. 정답 3번
prefer동사는 [선호하다]의 의미로 그 뒤에 to 부정사를 두어 사용합니다.

2. 정답 3번
질문 : Why don't you take a taxi?
보기 1은 [나는 버스로 집에 간다], 보기 2는 [가끔 나는 지하철을 탄다], 보기 4는 [난 근처에 버스가 없다]의 의미로 모두 주어진 질문에 부적절한 대답입니다.

확인문제

1. 정답 2번
주어진 문장에서 괄호 앞 단어인 live와 함께 사용되었을 때 의미가 만들어지는 단어를 찾아야 하는 문제입니다. live on은 [살다, 살아가다]의 의미, live inside [~안에 살다], live from [~로부터 살다]로 모두 주어진 문장에서 적절히 사용되기 힘든 의미를 가집니다. 고로, 보기 2번의 [~와 함께 살다]가 적절한 답입니다.

2. 정답 4번
보기 1번은 brother 앞에 관사 a가 들어가야 하고, 보기 2는 her 가 아닌 here가 되어야 합니다. 보기 3은 want 뒤에 동사가 사용되었기 때문에 to가 들어가서 부정사형을 만들어 줘야 합니다.

3. 정답 2번
질문 : Do you have a brother?
보기 1번은 [아니, 난 그와 함께 살고 싶지 않아], 보기 3은 [아니, 난 그녀와 함께 살지 않아], 보기 4는 [응, 난 혼자 살아]의 의미로 모두 적절하지 않습니다.

1인칭 해설집

실전 8강

복습문제

1. 정답 4번
by yourself는 [홀로, 혼자서]의 의미로 alone와 그 의미가 유사합니다.

2. 정답 1번
질문 : Do you live with yourself?
주어진 질문은 [넌 혼자 사니?]의 의미로 보기 2번은 [나는 그들과 함께 살 거다], 보기 3은 [난 부모님을 떠날 거야], 보기 4는 [난 언젠가 그들과 함께 살 거야]의 의미로 보기 1번이 비록 현재진행형 시제이지만 주어진 질문에 가장 적합합니다.

확인문제

1. 정답 2번
주어진 질문의 괄호 뒤에 위치한 단어의 품사는 형용사로 [be동사+형용사]는 형용사의미+이다(되다)의 의미로 해석되는 것에 관한 문제입니다. to부정사의 뒤에는 항상 동사의 원형이 와야 하기에 보기의 2번이 정답이 되겠습니다.

2. 정답 1번
want to 는 [~하기를 원하다]의 의미로 보기 1번의 would like to와 그 의미가 가장 유사합니다.

3. 정답 4번
질문 : Do you want to be famous?
질문의 해석은 [당신은 유명해지고 싶은가요?]의 의미로 보기 1은 [난 작가가 되고 싶습니다], 보기 2는 [아, 난 영화를 위한 글을 쓰고 싶다], 보기 3은 [나는 한 명의 유명한 작가를 안다]로 모두 적절치 않습니다. 보기 4번은 [물론, 왜 아니겠어?]의 의미로 가장 적절한 대답이 될 수 있습니다.

실전 9강

복습문제

1. 정답 4번
괄호에 들어갈 단어는 모음의 발음이 나는 단어여야 하며 품사는 명사여야 합니다. 괄호 앞에 부정관사 an이 위치해 있기 때문입니다.

1인칭 해설집

2. 정답 3번
질문 : What do you want to be?
주어진 질문은 [당신은 무엇이 되기를 원하나요?]의 의미로 보기 2은 [난 대학에 가고 싶다], 보기 2는 [당신이 나의 정신적 스승이 되는 것이 필요하다], 보기 4는 [난 당신에게 심각해질 것입니다]의 의미입니다.

확인문제

1. 정답 1번
money는 품사가 명사로서 이를 적절하게 꾸밀 수 있는 형용사가 와야 합니다. 고로, 보기 2번은 답이 아닙니다. 또한 money는 셀 수 없는 명사로 사용이 되기에 보기 4번은 아닙니다. 보기 3번의 정관사를 명사 앞에 넣는 경우는 누구나 알만한 것을 말할 때나 또는 앞에서 한번 나온 것을 다시 말할 때 사용하는 것으로 하나의 문장을 통해서 이를 알 수 없기에 답으로 적절치 않습니다.

2. 정답 3번
보기 1번에서 many는 [많은]의 의미를 갖는 형용사로 hungry앞에 쓰일 수 없습니다. 보기 2번은 What do you need 까지만 올바른 문장이 될 수 있고 그 뒤에 money가 없어야 합니다. 보기 4번에서 부정을 나타내는 not은 일반동사의 형태로 바뀌어야 하고, 또한 일반동사의 앞에 위치해야 합니다.

3. 정답 1번
eat는 [먹다]라는 의미로서 have 동사가 [먹다]의 의미를 갖고 있습니다.

4. 정답 4번
질문 : Do you have some money?
주어진 질문은 [당신은 돈이 좀 있나요?]의 의미로 보기 1은 [나도. 난 어떤 걸 먹고 싶다], 보기 2는 [좋아, 가자] 보기 3은 [아니, 난 벌써 어떤 걸 먹었어]의 의미입니다.

실전 10강

복습문제

1. 정답 3번
money는 셀 수 없는 명사이기에 일반적으로 부정관사와 정관사가 단어 앞에 나오지 않습니다. 하지만 이미 앞에서 한 번 [그 돈]이라는 의미로 사용할 경우는 단어 앞에 the를 넣어도 됩니다. 다만, 문제에서는 가장 정확한 3번 no가 정답이 되겠습니다.

1인칭 해설집

2. 정답 3번
질문 : Why do you need money?
주어진 질문은 [당신은 왜 돈이 필요한가요?]의 의미로 보기 1은 [나는 아무것도 없기 때문입니다], 보기 2는 [나는 어떤 것을 너로부터 훔치길 원하기 때문입니다], 보기 4는 [나는 네가 나를 좋아하도록 해줄 것이기 때문이다]의 의미로 적절하지 않습니다. 보기 3번은 [난 어떤 것을 사야 하기 때문입니다]의 의미입니다.

■ 확인문제

1. 정답 3번
talk to, talk with 는 [~와 대화하다]의 의미로 하나의 단어처럼 암기해두세요.

2. 정답 1번
talk with에서 with를 to로 바꾸어 사용할 수 있습니다.

3. 정답 4번
질문 : Do you have time?
주어진 질문은 [당신은 시간이 있으신가요?]의 의미로 보기 1은 [난 약간의 시간이 있다], 보기 2는 [아니, 난 하나도 없다], 보기 3은 [물론, 그런데 왜?]입니다. 보기 4번에서 사용된 few는 셀 수 있는 명사에 사용되는 표현으로 time은 셀 수 없는 명사입니다.

실전 12강

■ 복습문제

1. 정답 4번
be동사의 바로 뒤에 오는 단어로 보아 형용사나 전치사, 동명사가 와야 하고 가장 뒤에 시간을 나타내는 단어가 온 것으로 보아 시간과 관련한 단어가 와야 합니다.

2. 정답 3번
질문 : What do you do after lunch?
주어진 질문은 [당신은 점심 후에 무엇을 하나요?]의 의미로 보기 1은 [난 점심을 먹을 것이다], 보기 2는 [너에게 줄 점심이 있다]. 보기 4는 [난 무엇인가를 찾고 있다]의 의미로 적절하지 않습니다. 보기 3은 [난 커피 한 잔을 마실 것이다]입니다.

■ 확인문제

1. 정답 3번
[곤란한 상황에 처한]의 의미를 가지는 말은 in trouble입니다.

1인칭 해설집

2. 정답 1번
보기 1번에서 조동사 can 뒤에는 항상 동사의 원형이 사용되어야 합니다. 하지만 보기에서는 helping 가 사용되어 틀렸습니다.

3. 정답 1번
must는 have to와 그 의미가 유사하게 사용이 됩니다.

4. 정답 4번
질문 : Thank you so much.
감사하다는 말에 할 수 있는 말로 적절하지 않은 것을 고르는 문제로 보기 4번은 [난 당신의 도움이 필요하지 않다]로 적절하지 않습니다.

실전 13강

복습문제

1. 정답 1번
보기에서 주어진 단어 모두가 사용될 수 있는 문장입니다.

2. 정답 3번
질문 : Can you give me your hands?
주어진 문장은 [저를 도와주시겠어요?]의 의미로 보기 1은 [난 곤란한 상황에 처해있다], 보기 2는 [난 창문을 열어야 한다]. 보기 4는 [난 손을 씻을 것이다]의 의미로 적절하지 않습니다. 보기 4번은 [네, 내가 당신을 기꺼이 돕겠습니다.]의 의미입니다. [be willing to + 동사원형]은 [~을 기꺼이 하다]의 의미로 알아두시면 유용하게 사용하실 수 있습니다.

확인문제

1. 정답 1번
[잠시만 기다려 달라]의 의미로 적절하지 않은 것을 찾는 문제로 보기 2, 3, 4 모두가 괄호 안에 들어가 사용될 수 있습니다.

2. 정답 1번
get은 [가서 가져오다]의 의미로 사용이 되기도 하며 이때는 fetch와 그 의미가 같습니다.

3. 정답 4번
질문 : Do you have a cat?
주어진 문장은 [너는 고양이가 있니?]의 의미로 보기 1은 [난 하나 있어. 왜?], 보기 2는 [난 집에 3마리 있어], 보기 3은 [물론이지, 난 고양이들을 사랑해]입니다. 보기 4번은 [난 나의 고양이를 산책시켜야 해]입니다.

1인칭 해설집

실전 14강

복습문제

1. 정답 1번
enjoy는 [즐기다]의 의미로 보기에서 1번과 가장 의미가 유사합니다. 또한 enjoy와 like동사는 둘 다 그 뒤에 동명사로 둘 수 있기에 문법적으로도 틀리지 않습니다.

2. 정답 3번
질문 : Do you enjoy walking?
주어진 질문은 [너는 걷는 걸 즐기니?]의 의미로 보기 1은 [넌 굉장한 생각을 가졌다], 보기 2는 [잠시만 기다려줘], 보기 4는 [가서 나의 개를 데리고 올게]입니다. 보기 3번은 [응, 난 항상 회사에서 집까지 걸어서 가]입니다.

확인문제

1. 정답 3번
wrong with는 [~가 잘못된, 이상한]의 의미로 자주 사용되는 표현입니다.

2. 정답 1번
보기 1번은 부정문으로 일반적으로 부정문에서는 some이 아닌 any를 사용합니다. 하지만 항상 그런 것은 아니며 의문문에서는 any 대신 some 이 사용되는 경우가 꽤 있습니다.
(예) Do you have some money? / Would you like something to drink?

3. 정답 1번
wrong은 the matter, the problem과 바꾸어 사용할 수 있으며 중요한 것은 그 뒤에 전치사 with가 모두 공통적으로 사용된다는 것입니다.

4. 정답 4번
질문 : Can you control a computer well?
주어진 질문은 [너는 컴퓨터를 잘 다루니?]의 의미로 보기 1은 [난 그것을 매우 잘해], 보기 2는 [난 컴퓨터를 약간 잘 해], 보기 3은 [난 그렇다고 말할 수 있어]의 의미로 적절한 대답입니다.
하지만 보기 4는 [난 그것을 위한 충분한 시간이 없다]의 의미로 적절하지 않습니다.

1인칭 해설집

실전 15강

복습문제

1. 정답 3번
보기 3번을 제외한 나머지 문장은 모두 [모른다]의 의미이지만 보기 3번은 그 반대의 의미입니다.

2. 정답 3번
질문 : How often do you use a computer?
주어진 질문은 [너는 얼마나 자주 컴퓨터를 사용하니?]의 의미로 보기 1은 [난 그것에 관해 조금 알아], 보기 2는 [난 먼저 그것을 확인해야겠어], 보기 4는 [난 그것을 오늘 고칠거야]로 적절한 대답이 아닙니다. 보기 3번은 [난 그것에 관해 뭐라고 해야 할지 모르겠어]의 의미로 적절한 대답이 될 수 있습니다.

확인문제

1. 정답 4번
[have ~thing to +동사원형]은 [~할 것이 있다]의 의미로 ~thing로 끝나는 단어는 그 뒤에 꾸미는 말이 위치하게 됩니다.

2. 정답 1번
보기 1번은 go ahead가 맞는 표현으로 [더 해봐, 앞으로 가, 어서 해]의 의미를 가지고 있습니다.

3. 정답 1번
조동사 can은 be able to + 동사원형과 그 의미가 비슷합니다.

4. 정답 4번
질문 : Can you keep a promise?
주어진 질문은 [넌 약속을 지킬 수 있니?]의 의미로 보기 1은 [난 할 수 있어. 말해봐], 보기 2는 [난 아무에게도 말하지 않겠다], 보기 3은 [난 나의 입에 지퍼를 채우겠다]로 적절한 대답이 될 수 있습니다. zip은 [지퍼로 잠그다]의 의미이고 zip my mouth는 [말하지 않겠다]의 의미입니다.

1인칭 해설집

실전 16강

■ 복습문제

1. 정답 3번
보기 3번은 이미 알고 있는 것에 관한 의미이지만 나머지 보기들은 모두 지금 막 알게 되었을 때 할 수 있는 표현입니다.

2. 정답 3번
질문 : When do you make a promise?
주어진 질문은 [당신은 언제 약속을 하나요?]의 의미로 보기 1은 [어서 해], 보기 2는 [아무에게도 말하지 마, 알았지?], 보기 4는 [알겠다]의 의미로 적절치 않습니다. 보기 3은 [내가 비밀을 지키고 싶을 때]의 의미로 상황에 따라 적절한 대답이 될 수 있습니다.

■ 확인문제

1. 정답 2번
보기 2번은 부정문에서 사용할 수 있는 대명사입니다.

2. 정답 2번
보기 2번의 your가 아닌 yours가 사용되어야 합니다.

3. 정답 3번
a lot of는 셀 수 있을 때와 없을 때 모두 사용이 가능한 표현으로 lots of는 이와 같은 의미로 사용되는 표현입니다.

4. 정답 1번
질문 : Do you do your work alone?
주어진 질문은 [당신은 당신의 일을 혼자 하나요?]의 의미로 보기 2는 [난 그것을 스스로 처리해야 한다], 보기 3은 [난 그것을 그렇게 하려고 노력 중이다], 보기 4는 [그런 것 같다]의 의미로 모두 적절하게 사용될 수 있지만 보기 1은 [아뇨, 지금은 혼자가 아니에요]의 의미로 전혀 어울리지 않습니다.

1인칭 해설집

실전 17강

■ 복습문제

1. 정답 3번
보기 3번을 제외한 나머지 문장들은 모두 [오늘 아무것도 없다]의 의미입니다만, 보기 3번은 [오늘은 모른다]의 의미입니다.

2. 정답 3번
질문 : Can you do all things for yourself?
주어진 질문은 [넌 혼자서 모든 것을 다 할 수 있냐?]의 의미로 보기 1은 [넌 어때?], 보기 2는 [난 숙제가 많아], 보기 4는 [난 오늘 하나도 없어]의 의미로 적절하지 않습니다. 보기 3번은 [아니, 난 하지 못해]의 의미로 적절한 대답이 될 수 있습니다.

■ 확인문제

1. 정답 4번
food를 꾸밀 수 있는 단어가 와야 합니다. 보기 4번은 [맛있는]의 의미로 음식과 관련하여 사용할 수 있는 단어입니다.

2. 정답 3번
동사 get은 [가서 데리고 오다]의 의미를 가지는 동사로서 이는 현재 나의 장소로 무엇을 가지고 오거나 누구를 데리고 오는 것을 말합니다. 보기 3번은 나의 장소로 데리고 오는 의미가 아닌 to the library(도서관으로) 데리고 가는 의미가 되어야 하기에 여기서는 take 동사가 사용되어야 합니다. take (someone) to (somewhere) -> [누군가를 어딘가로 데리고 가다]의 의미로 자주 사용이 됩니다.

3. 정답 1번
here it is는 [여기 있습니다]의 의미로 비슷한 표현으로는 here you are/ here it goes/ here they are/ here you go 등이 있습니다.

4. 정답 2번
질문 : What do you do on weekends?
주어진 질문은 [당신은 주말마다 무엇을 하나요?]의 의미로 보기 1은 [난 어떤 맛있는 음식을 먹고 싶다], 보기 3은 [내가 널 위해서 무엇인가를 요리해주겠다], 보기 4는 [난 그렇게 약하지 않아]의 의미로 모두 부적절하며 보기 2번은 [난 보통 낮잠을 자]의 의미로 적절하게 사용될 수 있습니다.

1인칭 해설집

실전 18강

복습문제

1. 정답 1번
보기 1번을 제외한 나머지 단어는 모두 [긍정]을 나타내는 단어입니다.

2. 정답 4번
질문 : Can you get some milk?
주어진 문장은 [우유를 좀 가져다 줄래?]의 의미로 보기 1과 2는 [여기 있어요], 보기 3은 [죄송해요 엄마, 제가 너무 바빠요]로 적절한 대답이 될 수 있지만, 보기 4는 [난 우유가 싫어요]의 의미로 부적절한 대답이 될 수 있습니다.

확인문제

1. 정답 2번
부가의문문에 대한 질문으로서 부가의문문은 앞 문장에서 사용된 동사의 부정, 긍정형이 콤마 뒤에 오는 형태를 결정하게 되는 것으로 앞 문장과는 반대(부정->긍정, 긍정->부정)로 동사를 사용하면 됩니다.

2. 정답 1번
단어 just는 품사가 부사로서 부사는 일반적으로 문장의 앞, 뒤에 오거나 혹은 문장에서 형용사, 부사, 동사를 꾸미는 역할로 사용이 될 경우 꾸미려고 하는 단어의 바로 앞에 위치하여야 합니다. just는 문장의 중간에 온 상황으로서 앞 단어를 꾸며야 하지만, 앞 단어의 품사가 전치사(to)로서 꾸밀 수 없는 단어 앞에 위치하였기에 정답입니다.

3. 정답 1번
조동사 can은 [허락], [가능성]을 나타내는 조동사로서 [허락]을 의미하는 용도로 사용이 될 경우 may와 의미가 비슷하여 바꿔가며 사용할 수 있습니다. 단, may가 더욱 공손한 용도로 사용되는 차이점이 있습니다.

4. 정답 2번
질문 : Can you change a class time?
주어진 질문은 [넌 수업시간을 바꿀 수 있니?]의 의미로 보기 1은 [물론, 지금 그것을 바꿀게], 보기 3은 [응. 그것을 바꿀 수 있는 방법을 찾을게], 보기 4는 [그것을 바꿀 수 있는 권한이 없어]로 적절한 대답이 될 수 있지만, 보기 2는 [탈의실을 찾을 계획이야]의 의미로 전혀 상관이 없습니다.

1인칭 해설집

실전 19강

복습문제

1. 정답 4번
보기 4번은 [너의 호의를 나에게 빌려줄 수 있니?]로서 실제로 문법에 맞지 않는 말입니다. 그 외의 보기는 모두 [나에게 호의를 베풀어라]의 의미입니다.

2. 정답 2번
질문 : Do you want to change a teacher?
주어진 질문은 [너는 선생님을 교체하길 원하니?]의 의미로 보기 1은 [왜? 그것을 싫어하니?], 보기 2는 [응, 지금 바꾸고 싶어], 보기 3은 [앗, 넌 그것을 좋아하지 않는구나, 그렇지?], 보기 4는 [뭐? 난 거기에 있지 않을 계획이야]의 의미로 보기 2번이 적절하게 사용될 수 있는 대답입니다.

확인문제

1. 정답 1번
동사 go와 함께 사용할 수 있는 동명사를 찾는 문제로서 보기의 모든 단어는 사용이 가능합니다.

2. 정답 4번
보기 4번은 here it is가 되어야 합니다.

3. 정답 1번
주어진 문장은 [너는 나가니?] 또는 [너는 데이트 하니?]의 의미로서 조동사 will은 [~할 것이다]의 의미로 주어진 보기에서 가장 비슷한 의미가 될 수 있습니다.

4. 정답 2번
질문 : Can you give me your number?
주어진 질문은 [나에게 너의 번호를 줄 수 있니?]의 의미로 보기 1은 [미안, 난 그렇게 할 수 없어], 보기 2는 [난 너에게 벌써 내 카드번호를 줬어], 보기 3은 [난 너에게 내 번호를 주지 않을 작정이야], 보기 4는 [난 너에게 줄 전화번호가 없어]의 의미로 2번이 정답입니다.

1인칭 해설집

실전 20강

복습문제

1. 정답 4번
보기 1은 [난 그것에 관해 신경 쓰지 않는다], 보기 2, 3은 [나는 그것이 괜찮다]. 보기 4는 [나는 그것에 신경 쓴다]의 의미로 보기 4번이 정답입니다.

2. 정답 1번
질문 : Can you give me your hands?
주어진 질문은 [나를 도와줄 수 있나요?] 또는 [당신의 손을 나에게 주실 수 있나요?]의 의미로 보기 1은 [네, 여기 있습니다.], 보기 2는 [난 너를 전혀 사랑하지 않아], 보기 3은 [응. 난 손 씻는 것을 잊어버렸어], 보기 4는 [아니, 난 쇼핑 갈 거야]의 의미로 보기 1이 정답입니다.

확인문제

1. 정답 1번
보기의 단어는 모두 누군가에게 무엇을 주거나 보여주는 의미로서 이러한 동사를 [수여동사]라 하고 이런 동사가 사용되었을 때는 목적어가 사람과 사물을 나타내는 2가지 종류로 사용될 수 있습니다. 모든 보기의 단어가 괄호 안에서 사용될 수 있습니다.

2. 정답 3번
보기 3번은 lend동사, 즉 수여동사가 사용된 문장으로서 이런 동사의 바로 뒤에는 무엇을 받는 [사람]을 나타내는 목적어가 오고 그 뒤에 사물을 나타내는 목적어가 와야 합니다. 사물을 나타내는 목적어가 동사 뒤에 바로 오고 그 다음에 사람을 나타내는 목적어를 위치시키려고 하면 사람을 나타내는 목적어 앞에는 [~에게]를 나타내는 전치사 to를 사용해야 합니다.

3. 정답 1번
보기 1번은 [조만간], 보기 2는 [최근에]. 보기 3과 4는 [요즘]의 의미로 의미상 바꾸어 사용해도 큰 무리가 없는 단어는 보기 1번입니다.

4. 정답 3번
질문 : Can you lend me some money?
주어진 문장은 [나에게 약간의 돈을 빌려줄 수 있니?]의 의미로 보기 1은 [넌 얼마가 필요하니?], 보기 2는 [음, 나 역시 돈이 필요해], 보기 3은 [난 날 위한 많은 돈이 있어], 보기 4는 [난 그렇게 할 수 없을 것이야]의 의미로 3번이 가장 부적절한 문장이 되겠습니다.

1인칭 해설집

실전 21강

복습문제

1. 정답 3번
보기 1은 [네 차를 나에게 빌려줄 수 있니?], 보기 2는 [너의 차를 내가 빌릴 수 있니?], 보기 3은 [너의 차를 내가 돈 주고 빌릴 수 있니?], 보기 4는 [너의 차를 내가 사용할 수 있니?]의 의미로 보기 3번은 비용을 지불하고 빌리는 것이기에 의미가 다릅니다. 보기 4번 역시 상황에 따라서는 use동사가 돈을 지불하고 사용하는 의미로도 받아들여질 수 있습니다만, 일반적으로는 그렇지 않습니다.

2. 정답 4번
질문 : Can you drive?
주어진 문장은 [넌 운전할 수 있니?]의 의미로 보기 1은 [난 그것을 너에게 빌려줄 수 없어], 보기 2는 [응, 난 그것을 운전해서 시내로 갈 거야], 보기 3은 [정말 미안해], 보기 4는 [아니, 난 면허증이 없어]의 의미로 보기 4번이 정답입니다.

확인문제

1. 정답 2번
proud 단어는 그 뒤에 주로 of 전치사를 두고 목적어와 연결되어 사용됩니다.

2. 정답 1번
have 동사는 [~을 가지다]의 의미와 함께 [~하게 하다]의 의미로도 사용이 되며 이 때 그 뒤에 목적어와 동사원형이 위치하는 경우가 많습니다. 이러한 have 동사의 쓰임을 사역동사라고 합니다. 보기 1번에서 사용된 표현 have my hair cut은 [머리카락을 자르다]의 의미로 굉장히 자주 사용되는 표현으로서 하나의 단어처럼 기억을 해 두어야 합니다.

3. 정답 1번
밑줄 친 단어 see는 때에 따라서 [알다]의 의미로 사용이 되고 이때 그 의미는 보기 1번과 유사합니다. 주의해야 할 것은 know는 이미 알고 있던 것을 나타내는 반면 see는 무엇을 새롭게 알았을 때 [알게 되다]의 의미로 사용을 한다는 것입니다.

4. 정답 3번
질문 : Can you see me well?
주어진 문장은 [넌 날 잘 볼 수 있니?]의 의미로 보기 1은 [난 너를 전혀 볼 수 없어], 보기 2는 [안개 때문에 널 볼 수 없어], 보기 3은 [난 너를 보지 않을 거야], 보기 4는 [난 너를 아주 잘 인식할 수 있어]의 의미로 정답은 3번입니다.

1인칭 해설집

실전 22강

복습문제

1. 정답 1번
see 동사는 [보다]의 뜻과 [알겠다]의 뜻으로 자주 사용되며 보기 1은 [알겠다]의 의미로 사용 되었습니다.

2. 정답 4번
질문 : What else can you see now?
주어진 질문은 [넌 그밖에 무엇을 볼 수 있니?]의 의미로 보기 1은 [넌 네가 너무 자랑스럽다], 보기 2는 [난 미래에 시도해 볼 필요가 있다], 보기 3은 [난 축구공을 기대하고 있다], 보기 4는 [난 테이블 뒤에 빵을 볼 수 있다]의 의미로 보기 4번이 정답입니다.

확인문제

1. 정답 3번
시간을 나타내는 단어나 표현의 앞에는 일반적으로 전치사 at을 사용해야 합니다.

2. 정답 4번
then은 부사와 접속사로 사용이 가능하며 보기 4번은 접속사로 사용이 되었습니다. 접속사의 뒤에는 완전한 문장, 즉 '절'이 올 수 있기에 정답을 확인할 수 있습니다.

3. 정답 2번
at that time은 [그때]라는 의미로 that 대신 정관사 the를 사용해도 같은 표현이 됩니다.

4. 정답 4번
질문 : Can I see you on Friday?
주어진 질문은 [금요일에 볼 수 있니?]의 의미로 보기 1은 [난 그때 바빠], 보기 2는 [내가 널 그 가게 앞에서 기다릴게], 보기 3은 [좋아 그때 보자], 보기 4는 [응, 난 금요일에 파티를 할 수 있어]의 의미로 4번이 정답입니다.

실전 24강

복습문제

1. 정답 2번
보기 2번은 time이 [횟수]의 의미로 나머지 보기는 모두 [시간]의 의미로 사용 되었습니다.

1인칭 해설집

2. 정답 3번
질문 : Can you wait for me until 11?
주어진 질문은 [날 11시까지 기다려 줄 수 있니?]의 의미로 보기 1은 [난 시계가 없어], 보기 2는 [난 나의 남자친구를 기다리고 있어], 보기 3은 [난 그때 내 친구를 만날 거야], 보기 4는 [난 나를 위한 충분한 시간이 없어]의 의미로 보기 3번이 정답입니다.

확인문제

1. 정답 4번
주어진 질문은 상대의 생계를 위한 수단, 즉 직업을 묻는 질문으로 괄호 안에 들어가야 할 단어는 보기 4번의 do입니다.

2. 정답 2번
의문사 what은 의문대명사, 의문형용사, 관계대명사로 사용이 되며, 보기 2번은 what 뒤에 바로 명사가 오면서 what이 형용사처럼 사용 되었습니다.

3. 정답 1번
주어진 단어는 [달리다, 운영하다]의 의미로 사용되며 보기에서 1번은 [다루다, 관리하다]의 의미로 run 대신 넣어 사용해도 전체적인 의미가 크게 달라지지는 않습니다.

4. 정답 4번
질문 : What do you do for a living?
주어진 질문은 [넌 직업이 뭐니?]의 의미로 보기 1은 [난 내 사업을 해], 보기 2는 [난 거리에서 책을 팔아], 보기 3은 [난 회사에서 책을 도안해], 보기 4는 [난 여기에 살지 않아]의 의미로 보기 4가 정답입니다.

실전 25강

복습문제

1. 정답 3번
보기 3번의 do는 뒤의 the dishes와 함께 사용되어 [설거지를 하다]의 의미로 사용이 되었습니다만, 나머지 do는 모두 일반동사로 [하다]의 의미로 사용이 되었습니다.

2. 정답 3번
질문 : Why do you have that job?
주어진 질문은 [당신은 왜 그 직업을 가지고 있나요?]의 의미로 보기 1은 [나는 직업이 없기 때문입니다], 보기 2는 [나는 요즘 일하기 싫기 때문입니다], 보기 3은 [나는 많은 돈을 벌 수 있기 때문입니다], 보기 4는 [나는 나의 방을 청소해야 합니다]의 의미로 보기 3이 정답입니다.

1인칭 해설집

확인문제

1. 정답 2번
괄호 안에는 get up과 의미가 연결될 수 있는 단어가 들어가야 하고 또한 what의 뒤에 들어갈 수 있는 품사, 즉 명사가 들어가야 합니다. 보기 2번이 정답입니다.

2. 정답 1번
by 전치사는 시간을 나타내는 단어와 함께 사용되면 [~전 까지], 교통수단과 함께 사용되면 [~을 이용하여], 동명사와 함께 사용되면 [~함으로써], 장소나 사물을 나타내는 단어와 사용되면 [~옆 에]의 의미로 사용이 됩니다.

3. 정답 1번
주어진 표현은 [일어나다]의 의미로 보통 [잠에서 깨서 일어나다]의 의미로 사용이 되며 이러한 의미와 유사하게 사용되는 표현은 보기 1번입니다.

4. 정답 2번
질문 : Until when do you go to work?
주어진 질문은 [당신은 언제까지 일하러 가야 합니까?]의 의미로 보기 1은 [나는 보통 8시 정각까지 일하러 가야 합니다], 보기 2는 [사실 난 지금 해야 할 일이 없습니다], 보기 3은 [일반적으로 난 아침 9시 전까지 사무실에 있어야 합니다], 보기 4는 [난 정오가 되기 전에 사무실에 도착하는 게 좋아]의 의미로 정답은 2번입니다.

실전 26강

복습문제

1. 정답 4번
보기 4번의 get은 [도착하다]의 의미이지만 나머지 보기의 get은 형용사와 함께 사용되어 [~이 되다]의 의미로 사용되었습니다.

2. 정답 3번
질문 : What time do you get up?
주어진 질문은 [당신은 몇 시에 기상하나요?]의 의미로 보기 1은 [난 9시 30분까지 일하러 갑니다], 보기 2는 [난 네가 많이 부럽다], 보기 3은 [난 8시 30분에 일어나요], 보기 4는 [다시는 회사에 늦지 않겠습니다]의 의미로 3번이 정답입니다.

확인문제

1. 정답 4번
주어진 문장은 [당신은 어떻게 그것을 아나요?]의 의미로 보기 4번이 적절합니다. 보기 2번의 what이 들어가려면 know about (of)의 형태가 되어 그 해석이 [당신은 그것에 관해 무엇을 아나요?]가 되어야 합니다.

1인칭 해설집

2. 정답 3번
way 단어는 [길, 방법]의 의미를 갖습니다. 보기 3번은 [방법]이라는 의미로 사용되었습니다.

3. 정답 1번
밑줄 친 so는 [그렇게]의 의미로 사용이 되었으며 이는 보기 1번의 like that과 비슷한 의미입니다. like는 전치사로 사용이 되기도 하고 이때는 [~와 같이, ~처럼]의 의미입니다.

4. 정답 1번
질문 : How do you know that?
주어진 질문은 [당신은 그것을 어떻게 아시나요?]의 의미로 보기 1은 [당신을 위해 내가 기도하겠다], 보기 2는 [난 그것을 직원 중 한 명에게서 들었다], 보기 3은 [난 항상 잘못된 길로 간다], 보기 4는 [난 내 스스로 그것을 파악했다]의 의미로 보기 1번이 정답입니다.

실전 27강

복습문제

1. 정답 2번
보기에서 모두 so가 부사로 사용이 되었습니다만, 의미가 다릅니다. 보기 2번의 so는 또 다른 부사 much의 앞에 사용되어 [아주, 매우]의 의미로 사용이 되었습니다만, 나머지 보기들의 so는 [그렇게]의 의미로 사용이 되었습니다.

2. 정답 3번
질문 : Are you a lucky person?
주어진 질문은 [당신은 행운아인가요?]의 의미로 보기 1은 [아뇨, 나는 오늘 기분이 좋지 않아요], 보기 2는 [난 그냥 안다], 보기 3은 [난 운이 없어요]. 보기 4는 [너에게 나의 최고의 행운을 줄게]의 의미로 보기 3번이 정답입니다.

확인문제

1. 정답 1번
what이 형용사처럼 사용된 의문형용사로서 괄호에는 명사가 들어가야 합니다. [유형, 종류]의 의미를 갖는 단어가 들어가야 하며 보기 3개가 모두 사용될 수 있습니다. (단, 정확하게는 type를 사용하는 게 좋습니다)

2. 정답 3번
open은 동사, 형용사로 사용이 됩니다. 동사일 경우 [열다], 형용사일 경우 [열린]의 의미로 보기 3번은 동사로 사용된 문장입니다.

1인칭 해설집

3. 정답 3번
괄호 속 단어는 [때때로]의 의미로서 이와 유사한 의미의 단어는 보기 3번입니다.

4. 정답 3번
질문 : Do you like your character?
주어진 문장은 [당신은 당신의 성격을 좋아하나요?]의 의미로 보기 1은 [그것에 관해 의문이 없습니다 - 물론입니다], 보기 3은 [난 중국문자로 쓰는 것을 좋아한다]의 의미로 character이 [문자]의 의미로 사용되었습니다. 보기 4는 [물론입니다]의 의미로 정답은 3번입니다.

실전 28강

복습문제

1. 정답 4번
형용사는 크게 명사를 꾸미는 역할과 be동사나 일반동사와 함께 쓰여 서술을 돕는 역할을 합니다. 보기 4번의 형용사 open과 minded는 모두 꾸미는 역할을 합니다.

2. 정답 2번
질문 : What type of person are you?
주어진 질문은 [당신은 어떤 유형의 사람인가요?]의 의미로 보기 1은 [무엇보다도 난 아주 야망을 갖고 있습니다], 보기 2는 [난 아주 잘생긴 남자입니다], 보기 3은 [난 원만하고 사교적이며 개방적입니다], 보기 4는 [때때로 난 정말 말이 많아요]의 의미로 보기 2번이 정답입니다.

확인문제

1. 정답 3번
괄호 속에 들어갈 수 있는 단어는 품사가 부사 또는 전치사이어야 하지만 전치사일 경우 전치사 뒤에 또 다른 단어가 있어서 의미를 연결하는 전치사 본래의 용법이 사용되어야 하는데, 위 문장은 괄호 뒤에 아무런 단어가 없습니다. 고로 보기 3번의 부사가 들어가야 하며 이는 해석을 통해서도 보기 3번이 가장 적절하다는 것을 알 수 있습니다.

2. 정답 4번
의문사 what 뒤에 명사가 올 경우 what은 형용사처럼 사용이 됩니다. 보기 4번은 의문대명사로 사용 되었습니다.

3. 정답 2번
괄호 속 표현의 의미는 [어떤 다른]의 의미로 이와 유사하게 사용될 수 있으면서 문법적으로도 오류가 없는 단어는 2번입니다.

1인칭 해설집

4. 정답 2번
질문 : How often do you cook?
주어진 질문은 [당신은 얼마나 자주 요리를 하나요?]의 의미로 보기 1은 [난 매일 요리한다], 보기 2는 [난 요리사이다], 보기 3은 [난 일주일에 한번 한다], 보기 4는 [난 최소한 한 달에 두 번 요리한다]의 의미로 2번이 정답입니다.

실전 29강

복습문제

1. 정답 2번
how 뒤에 부사나 형용사가 위치할 경우 how는 부사로 사용이 되고 how 뒤에 의문조동사가 위치할 경우는 의문부사로 사용이 됩니다. 보기 2번만이 뒤에 의문조동사가 위치했습니다.

2. 정답 4번
질문 : What food can you cook?
주어진 질문은 [당신은 무슨 음식을 요리할 수 있나요?]의 의미로 보기 1은 [난 국수와 라자냐를 요리할 수 있어], 보기 2는 [난 아무것도 못해], 보기 3은 [난 오직 몇몇 한국 음식만 할 수 있어], 보기 4는 [난 몇몇 음식을 대접할 거야]의 의미로 보기 4의 treat은 [대접하다, 치료하다]의 의미를 갖는 동사입니다.

확인문제

1. 정답 3번
영화관에 가자는 표현은 go to the cinema 또는 go to the movies입니다.

2. 정답 4번
do동사는 의문조동사, 대동사, 일반동사, 부정조동사로 사용이 됩니다. 보기에서 4번은 일반동사로서 사용되어 [하다]의 의미로 쓰였지만 나머지 보기는 모두 어떤 문장에서 사용된 동사의 의미를 대신해서 사용된 대동사로 쓰였습니다.

3. 정답 2번
영화를 보다는 표현으로서 동사 see 대신 watch를 사용할 수 있습니다.

4. 정답 1번
질문 : How often do you go to the cinema?
주어진 질문은 [당신은 얼마나 자주 영화관에 가시나요?]의 의미로 보기 1은 [난 언젠가 가서 볼 것이다], 보기 2는 [난 요즘 거의 가지 못한다], 보기 3은 [난 요즘 거의 가지 않는다], 보기 4는 [난 영화 보러 영화관에 거의 가지 않는다]의 의미로 보기 1번이 정답입니다.

1인칭 해설집

실전 30강

■ 복습문제

1. 정답 2번
movie는 정관사와 함께 사용될 경우 보통 [영화관]이라는 의미로 사용이 되며 단순히 movie 또는 movies로 사용되면 [영화]라는 의미를 갖습니다.

2. 정답 4번
질문 : What kind of films do you like?
주어진 질문은 [당신은 무슨 영화를 좋아하나요?]의 의미로 보기 1은 [난 코미디 영화를 좋아해], 보기 2는 [난 인간사에 관한 영화를 좋아해], 보기 3은 [난 고전영화 보는 것을 좋아해], 보기 4는 [난 약간의 음식을 대접할거야]의 의미로 보기 4번이 정답입니다.

■ 확인문제

1. 정답 4번
[나의 친구]라는 의미를 만들 수 있는 표현이 들어가야 하며 보기 4번이 정답입니다.

2. 정답 4번
meet동사는 [만나다]의 가장 기본적인 의미 외에 [충족시키다]의 의미를 가지고 있습니다. 보기 4번은 충족, 만족 시키다 는 의미로 사용이 되었습니다. 해석[난 당신의 기대를 충족 시키지 못할 것이다]

3. 정답 2번
plan은 계획이라는 의미로서 보기 1번과도 상황에 따라서는 유사한 의미로 사용이 될 수 있습니다만, 주어진 문장에서는 약속이라는 의미로 대체되는 것이 더욱 적절합니다.

4. 정답 1번
질문 : When do you usually meet a friend?
주어진 질문은 [넌 보통 언제 친구를 만나니?]의 의미로 보기 1은 [난 언제 친구를 만나야 하니?], 보기 2는 [내가 조언이 필요할 때], 보기 3은 [내가 술을 한 잔 하고 싶을 때], 보기 4는 [내가 누군가와 대화하길 원할 때]로 1번이 정답입니다.

실전 31강

■ 복습문제

1. 정답 3번
보기 3번의 단어는 [특별히]라는 의미이고 나머지 단어는 모두 [일반적으로] 또는 [대개, 보통]의 의미입니다.

1인칭 해설집

2. 정답 4번
질문 : Do you have a plan tonight?
주어진 질문은 [넌 오늘 밤 계획이 있니?]의 의미로 보기 1은 [난 내 예전 친구들을 만날 계획이야], 보기 2는 [난 여자친구와 약속이 있어], 보기 3은 [난 사장님과 미팅을 하기로 되어 있어], 보기 4는 [난 내일 이른 아침에 아침을 먹을 거야]의 의미로 보기 4번이 정답입니다.

확인문제

1. 정답 4번
angry 형용사는 with 또는 at 전치사와 함께 자주 사용되어 [~에 화난]의 의미로 사용이 됩니다.

2. 정답 2번
get 동사는 [얻다, 받다, 가져오다]등의 뜻 외에 형용사와 함께 사용되어 [~하게 되다]의 의미로도 사용이 됩니다. 보기 2번을 제외한 표현들은 모두 get + 형용사로 사용이 되었습니다.

3. 정답 1번
get이 '~하게 되다'의 의미를 가질 때, 이는 become 동사와 대체하여 사용이 가능합니다.

4. 정답 4번
질문 : Why do you get angry?
주어진 질문은 [당신은 왜 화가 나나요?]의 의미로 보기 1은 [나는 쉽게 흥분하기 때문입니다], 보기 2는 [가끔 나는 어떤 것을 참지 못하기 때문입니다], 보기 3은 [난 그녀에 대한 불평을 무시하는데 익숙하지 않습니다], 보기 4는 [폭우 때문입니다]의 의미로 4번이 정답입니다.

실전 32강

복습문제

1. 정답 4번
보기 4번의 won't는 will not의 줄임말 입니다. want not은 줄임말이 없고, want를 사용한 문장에서 부정을 나타낼 경우는 don't want라고 사용합니다.

2. 정답 3번
질문 : When do you get angry?
주어진 질문은 [당신은 언제 화가 납니까?]의 의미로 보기 1은 [네가 나한테 거짓말 할 때 난 화가 난다], 보기 2는 [내가 무엇을 잃어버릴 때 난 화가 난다], 보기 3은 [넌 언제 이 나라를 떠나려고 하니?], 보기 4는 [내가 아무것도 먹을 수 없을 때]의 의미로 3번이 정답입니다.

1인칭 해설집

확인문제

1. 정답 3번
[~로 보이다]의 의미로 사용되는 동사 look은 그 뒤에 형용사가 올 때 [~로 보이다]로 해석됩니다.

2. 정답 4번
보기 4번은 [슬픈]의 의미로 부정의 의미를 갖는 단어입니다.

3. 정답 1번
look과 seem의 차이는 객관성, 주관성의 차이로서 이는 외적인 것과 내적인 것을 나타낼 때 주로 구분이 됩니다. 이러한 것을 제외하곤 다른 점이 없으며 때에 따라서는 서로 유사한 의미로도 사용을 할 수 있습니다.

4. 정답 4번
질문 : Are you happy or sad now?
주어진 질문은 [넌 지금 행복하니, 슬프니?]의 의미로 보기 1은 [물론 난 내 영어실력이 향상되서 행복해], 보기 2는 [난 내 친구의 죽음 때문에 슬퍼], 보기 3은 [난 복권에 당첨 되서 행복해], 보기 4는 [난 너 때문에 내일 굉장히 행복할거야]의 의미로 보기 4번이 정답입니다.

실전 33강

복습문제

1. 정답 3번
괄호 안에는 기분을 나타내는 단어가 들어가야 하며 보기 3은 [영리한]의 의미로 이와 어울리지 않습니다.

2. 정답 3번
질문 : Why do you feel happy or sad?
주어진 질문은 [넌 왜 행복하다고 또는 슬프다고 느끼니?]의 의미로 보기 1은 [난 돈이 많이 없기 때문에 행복하지 않아], 보기 2는 [난 시험에 합격하지 못해서 많이 슬퍼], 보기 3은 [내가 대학에 갈 수 있다면], 보기 4는 [난 해외에 갈 수 있어서 정말 기뻐]의 의미로 보기 3번이 정답입니다.

확인문제

1. 정답 4번
[~와 함께 살다]는 live with를 사용합니다.

1인칭 해설집

2. 정답 2번
live단어는 동사로서 [살다]의 의미를 가지지만 형용사로서 [살아있는]의 의미로 사용되기도 합니다. 보기 2번은 [살아있는]의 의미입니다.

3. 정답 1번
문장의 마지막에 전치사가 위치할 경우 이 전치사는 본래 그 뒤에 어떠한 단어와 연결되어야 하는 경우인 때가 있습니다. 주어진 문장에서 live with는 with 뒤에 목적어, 즉 '누구와 함께 살다'의 의미에서 [누구와] 부분에 해당하는 목적어가 와야 합니다만, 이는 문장의 가장 앞에 who 또는 whom으로 위치해 있습니다. 고로, 문장의 뒤에 있는 with는 문자의 가장 앞에 있는 who(m)의 앞에 위치해도 의미가 같고 이렇게 실제로 문장의 앞에 사용해서 쓰기도 합니다. 이것을 우리는 문법적 용어로 '전치사 도치'라고 합니다만, 이는 자세히 모르셔도 영어회화에서는 크게 상관이 없고 참고해 두시면 좋겠습니다.

4. 정답 4번
질문 : Do you live alone?
주어진 질문은 [당신은 혼자 사나요?]의 의미로 보기 1은 [아뇨, 난 가족과 함께 살아요], 보기 2는 [아뇨, 난 형제 그리고 두 자매와 살아요], 보기 3은 [네, 난 혼자 살아요], 보기 4는 [네, 난 혼자 살고 싶어요]의 의미로 보기 4가 정답입니다.

실전 34강

복습문제

1. 정답 4번
갖고의 규모와 관련한 형용사가 들어가야 합니다. 보기 4번은 어울리지 않습니다.

2. 정답 1번
질문 : Who do you live with?
주어진 질문은 [당신은 누구와 함께 사나요?]의 의미로 보기 1은 [난 할머니와 함께 살곤 했어요], 보기 2는 [여러 개와 함께], 보기 3은 [난 아무도 함께 살고 있지 않아요], 보기 4는 [내 여자친구]의 의미로 보기 1이 정답입니다.

확인문제

1. 정답 3번
[돈을 얼마나 버나요?]의 의미로 보기 3번의 셀 수 없는 것을 나타내는 단어가 들어가야 합니다.

1인칭 해설집

2. 정답 4번
make는 다양한 의미로 사용이 되고 또한 여러 가지 단어와 함께 쓰여 여러 가지 다양한 의미를 만듭니다. 보기 4번은 [돈을 벌다]의 의미로 사용이 되었고 나머지는 모두 뒤에 오는 단어와 함께 사용이 되어 [~을 하다]의 의미로 사용되었습니다. make와 함께 사용되는 표현들은 가급적 모두 암기하시는 것이 좋습니다.

3. 정답 1번
괄호 속 표현은 [결정하다]의 의미로 보기 1번과 의미가 같습니다. 그 외 보기의 단어들은 모두 [선택하다, 고르다]의 의미로 결정한다는 의미와는 다소 다릅니다.

4. 정답 2번
질문 : Why do you want this job?
주어진 질문은 [넌 왜 이 직업을 원하니?]의 의미로 보기 1은 [난 그 어느 때보다 열심히 일해야 해], 보기 2는 [난 더 나은 결과를 가져다 줄 수 있기 때문이다], 보기 3은 [난 이 상황에 끼어들길 원하지 않기 때문이다], 보기 4는 [미안하지만 난 너를 고용하지 않을거야]의 의미로 보기 2번이 정답입니다.

실전 35강

복습문제

1. 정답 1번
돈을 번다는 표현을 만들 수 있는 동사여야 하므로 보기 1이 적절합니다.

2. 정답 3번
질문 : How much do you want to earn?
주어진 질문은 [넌 얼마를 벌기를 원하니?]의 의미로 보기 1은 [가능한 한 금방], 보기 2는 [가능한 한 빨리], 보기 3은 [가능한 한 많이], 보기 4는 [가능한 한 많이]의 의미로 보기 4는 셀 수 있는 경우에만 사용해야 하기에 보기 3이 정답입니다.

확인문제

1. 정답 2번
go shopping은 [쇼핑하러 가다]의 의미입니다.

2. 정답 1번
kind는 [종류]라는 명사의 의미와 [친절한]의 형용사로 사용이 됩니다. 보기 1번은 친절하다는 의미로 사용이 되었습니다.

1인칭 해설집

3. 정답 3번
[~초과]의 의미로서 이와 비슷한 의미로 사용되는 단어는 보기 3번입니다. 보기 1은 [더 적은], 보기 2는 [~보다 적은], 보기 4는 [~아래]의 의미입니다.

4. 정답 1번
질문 : Are you fond of shopping?
주어진 질문은 [당신은 쇼핑을 좋아하나요?]의 의미로 보기 1은 [난 정말 쇼핑을 사랑해], 보기 2는 [난 많은 가게를 가지고 있다], 보기 3은 [난 매일 그 가게를 가로질러 간다], 보기 4는 [난 그 가게 뒤에서 서 있겠다]의 의미로 보기 1이 정답입니다.

실전 36강

복습문제

1. 정답 1번
crazy는 [미친, 열정적인]의 의미로 보기 1번은 이와 유사한 의미를 갖습니다. 보기 2는 [정신이 나간], 보기 3과 4는 [바보 같은, 멍청한]의 의미입니다.

2. 정답 3번
질문 : What kind of items do you want to buy?
주어진 질문은 [넌 어떤 종류의 품목을 사고 싶니?]의 의미로 보기 1은 [난 한 달에 10번 넘게 쇼핑을 간다], 보기 2는 [넌 쇼핑에 미친 거 같다], 보기 3은 [난 무언가 매우 비싼 것을 사고 싶다], 보기 4는 [난 너의 딸을 돌보지 않아도 된다]의 의미로 보기 3이 정답입니다.

확인문제

1. 정답 1번
괄호 안에는 [더 이상]의 의미를 갖는 단어가 들어가야 하며 보기 3개는 모두 그와 같은 의미의 표현입니다.

2. 정답 2번
stand 동사는 [참다], [일어서다, 서 있다]의 의미로 사용이 되며 보기 2번은 [서 있다]의 의미로 사용이 되었습니다.

3. 정답 3번
괄호 속 단어는 [논쟁], [언쟁]의 의미로서 주어진 문장에서는 [언쟁]의 의미로 사용이 되었습니다. 보기에서 1번은 [논의], 보기 2는 [토론], 보기 3은 [논쟁], 보기 4는 [싸움]의 의미입니다.

1인칭 해설집

4. 정답 1번
질문 : Why don't you move out?
주어진 질문은 [넌 왜 이사하지 않니?]의 의미로 보기 1은 [난 그럴 여유가 없어], 보기 2는 [난 지금 당장 나라를 뜨지는 않아], 보기 3은 [난 네 옆으로 의자를 옮길 거야], 보기 4는 [난 부러진 다리 때문에 움직일 수 없어]의 의미로 보기 1이 정답입니다.

실전 37강

복습문제

1. 정답 2번
보기 2번에서 move는 형용사로서 [감동적인]의 의미로 사용되었습니다. 나머지 보기의 move는 모두 [이사하다]의 의미입니다.

2. 정답 3번
질문 : Do you argue with your parents?
주어진 질문은 [넌 너의 부모님과 다투니?]의 의미로 보기 1은 [난 나의 엄마를 더 이상 견딜 수 없어], 보기 2는 [내가 너의 부모님과 다툴 필요가 없다], 보기 3은 [난 매일 엄마와 다툰다], 보기 4는 [때때로 난 선생님과 다툰다]의 의미로 보기 3이 정답입니다.

확인문제

1. 정답 4번
누구보다 잘 한다는 의미에 들어가야 하는 단어로서 보기 2는 [또 다른 사람], 보기 3은 [다른], 보기 4는 [다른 사람]의 의미로 보기 4가 정답입니다.

2. 정답 2번
beside와 besides는 각각 다른 단어로서 그 의미도 다릅니다. 보기 2의 besides는 [게다가]의 의미입니다.

3. 정답 1번
보기 1의 how come은 why와 그 의미가 유사하여 바꾸어 사용할 수 있습니다. 보기 2는 [무엇이 데리고 오다]의 의미로서 [What brings you here? 무엇이 널 이리로 오게 하니?]와 같은 문장에서 자주 사용이 됩니다.

4. 정답 4번
질문 : Why do you want English?
주어진 질문은 [넌 왜 영어를 원하니?]의 의미로 보기 1은 [난 직업을 구해야 하기 때문이다], 보기 2는 [난 다른 사람들보다 그것을 잘 할 수 있다], 보기 3은 [난 서양 친구들과 대화하고 사귀고 싶다], 보기 4는 [난 더 이상 영어를 공부하는 걸 좋아하지 않기 때문이다]의 의미로 보기 4번이 정답입니다.

1인칭 해설집

실전 38강

■ 복습문제

1. 정답 3번
보기 중 3번이 유일하게 괄호 안의 단어와 유사하게 사용될 수 있습니다.

2. 정답 1번
질문 : Do you like English?
주어진 질문은 [넌 영어를 좋아하니?]의 의미로 보기 1은 [난 그와 사랑에 빠질 수 없다], 보기 2는 [난 그것을 공부하는 걸 좋아한다], 보기 3은 [난 그냥 요즘 그것을 배우려고 노력 중이다], 보기 4는 [아니, 난 일본어를 훨씬 더 좋아해]의 의미로 보기 1이 정답입니다.

■ 확인문제

1. 정답 2번
2인칭 주어 you에 사용될 수 있는 be동사는 보기 2번입니다.

2. 정답 3번
right는 형용사로 [오른쪽의], [옳은]의 의미와 명사로 [권리]라는 뜻을 갖습니다. 보기 3번에서는 [오른쪽의]라는 의미로 사용이 되었습니다. 보기 4번은 상황에 따라서 [오른쪽의] 또는 [옳은]의 의미로 해석할 수 있지만 보통 right 앞에 정관사 the가 사용이 되면 이는 [옳은]의 의미로 해석이 됩니다.

3. 정답 4번
why not, why don't는 [왜 ~하지 않니?]의 의미와 [~하는 게 어때?]의 의미로 사용이 되며 이는 조동사 should와 그 의미가 비슷합니다.

4. 정답 1번
질문 : Why are you late for work?
주어진 질문은 [넌 왜 일에 늦니?]의 의미로 보기 1은 [난 매일 아침에 해야 할 것이 있기 때문이다], 보기 2는 [난 전보다 일을 열심히 하지 않아도 되기 때문이다], 보기 3은 [난 이른 아침에 몇몇 문제에 관해 논의를 해야 하기 때문이다], 보기 4는 [난 일과 후에 많은 책무를 처리할 것이기 때문이다]의 의미로 보기 1번이 정답입니다.

1인칭 해설집

실전 39강

▌복습문제

1. 정답 2번
보기 2번에서 right는 [권리]의 의미로 사용 되었습니다.

2. 정답 4번
질문 : Are you usually late for work?
주어진 질문은 [넌 보통 회사에 늦니?]의 의미로 보기 1은 [난 보통 늦게까지 일한다], 보기 2는 [난 집에 돌아가는데 늦고 싶지 않다], 보기 3은 [난 다시 늦을 것이다], 보기 4는 [최근에는 그래]의 의미로 보기 4번이 정답입니다.

▌확인문제

1. 정답 4번
의문사 which는 형용사처럼 사용되어 그 뒤에 명사를 둘 수 있어 명사가 들어가야 하고, 문장에서의 일반동사 go로 보아 보기 4번이 정답입니다.

2. 정답 3번
which 뒤에 명사가 오면 이는 의문형용사로 사용이 된 것이고 그렇지 않을 경우 이는 의문대명사로, 2개의 문장을 연결하는 용도일 경우 이는 관계대명사입니다. 보기 3번에서는 의문대명사로 사용이 되었습니다.

3. 정답 3번
주어진 문장에서 help는 명사로 사용이 되었습니다. 문장의 종류와 상황에 따라서 help는 hand와 바꾸어 사용해도 의미가 통합니다.

4. 정답 3번
질문 : Do you find the way easily?
주어진 질문은 [넌 길을 쉽게 찾니?]의 의미로 보기 1은 [응, 난 길을 쉽게 찾고 싶어], 보기 2는 [아니, 난 나 혼자 그 길을 찾지 않을 거야], 보기 3은 [응, 난 올바른 길을 찾는데 능숙해], 보기 4는 [아니, 난 정답을 쉽게 알아내지 못해]의 의미로 보기 3번이 정답입니다.

1인칭 해설집

실전 40강

복습문제

1. 정답 4번
보기 4번은 [당신은 누구를 찾고 있습니까?]의 의미로 주어진 문장과 전혀 맞지 않습니다.

2. 정답 1번
질문 : How do you ask for the directions?
주어진 질문은 [넌 방향을 어떻게 물어보니?]의 의미로 보기 1은 [난 그냥 몇몇 사람들에게 올바른 방향을 물어봐], 보기 2는 [난 좋은 방향으로 소식에 관해 이야기하려고 노력해], 보기 3은 [대개 난 길을 잃어버리지 않아], 보기 4는 [난 너에게 절대 물어보지 않을 거야]의 의미로 보기 1번이 정답입니다.

확인문제

1. 정답 4번
[시간의 길이]를 나타내는 표현은 how long입니다.

2. 정답 1번
보기 1번에서는 [약, 대략]의 의미로 사용이 되었고, 나머지 보기에서는 모두 [~에 관해서]의 의미로 사용이 되었습니다.

3. 정답 3번
go to bed는 [잠자러 가다]의 의미로 보기 3번의 단어로 대체해도 문장의 의미가 크게 달라지지 않습니다.

4. 정답 3번
질문 : What time do you go to bed?
주어진 질문은 [넌 몇 시에 잠자러 가니?]의 의미로 보기 1은 [난 잠잘 충분한 시간이 없어], 보기 2는 [솔직히 난 하루 종일 자], 보기 3은 [솔직히 난 자정에 잠자러 가], 보기 4는 [난 곧 새로운 침대를 사야 할 필요가 있다]의 의미로 보기 3번이 정답입니다.